[あじあブックス]
072

中国語の歴史

——ことばの変遷・探究の歩み

大島正二

大修館書店

まえがき

中国語と呼ばれる言語《ことば》は、中国の歴史が始まってからこのかた、漢民族のことばとして時代の文化とともに脈々と歩みつづけてきました。

この書は、何千年もの道程《みちのり》をたどってきた中国語の軌跡を中国文化史の一環としてとらえることを目指し、その文字や発音、さらには語彙や文法のそれぞれについて、流れのなかの大きな筋目ごとに、なぜその時期に、そしてどのようにしてそれらが誕生したのかを探りながら、中国語ということばの変遷の過程を追い求めようとするものです。本書は全四章から成っています。

第一章では漢字の〈形〉を中心に述べます。まず中国語の特徴を探り、そのような特徴をもつことばを表記するために創られた漢字という文字の特質を検証し、最古の文字といわれる〈甲骨文〉から現在の中華人民共和国で用いられている〈簡体字〉にいたるまでの変遷をたどります。おわりに漢字の変遷の流れにそって著わされた〈字書〉を紹介します。

第二章では〈音〉を中心に述べます。まず中国語の音節構造（声母・韻母・声調）について解説します。そして、音節を構成するそれぞれの要素がたどった変化について、それらをもたらした条件とともに探ります。この探究の拠りどころとなる基本的な文献資料が〈韻書〉や〈韻図〉などです。これらの音韻資料についても紹介します。

第三章では〈義〉（意味）を中心に述べます。この〈義〉についても古代中国の人びとは考究をかさね、それぞれの時代に応じた〈義〉の辞書、つまり〈義書〉を編みだしました。本章ではまず義書の先駆けとなった書物について紹介し、つぎに〈語彙〉と一まとめに呼ばれる単語群の内容について、現代語も視野におさめながら整理を試みます。

第四章では〈文法〉を中心に述べます。まず、古代から変わることのない中国語の「文の基本構造」について概観し、ついで本格的な文法研究が芽生えるまでの跡をたどり、近代をまって初めてなされた代表的な文法研究を紹介します。おわりに、「文表現の移り変わり」について少しばかり探ってみます。

以上が本書のあらましです。このほか、豆知識やエピソードなどをお伝えする〝コラム〟と〝こぼれ話〟も添えました。あわせご覧いただければと思います。

中国語の歴史——それは、表語という類《たぐい》まれな機能（本文一三ページ参照）をそなえた文字を創りだし、多くの試練を乗りこえながら何千年ものあいだ守りつづけ、そして新しい文化を紡いできた歴史でもあります。そこには、ほかの言語の歴史とは異なる趣《おもむき》が多く秘められています。その一端でもお伝えできればと願っています。

目次

第一章

漢字の〈形〉のはなし

1 はじめに
——中国語と漢字

中国語の誕生と受難の旅

それは悠久の太古のこと、私たちが〈中国語〉と呼び慣わしている言語《ことば》が中国大陸の、おそらくは中原地方（黄河中流から下流にかけての地帯）で誕生したと推測されます。それからこんにちにいたるまで、中国語は滅びることなく長い歴史を歩みつづけてきました。しかし、そのたゆまぬ旅は一路平安というわけにはいきませんでした。途中で、その姿の変容が迫られるほどの事件にまきこまれたこともあったのです。それは、中国語とはまったく縁のない北方言語の話し手、騎馬民族たちによる侵入によってです。その侵入は三度におよびました。

最初は漢代のあと、西暦三〇四年にはじまる「五胡《ごこ》十六国」の抗争がきっかけとなりました。匈《きょう》奴《ど》・羯《けつ》・鮮卑《せんぴ》・氐《てい》・羌《きょう》という五つの北方異民族は中国北部につぎつぎと十三の国を建て、約一三五年間にわたって中原地方を占拠しつづけました。そのため、漢につづく魏《ぎ》を倒し、洛陽（いま河南省洛陽市）に都を置いていた晋《しん》（西晋）は、貴族や豪族たちの内紛もあって三一七年に滅びました。しかしその年、司馬睿《しばえい》があらためて晋（東晋）の王を名のり、都を江南（長江中流から下流にかけての地帯）の建康（いま江蘇省南京市）に遷《うつ》したところ、これを機に北方の貴族たちが大挙して移住したのです。その結果、文化はもとより彼らが担っていた北方の標準語も、いわば上部構造として南方の地域方言の上におおいかぶさる形で移植されました。北方の貴族たちがもたらした中原の文化は、やがて江南の風土と融け合って独自の貴族文化を生みだしましたが、それとともに、北方と肩を並べる南方標準語が新たに形づくられることになったのです。この標準語の二極化は、中国語（ことに漢字の字音）の歴史をたどるうえで注目すべき出来事の一つだと思いますが、その遠因は北方異民族の侵入にあったのです。

二度目はモンゴル（蒙古）語を母国語とするモンゴル族による侵入です。強大な戦力を誇るモンゴル族は漢族の南宋を滅ぼし、元《げん》王朝（一二七一〜一三六八）を打ちたてました。彼らは漢族を徹底的に差別しました。国家の統治は漢族をしりぞけ、遊牧民や西域の人たちの協力のもとでおこない、儒教を軽蔑し、漢族が重んじてやまなかった科挙《かきょ》（官僚登用試験）の制度を廃止してしまったのです。そしてこともあろうに、かつて唐の都・長安に攻め入ったこともあるチベットの文字をもとに新たな文字――パスパ文字（⇩コラム❶）――を創らせ、漢族が尊ぶ漢字に代えて元帝国の国字

（国語を表記するのに規範として認められている文字。日本では漢字と仮名《かな》）としたのです。このような厳しい環境のもとにあっても中国語はしたたかに生きのびました。とはいえ、モンゴル語の影響はやはりまぬがれることはできなかったのではないでしょうか。

そして三度目です。こんどは満州語を母国語とする満州族による清朝《しん》（一六三六〜一九一一）の樹立です。漢族の明《みん》を倒した清朝は、元とは違って漢族の伝統的な文化を尊重し護《まも》り育てることに力を注ぎ、その結果、清朝の文化と経済に目ざましい結実と繁栄をもたらしました。すぐれた漢族の学者が多く生まれ、康熙《こうき》〜乾隆《けんりゅう》年間（一六六二〜一七九五）には国家の事業として『康熙字典』『古今図書集成《ここんとしょしゅうせい》』や『十三経注疏《じゅうさんけいちゅうそ》』『四庫《しこ》全書』など、たくさんの漢籍が編まれました。このような環境のもと、中国語は安泰だったのですが、やはり満州語の波をかぶらざるをえなかったでしょう。

北方言語を母国語とする異民族の侵入・統治が、中国語の音韻組織や統語法《シンタックス》、語彙などに、その時期や領域によって程度に差はあるものの、なんらかの影響をあたえたであろうことは十分に察せられます。しかし中国語は、外側からの圧力にもかかわらず、その根幹を形づくっている本質はついに損《そこな》われることなく保ちつづけました。

中国語とはどんな言葉か――その特質

では、中国語の特質とはどのようなものでしょうか、身近な日本語と英語とを対照させながら浮き彫りにしてみましょう。

まず、英語と日本語の例文をあげます。I like him.「私は彼が好きです」。これを中国語（普通話《プートンホワ》⇩コラム❷）では「我喜歓他」Wǒ xǐhuan tā（拼音《ピンイン》表記⇩コラム❸）といいます。次にこの文の主

❶パスパ文字――砂漠に消えた文字

元朝の初代皇帝となった世祖フビライ（一二六〇～九四在位）は一二六九年、チベットの高僧パスパ（「聖者」の意。本名はロテ・ギャンツェン、生年は一二三九年とも一二三五年とも）に命じて元朝のための文字を創らせました。それまでモンゴル族は、トルコ系民族のウイグル人のウイグル文字を借りて自国語を表記していました。

パスパはさっそく作業にかかり、祖国チベットの文字をモデルとして五十四個の表音文字を創り、フビライに献上しました。これがのちの世にいう〈パスパ文字〉です。皇帝はこの文字を国字として定め、勅令によって公布し、国家の公文書はかならずこの文字を正文とすることになりました。

しかしながら、このパスパ文字はまことに不便なものでした。字画が四角形をしていてそのために早書きができず、印章などのほか、ほとんど実用化されることはありませんでした。国字ですから、勅語や通達の正文などはパスパ文字で書かれはしたのですが、だれもそれを読まず、副文のウイグル文字で写されたモンゴル語か、訳された漢文を読んでいたようです。だれにも読まれない文字、この文字は元王朝の滅亡とともに砂漠に消えてしまいました。

語と目的語を入れかえますと He likes me.「彼は私が好きです」「他喜歡我」Tā xǐhuan wǒとなります。この短文のなかに、英・日・中の三か国語の特質がとじこめられています。

第一は語順です。英語と中国語は「主語＋動詞＋目的語」の順ですが、日本語は「主語＋目的語＋動詞」となっています。これが基本的な文型です。

第二は語の形です。英語の「私」は、主語の場合は I ですが目的語の場合は me、「彼」は主語では He、目的語では him となるように、語は文中の文法上の機能《はたらき》（主語か目的語か）の違いによって形を変えます。では日本語はといいますと、語形の変化はみられません。ただ、主語であることを示すために「私は」、目的語であることを示すために「私を」のように、助詞と呼ばれる付属語をつけてその違いを表わしています。では中国語はどうでしょうか。主語・目的語のいずれも「我」wǒは「我」wǒ、「他」tāは「他」tāで英語のような語形の変化はありませんし、日本語のような助詞もつきません。

次に動詞についてみてみましょう。英語では「（私が）好き」は like ですが「（彼が）好き」は likes です。ご存じのように、主語が三人称で単数・現在のときは動詞に -s または -es をつけなければなりません。時刻（tense）の違いによっても、例えば like~liked, look~looked, go~went~gone のように語の形を変えます。このような、主に語形の変化によって文法上の関係を示す言語を〈屈折語《くっせつご》〉と呼んでいます。フランス語やドイツ語など、インド・ヨーロッパ語が同じ仲間です。

一方の日本語は英語のような語形の変化によってではなく、助詞や助動詞（れる・られる・させる・らしいなど、主に動詞に付属して意味を補う言葉）を、例えば「彼-は-行か-なかっ-た-らしい-です-よ」のように、主語・動詞の語幹のうしろにちょうど膠《にかわ》でくっつけるようにして文法上の関係を示します。このような言語を〈膠着語《こうちゃくご》〉と呼んでいます。朝鮮語やモンゴル語などが同じ仲間です。

では中国語はといいますと、英語のように語形の変化はしませんし、日本語のように助詞・助動詞がつけられることもありません。それが主語か目的語かを区別するのは語順によってです。動詞のまえに置かれれば主語、うしろならば目的語となるのです。いってみれば、文中の語それぞれはお互いに影響しあうことなく一人《ひとり》立ちしているのです。このような言語を〈孤立語《こりつご》〉と呼んでいます。

❷普通話——全国共通語

〈普通話《プートンホワ》〉とは中国大陸の全国共通語です。中国では早くから一種の共通語がおこなわれていましたが、一九五五年に「全国文字改革会議」が〈普通話〉という名称を正式に採用し、〈普通話〉に厳密な定義を下しました。それは、⑴現代北京語の発音を標準とし、⑵語彙は広く北方語を基礎とし、⑶文法は現代の白話（口語）文を規範とする、というものです。今日、教育現場や放送、公式の場などで用いられています。

す。チベット語・タイ語などが同じ仲間です。

一言つけ加えます。現代中国語の、例えば「説起来了」（話しはじめた）という文の「起来」は「開始を表わす助動詞」であり、「了」は「完了を表わす助詞」であって、それらは「説」（話す）という動詞にくっついているのだから、これは膠着語的な性質が中国語にもあることを示し、従って中国語は孤立語と膠着語の中間に位置する言語だ、とする見解もあるようです。確かに現代中国語についてはそのような見方もできようかと思いますが、ただ、このような膠着語的な要素はおおむね唐代以降に生じた変化の一つなので、中国語の生来の特質はやはり孤立語といえるでしょう。

第三の特質は〈**声調**《せいちょう》〉という、言語《ことば》の意味の違いを示す機能《はたらき》をもつ一種の高低アクセントが中国語にあることです。英語や日本語にもアクセントはありますが異質のものです（⇩コラム❹）。声調には四種類があり、まとめて〈**四声**《しせい》〉と呼ばれています。現代中国語（普通話）では、(1)高く平らな調子（一声《いっせい》）、(2)昇り調子（二声）、(3)低い調子（三声）、(4)降り調子（四声《よんせい》）のように発話され、ローマ字表記（拼音《ピンイン》）のときは音節（一〇ページ参照）の主母音の上に ˉ ˊ ˇ ˋ のような符号を記して示します。一例をあげます。ma という音節は(1)の調子 mā で発音すると「お母さん」、(2)の má だと「（植物の）麻」、(3)の mǎ だと「馬」、(4)の mà だと「罵《のの》しる」のように、まったく異なる意味をもつ語となります。また、たとえば「好」という語は四声《よんせい》 hào だと「（…するのが）好き」（動詞）に、三声 hǎo だと「好い」（形容詞）となります。このように声調の違いは、文法上の機能の違い

❸拼音《ピンイン》——ローマ字表記

一九四九年十月一日、中華人民共和国の成立を宣言した毛沢東は、一九五一年には「文字はかならず改革し、世界共通の文字である表音化の方向に向かわなければならない」と指示しました。

一九五二年、教育部に「中国文字改革研究委員会」が生まれ、一九五四年には国務院（内閣）直属の機関として「中国文字改革委員会」が発足しました。委員会は翌年、「拼音方案委員会」を設け、おもにローマ字方式による原案の研究と作成にあたりました。そして次の年に開かれた「中国文字改革研究委員会」はそれまでに出されていたいくつかの案を検討した結果、「中国文字改革委員会」が推すローマ字方式の原案の採用を決め、これに修正を加えた「漢語拼音方案草案」が一九五六年二月に発表されました。

この草案はさらに若干の修正が加えられ、一九五八年には「漢語拼音方案」として公布されました。これが現在、漢字の音を表記する補助的な文字として、学校教育や〈普通話〉の普及などに広く用いられているものです。

❹アクセントと声調

単語の意味を区別する働きをしている音調に〈アクセント〉(accent)と〈声調《せいちょう》〉(tone)があります。アクセントには、英語のstation [stéiʃən]のように、音節のどの部分を強く発音するかという〈強弱(stress)アクセント〉と、日本語（東京方言）のa]me（雨）、a[me（飴）のように、二音節以上でつくられている語の、どの音節を高く、あるいは低く発音するかという〈高低(pitch)アクセント〉があります（音節については一〇ページ参照）。

これに対して、中国語のような単音節語（一〇ページ参照）に結びついている音楽的な音の高低・昇降の調子を〈声調〉といいます。

をも表わします。このような働きをもつ声調をそなえた言語を〈声調言語〉といいます。タイ語・チベット語・ベトナム語が仲間です。

第四の特質、これも音声と関係があります。専門的な用語に〈音節〉(syllable)があります。音節をめぐってはいろいろな見解がありますが、ごく簡単にいえば「単語を形づくる、一つのまとまった音」のことです。日本語のki(木)は一音節、ya·ma(山)は二音節、a·ta·ma(頭)は三音節、wa·ta·ku·shi(私)は四音節からなりたっています。英語をみると、例えばlove(愛)は一音節、air·plane(飛行機)は二音節、al·co·hol(アルコール)は三音節、A·mer·i·ca(アメリカ)は四音節、com·mu·ni·ca·tion(コミュニケーション)は五音節の語です。このように複数の音節でつくられている語――〈多音節語〉といいます――が日本語や英語、そして多くの言語ではほとんどを占めますが、中国語ではmù(木)、yuè(月)、péng(朋)のように一音節(中国語の音節構造については⇩コラム❺)でつくられている語――〈単音節語〉といいます――が基本です。現代中国語ではshù·mù(樹木)、yuè·liang(月亮)、péng·you(朋友)などのような二音節語が多く用いられ、zì·xíng·chē(自行車〔自転車〕)やdiàn·shì·tái(電視台〔テレビ局〕)のような三音節語や、gōng·gòng·qì·chē(公共汽車〔バス〕)のような四音節語もみられますが、本質的には中国語は単音節語であるといえます。三五〇〇年ほども遡《さかのぼ》る殷代の〈甲骨《こうこつ》文〉(二一ページ参照)を調べると、二字(二音節)で一語を形づくっているのは例外的であって、大部分は一字(一音節)から成っていますし、紀元前四~五世紀初めの中国語を伝える『論語』でも、その多くは単音節語から成りたっています。ですから二音節語などは、文化や経済の発展など時代の移り変わりにともなって語彙の数も増え、それまでの単音節語を必要に応じて結び合わせるなどして多音節語がつくられ、こんにちのような情況になったと考えられます。

第五の特質としてあげられるのは、**〈助数詞〉**（類別詞・量詞ともいいます）が数詞や指示代名詞（「これ」「それ」など）とともに用いられることです。これは対象となる事物の形や材質、機能などによって決められます。馬や牛などは「匹」pǐ（例：一匹馬〔一頭の馬〕）、家屋などのときは「所」suǒを（例：這所医院〔この病院〕）、平らな面をもつものは「張」zhāngを用いる（例：両張紙〔二枚の紙〕）などのようにです。ただこの特質は中国語だけではなく、例えば、日本語の「鉛筆一本」「紙一枚」「家一軒」や英語のa sheet of paper（一枚の紙）、five head of cattle（五頭の牛）などの

❺中国語の音節の仕組み

中国語の〈音節〉(syllable)は五つの部分から構成されています。それは①頭子音(Initial)、②介母(Medial)、③主母音(Vowel)、④末尾音(Final)、⑤声調(tone)です。普《プー》通《トン》話《ホワ》のtiān（天）を例とすれば、tが①、iが②、aが③、nが④、主母音aのうえの¯が⑤です。それぞれの英語の頭文字をとるとIMVF/Tのように公式化されます。**〈中国音韻学〉**（六七ページ参照）ではこの音節を二つに分け、Iを**〈声母《せいぼ》〉**、MVF/Tを**〈韻母《いんぼ》〉**と呼びます。

ように、いわば助数詞的な働きのある語をもっている言語も少なくありません。

以上あげた五つの特質、すなわち、(1)文型は主語＋動詞＋目的語を基本とし、(2)孤立語、(3)声調言語、(4)単音節語で、(5)助数詞をもつ言語、それが中国語だといえるでしょう。

ちなみに、これらの特質はチベット語やタイ語などと共通しています。そこで言語学という分野では、これらをまとめて〈シナ・チベット語族〉（Sino-Tibetan Family）と呼んでいます。ただ、これら諸言語の間の親族関係――祖先を同じくする、つまり同じ系統の言語であるかどうか――はまだ十分に証明されていません。

漢字――中国語のために創られた文字

このような特質をそなえた言語《ことば》を書き記すために創られたのが漢字という文字です。漢字の創造者（⇩コラム❻）は中国語の特質にうまく当てはまる文字を見事に生みだしました。先に述べたように、中国語は一つ一つの語が孤立しています。しかもその孤立した語が音声の面で一音節ずつまとまっているということは、漢字の創り手にとってまことに好都合であったはずです。現代中国語を例にとれば、xiàshān（山を下る）という音声の連なりは、まず xià（下る）と shān（山）という二つの語に分けられます。そしてそれぞれの語を記す文字として「下」（二→丅→下）と「山」（山→山→山）という字が生みだされたのです。巧《たく》まずして〈形《けい》〉（下・山）と〈音《おん》〉（xià·shān）と

〈義《ぎ》〉（クダル・ヤマ）という三つの要素をあわせもつ、まことに機能的な文字が創りだされたことになります。

古代中国に生を享《う》けた漢字――それはメソポタミアの楔形《くさびがた》文字やエジプトの聖刻文字《ヒエログリフ》などと並んで古代の表語文字（⇩コラム❼）の一つです。しかも楔形文字や聖刻文字などは、その文字としての機能《はたらき》を失っていったのですが、漢字は時代とともにそのかたちと意味を変えながらも、一つ一つの字が中国語の一つ一つの語（word）を表わす〈表語〉という機能を今日まで保ちつづけてき

❻漢字の創造者――蒼頡

中国古代の伝説上の帝王に、民族の祖神であり、老荘学派・道教の始祖とされる黄帝《こうてい》がいます。この黄帝に史官（書記官）として仕えた者に蒼頡《そうけつ》（倉頡とも）という人物がいました。この人が鳥や獣《けもの》の足跡をみて、その紋様によって物をそれぞれ区別できることを悟《さと》り、初めて文字を創った、と『説文解字《せつもんかいじ》』（四一ページ参照）の「叙」は伝えます。この蒼頡について後漢の思想家である王充《おうじゅう》は「蒼頡は眼が四つあり、黄帝の史官となった」と述べています（『論衡《ろんこう》』「骨相篇」）。後漢時代の墓からは「蒼頡」と記された四つ眼の人物を描いた画像石も発見されていますし、明代の『歴代古人像賛』や『三才図会《ずえ》』にも四つの眼をもつ蒼頡の肖像があたかも歴史上の人物のように収められています。しかし蒼頡という人の実在性はにわかには信じられません。それはおそらく、戦国時代（前四八〇～二二一）に、黄帝を理想とした黄老《こうろう》学派によってつくりあげられた造字伝説として理解されるべきでしょう。

たことは驚きです。しかし翻《ひるがえ》って考えてみると、その表語性を保ちつづけさせたもの、それはとりもなおさず中国語という言語の特質のお蔭といえましょう。漢字の一つ一つは一個の単位であり、しかもその単位が語であるという〈一字一語〉の原則が認められます。漢字の表語性を今日まで支えつづけてきたのは、ほかならぬこの原則であると考えられます。

なお、古代中国の人びとは、この漢字を形づくっている**〈形〉〈音〉〈義〉**という三つの要素のそれぞれについて考究を深め、**〈字書〉・〈韻書〉〈韻図〉・〈義書〉**（**〈訓詁《くんこ》の書〉**）を著わし、文化遺産として残しました。それらについては順を追って紹介します。

漢字の簡略化とローマ字表記

【魯迅の主張】　まず一つの文章をご覧ください。これは一九三四年八月二十四日から九月十日にかけて、上海の新聞『申報《しんぽう》』の「自由談」というコラムに魯迅《ろじん》（一八八一〜一九三六）が寄せたエッセイの一部分です。魯迅は、ご存じの方も多いように、中国の近代文学の元祖ともいわれ、国民精神の改造を生涯の課題とした作家です。新聞の掲載がおわると、魯迅はこのエッセイのなかからとくに言語文字の改革運動について述べた文章四篇をぬきだし、『門外文談』という単行本として出版しました。次がその書き出しの部分です。

听说今年上海的热，是六十年来所未有的。白天出去混饭，晚上低头回家，屋子里还是热，并且加上蚊子，这时候，只有门外是天堂。因为海边的缘故罢，总有些风，用不着挥扇。

（引用は『魯迅全集』第六巻、人民出版社、一九八一、に拠りました）

この夏、上海は、六十年来、未曽有《みぞう》の暑さであったという。昼間、口すぎのため外へ出かけ、夕方、うなだれて家に帰ってみれば、部屋の中は、まだ蒸し暑く、蚊のおまけまでついている。そんなときは、戸外だけが天国であった。海辺のせいであろうか、つねに風が吹いていて、扇をつかう必要はない。

（日本語訳は、今村与志雄訳『魯迅全集 8、且介亭雑文・且介亭雑文二集・且介亭雑文末編』一九八四、学習研究社、所収のものに拠りました）

すでにお気づきかと思いますが、この中国語の文のなかに「听・说・热・饭・头・还・这・时・门・为・边・缘・罢・总・风・挥」など、私たちが日ごろ見慣れない文字があります。私たちにおなじみの字体に改めると、上から順に「聴・説・熱・飯・頭・還・這・時・門・為・辺・縁・罷・総・風・揮」となります。

この見慣れない字体は、現在の中国（中華人民共和国）で用いられている正式の文字——これを中国では〈簡体字《かんたいじ》〉といい、旧来の漢字を〈繁体字《はんたいじ》〉といいます――なのです。旧来の漢字には難しいものが多く、その習得にはかなりの時間と労力が必要でした。魯迅は「漢字が滅びなければ中国は必ず滅びる」と断言し、次のように述べています（「漢字とラテン化」）。

　この四角い字〔漢字〕の弊害を伴った遺産のお蔭《かげ》で、我々の最大多数の人々は、すでに幾千年も文盲として殉難し、中国もこんなザマとなって、ほかの国ではすでに人工雨さえ作っているという時代に、我々はまだ雨乞いのため蛇を拝んだり、神迎えをしたりしている。もし我々がまだ生きていくつもりならば、私は、漢字に我々の犠牲になって貰《もら》う外《ほか》はないと思う。

（松枝茂夫訳『魯迅全集』一九五六、岩波書店、所収）

【毛沢東と周恩来の指針】

　中国近代化の路を開こうとしたかつての最高指導者、毛沢東（一八九三～一九七六）も「文字はかならず一定の条件のもとに、改革されねばならない」（「新民主主義論」一九四〇）と説き、漢字を将来的に廃止する方向に導くために、ローマ字の使用を基本とする表音化の運動を推し進めようとしました。一九五一年には「漢字の表音化には多くの準備が必要だが、表音化にさきだって漢字を簡略化して現在の役に立たせるとともに、さまざまな準備を積極的に進めねばならぬ」と指示したのです。まず漢字を簡略化し、つぎに漢字を廃止してローマ字表記に改める方針を示したのでした。

その後、漢字の簡略化とローマ字表記について多くの議論が重ねられ、さまざまな試案が示されました。いろいろ面倒なこともありましたが、一九五六年一月になって「漢字簡化方案」が公布されました。それは五一五の〈簡体字〉と五十四の偏《へん》・旁《つくり》を簡略化したものからなっています。そしてこれらの〈簡体字〉は一九五九年七月までに四回に分けて決定され、五一七字が正式に用いられるようになりました。

一方、漢字の読音《どくおん》（読み方）を表示するのにローマ字（拼音）を用いるという案が、一九五八年に「漢語拼音方案」として公布されました（⇩コラム❸）。これが現在、中国で学校教育や全国共通語（普通話）の普及など、多くの分野で用いられているものです。はじめの頃はローマ字を漢字に

❼表音文字と表語（表意）文字

文字はその機能《はたらき》によって二つに分けられます。一つはアルファベットや日本の仮名《かな》のような、一つ一つの文字が原則として何の意味も示さず、ただ音《おん》だけを表わす文字で、これを**〈表音文字〉**（phonogram）といいます。表音文字には仮名のような音節（一〇ページ参照）を単位とする**〈音節文字〉**とアルファベットのように一字が一音を表わす**〈単音文字〉**（音素文字とも）とがあります。もう一つは漢字のように一つ一つの字が語（word）を表わす文字で、これを**〈表語文字〉**（logogram）、または**〈表意文字〉**（ideogram）といいます。

代わる文字としようとする動きもありましたが、それは消え失せてしまいました。周恩来総理（一八九八〜一九七六）は「漢語拼音方案」が公布された年の一月に次のように述べています。

目下の文字改革の任務は、漢字を簡略化すること、普通話を推し広めること、「漢字拼音方案」を制定し、推し広めることである。（中略）はじめにはっきりいっておかねばならないが、「漢字拼音方案」は、漢字の注音をし、普通話を推し進めるためのものであって、漢字にとってかわる表音文字ではないということである。

（『文字改革の目下の任務』一九五八、人民出版社、傍点は引用者）

周恩来はこのように明言しましたが、これまでの中国での情況をふりかえってみると、まさにそのとおりに進んできたといえます。

【注音符号――仮名のような文字】

少しばかり余談となりますが、拼音（ローマ字）が漢字の音を表わす文字として採用される以前に、漢字に代わる文字としてではなく、あくまでも漢字の読音（読み方）を示すことを目的として創られた文字があります。〈注音《ちゅういん》字母〉です。一九一八年十一月に公布され、その後も改良を重ねながら、一九三〇年にはその名を〈注音符号〉と改められ、現行の拼音が公布されるまで教育面で大きな役割をはたしたのですが、現在では中華民国〔台湾〕をのぞき、ほとんど用いられていないようです。ちなみに、台湾では拼音は用いられていません。

参考のために、先ほど引用した『門外文談』の出だしの部分を拼音と注音符号とで表記してみます。いかがですか。

tīng shuō jīn nián shàng hǎi de rè shì liù shí nián lái suǒ wèi yǒu de

听 说 今 年 上 海 的 热 是 六 十 年 来 所 未 有 的

ㄊㄧㄥ ㄕㄨㄛ ㄐㄧㄣ ㄋㄧㄢˊ ㄕㄤˋ ㄏㄞˇ ˙ㄉㄜ ㄖㄜˋ ㄕˋ ㄌㄧㄡˋ ㄕˊ ㄋㄧㄢˊ ㄌㄞˊ ㄙㄨㄛˇ ㄨㄟˋ ㄧㄡˇ ˙ㄉㄜ

この〈注音字母〉について、魯迅はこのように述べています。

当時はこれ〔注音字母〕でもって漢字に代えることができると考えた人が随分いたが、実際上やはり駄目だった。なぜならそれは結局、四角な字〔漢字〕を簡単にしたものにすぎず、日本の「仮名」と同様、いくつかの漢字の間にはさむか、あるいは漢字の傍に注記するのならよいが、これを大将にいだくとなれば、とても能力が足りないからだ。書くとごたごたするし、見ると目がちらつく。当時の〔読音統一会の〕会員がそれを「注音字母」と呼んだのは、その能力の範囲をよく知っていたのだ。

（松枝茂夫訳『魯迅全集』〔前掲書〕、一部補筆）

2　漢字の変遷
——甲骨文から楷書まで

甲骨文——王と大臣の文字

いまから三五〇〇年ほども遡るころのことです。約五〇〇年におよんで勢力を誇った部族がいました。彼らは中国大陸北方の黄河流域を中心に転々と都を遷し、紀元前一三〇〇年にはいまの河南省安陽市小屯を本拠地として国家を樹立しました。これが殷《いん》——始祖の契《せつ》が河南省の商《しょう》という国に封《ほう》じられたので、殷の人びとは自分たちの国を商と呼んでいました——としてこんにちに知られる、中国の歴史上もっとも古い王朝です。殷に先立つ王朝に夏《か》があったといわれますが、なお神話と伝説上の時代で、その実像についてはいまだに不明の点が多く残されていますので、いまのところ殷を歴史時代のはじまりとするのが穏当のようです。

この殷は文字を創りました。殷の王は神々を敬《うやま》い、結婚・出産・葬式などの行事や天候・祭祀・

狩猟から大臣の任命にいたるまで、日常のあらゆる事柄を神々に問い、占《うらな》いによって定めたのです。占いをするときは亀甲《きっこう》――亀の甲羅《こうら》で、背よりも腹の甲羅が多く用いられたようです――と獣骨《じゅうこつ》――多くは牛の肩胛骨《けんこうこつ》です――を用意し、それに小さな穴をあけ、そこに焼け火ばしを突き刺すと甲骨にひび割れができます。その割れ目の形によって吉凶を判断したのです。そのとき殷の人はその甲骨に、なにを占ったのか――これを「貞問の辞《ていもんのじ》」といいます――と、甲骨にできたひび割れがなにを示すか――この占いの判断を「繇辞《ようじ》」といいます――などを鋭い小刀を用いて文字で刻《きざ》んだのです。これらは「卜辞《ぼくじ》」といわれますが、この甲骨に刻まれた文字が〈**甲骨文**《こうこつぶん》〉(甲骨文字)と呼ばれる、こんにち知られるかぎりでは、中国で最も古い文字です。甲骨文の種類は約三〇〇〇で、そのうち解読できるのは一五〇〇ほどのようですが、それらのなかには〈**象形**《しょうけい》〉の段階をとおりこして〈**指事**《しじ》・**形声**《けいせい》・**会意**《かいい》〉の造字法(四二ページ参照/⇩コラム⑫)にそったものもみられ、後世の漢字の原形といえるものです。

このことから推察するならば、甲骨文は殷の時代になって初めてできた文字ではなく、すでに長い歳月をかけて発達した、達成度のかなり高い文字といえましょう。ですから、甲骨文より古い原始的な文字があったことは確かでしょう。中国の古代文字についてのニュースが、かつて新聞紙上などをにぎわせることもありましたが、残念ながらどれもが幻《まぼろし》におわってしまい、いまの時点ではやはり甲骨文が現存する漢字の最も古いものとせざるをえません。

ところでこの甲骨文は、いつ、何を占ったかを記録するための文字でした。ですから甲骨文の担い手は、神のお告げを問う王と、その結果を甲骨に刻む貞人《ていじん》（占い役の大臣）の独占物でした。そのほかの人びとにとって、まったく無縁のものだったのです。

金文――功労者たちの文字

殷を亡ぼし、とってかわって登場したのが周《しゅう》（西周）です。紀元前十一世紀のことです。周王朝は占いによる政治はおこないませんでした。周の人びとが残した文字は、青銅器に鋳込《いこ》まれた〈金《きん》

❽甲骨文の発見――一つのエピソード

甲骨文が発見されたのはそれほど古いことではなく、清朝末の光緒《こうしょ》二十五年（一八九九）のことです。王懿栄《おういえい》（一八四五～一九〇〇）という学者がいました。金石学《きんせきがく》（青銅器や石などの銘文を研究する学問）の大家で国子祭酒（国立大学の学長と文部科学省の大臣とを兼ねたような役職）を務めた人です。この王氏にはマラリア（伝染性の熱病）の持病がありました。そのころの中国では、マラリアの特効薬は「竜骨《りゅうこつ》」と呼ばれる骨片だと信じられていました。ある日、薬屋で買い求めた竜骨に何やら文字らしいものが刻まれていることに気づいた王氏は深い興味をいだき、さっそく詳しく調べたところ、これは周代の金文《きんぶん》よりも古い、殷代の文字に違いないと推断しました。これよりのち甲骨文は学者たちの注目を集め、研究が推し進められるようになりました。これが主に伝えられている（ほかにもあります）甲骨文発見のエピソードです。

文《ぶん》〉（鐘鼎文《しょうていぶん》ともいいます）です。この青銅器は殷の技術をそのまま受けついでつくられたのですが、青銅器にそなわる性格はまったく違っていました。殷王朝では器は祭祀の重要な道具で司祭者の権威の印《しるし》でしたが、周王朝では器は君主から臣下が立てた手柄などにあたえられた栄誉を記念してつくられるものとなっていたのです。そしてそこに鋳込まれた文章は、恩賞を受けたときに賜わった文書や青銅器をつくった由来などを記したものが多いといわれます。ですから、この金文という文字も一般の人びととはまったく縁のない、功労者たちだけの文字だったのです。

小篆――皇帝の文字

紀元前八世紀になって周（東周）はその統制力を失い、それから五〇〇年ほど春秋戦国時代がつづきました。そして紀元前二二一年のこと、秦《しん》の始皇帝が天下の統一をはたします。始皇帝は統一国家の専制君主として、度量衡（長さ・容積・重さ）や貨幣などとともに文字の統一を図りました。後漢・許慎《きょしん》の『説文解字《せつもんかいじ》』（四一ページ参照）の「叙《じょ》」（はしがき）が、戦国の七雄（秦《しん》・斉《せい》・楚《そ》・燕《えん》・魏《ぎ》・韓《かん》・趙《ちょう》の七国）は「言語は声を異にし、文字は形を異にした」と述べているように、戦国時代には文字も各国のあいだで違いがあったのです。それは統一国家が文書行政をすすめるうえで、まことに不都合なことでした。そこで始皇帝は、秦国で用いられていた**〈籀文《ちゅうぶん》〉**（大篆《だいてん》ともいいます）に丞相《じょうしょう》（首相）の李斯《りし》が皇帝の命をうけて改良の手を加えたといわれる**〈小篆《しょうてん》〉**（篆文・

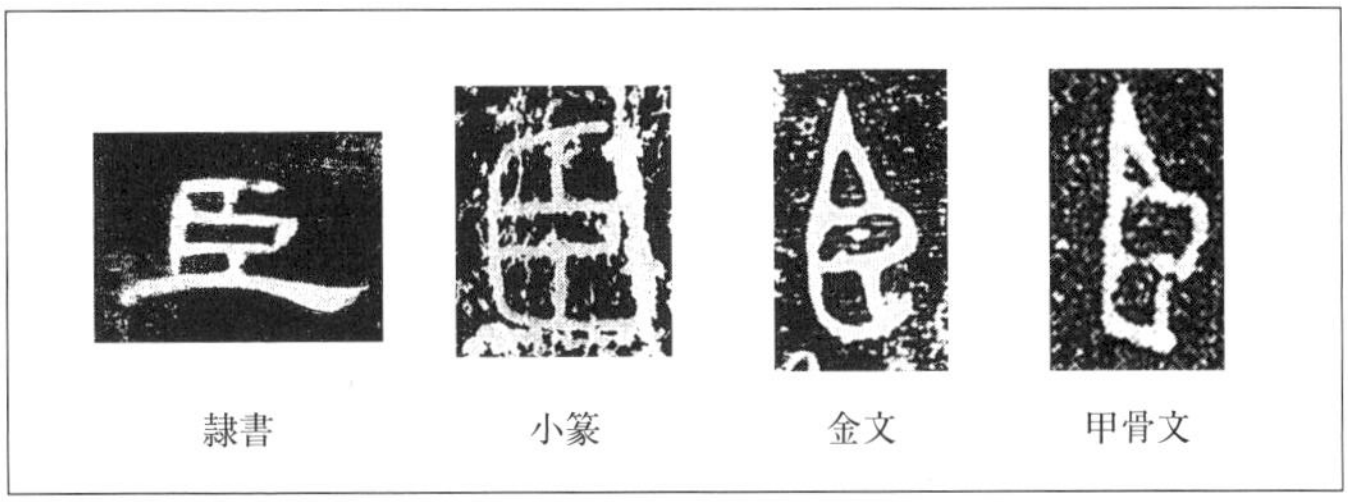

図1　漢字の変遷——甲骨文から隷書まで（「臣」字）

篆書とも）を秦帝国の文字、つまり国を治める「皇帝の文字」として定めたのです。

隷書——役人たちの文字

ところがこの皇帝の文字は、曲線が多すぎて実用向きではなく、役所の多くの文書を処理し、込みいってごたごたした事務をこなすのにはまことに不向きでした。そこで小篆の曲線の部分を直線的に改めた文字が、役人の仕事を捗《はかど》らせる文字として用いられるようになったのです。それが〈隷書《れいしょ》〉（⇩コラム❾）と呼ばれる文字です。ここで注目したいのは、いわば支配者の文字として定められた小篆と並んで、実務の場で自然に生まれた隷書が、事務の処理のためとはいえ、公《おおやけ》に認められたことです。

このことは、文字の担い手という観点に立つならば、たいへん大きな変革といってもいいすぎではないでしょう。甲骨文から一〇〇〇年あまりを経て、漢字ははじめて支配者たちだけの文字ではなくなったのです。

漢字の習得——立身出世への途

やがて秦が滅び前漢という時代を迎えると、隷書は小篆にとってかわって一般に通用する字体となりました。ごく限られた国家の命令のほかは、天子の詔勅《みことのり》でさえも隷書で書かれるようになりました。そして、家柄などとまったく縁のない普通の人であっても、漢字に通じていればお役人になれる途がひらかれるようになりました。このことは漢字の運命を大きく変えました。漢字が立身出世のための存在となったのです。

秦・漢王朝は、その巨大な帝国を法治（法律によって国を治める）主義によって治めようとしました。そのためには、国のすみずみまで権力がゆきわたる徹底した文書行政が要求されます。そしてそれを手ぬかりなく実施するうえで大きな役割をになったのは文字です。ですからその文字がとりわけ重要な位置を占めていたのです。

国家はいろいろな方策を用いて文字を重視する姿勢を示しました。そのことを語る記事の一つを紹介します。歴史書の『漢書《かんじょ》』の「芸文志《げいもんし》」（図書目録）の「叙」にみえる話です。それによると、前漢（前二〇六～後八）では、法律の定めにしたがって十七歳以上の学童に漢字（隷書）の試験をおこない、九〇〇〇字以上の読み書きができれば郡県の史（書記官）に、さらに中央政府の長官がおこなう〈秦書八体《しんしょはったい》〉（⇩コラム⑩）と呼ばれる八種類の異体字（⇩コラム⑪）の試験に優秀な成績で合格すると、中央官庁の役職（課長補佐）にとりたてられたといいます。どれほど国家が漢字を重視していたかがわかります。

❾隷書の起こり

隷書の起源について、唐・張懐瓘《ちょうかいかん》の『書断』(七二七)には「秦の時代に程邈《ていばく》という下級官吏が罪を犯して獄中につながれていたときに、思いをこらすこと十年、大小二篆〔大篆と小篆〕の形を変えてこれ〔隷書〕をつくった」(要約)とありますが、神田喜一郎氏は「〔隷書は〕一般の民間において自然発生的に起ったものである。もっとも古来の伝説によると、秦の時代に程邈という者が発明したもので、邈が徒隷であったところから、これを隷書と称するに至ったのであるという。徒隷とは罪人の意味である。しかし、おそらくそうではあるまい。これを特定の一人物の発明に帰するのは無理である。その隷書という名称は、小篆が国家の制定した正しい字体であるのに対して、隷書は一般民間に行われた簡略体であったので、これを鄙《いや》しんで「徒隷の書」といったところから起ったのであると思う」(『中国書道史』一九八五、岩波書店)と述べています。神田氏の所説が穏当かと思います。

❿秦書八体――八種の異体字

『説文解字』(四一ページ参照)「叙」によると、秦ではその使いみちによって八種類の字体が公的に用いられていました。これを〈**秦書八体**〉といいます。その第一が大篆、第二が小篆、第三が刻符《こくふ》(割り符に用いられる字体)、第四が虫書《ちゅうしょ》(旗などに用いられる字体)、第五が摹印《ぼいん》(印書用の字体)、第六が署書《しょしょ》(表題用の字体)、第七が殳書《しゅしょ》(武器に刻する字体)、第八が隷書です。

識字テキストの登場

しかしながら、漢字という文字はその一つ一つが一個の語（word）を表わす単位です。ですからローマ字のように、ごく限られた数の単位（文字）で語を形づくることのできる表音文字（⇩コラム❼）とは違って、その数は何千何万にもおよび、形もほとんどが複雑です。そのために漢字を習い覚えるのにはかなりの時間が必要でした。そこで人びとは、権力の中心部に一歩でも近づくために幼いころから学校や私塾などで漢字の学習に励んだようです。そのため、漢字学習用のテキストが必要とされるようになり、テキストづくりがはじまりました。文献によれば、その初めは周王朝にまで遡り、宣王（前八二七～七八二在位）のときの太史（書記官）であった史籀《しちゅう》という人が著わした『史籀篇《しちゅうへん》』十五篇だといわれていますが、そのことを疑う人もいます。その後、秦・漢を通じて十一種ほどのテキストが編まれたことが記録されていますが、今日に伝わっているのは前漢の元帝（前四八～三三在位）のときに黄門侍郎《こうもんじろう》（侍従）であった史游《しゆう》が編んだ『急就篇《きゅうしゅうへん》』（『急就章』とも）だけで、ほかはすべて失われてしまいました。

著わされた数々の識字テキストが漢字教育に大いに役立ち、漢字によって豊かさや幸せを手にする人びとを増やしたことに疑いありません。でもそこに至るまでの道程《みちのり》はとても長かったのです。

字形の混乱

西暦二二〇年、一九五年つづいた後漢は亡び、天下は魏《ぎ》・呉《ご》・蜀《しょく》の三国に分かれました。この三国が対立していた時代（二二〇〜八〇）から西晋の末年（三一七）にいたるまでのあいだは、漢代以来の篆書・隷書とともに、そこから新しく生まれた楷《かい》・行《ぎょう》・草《そう》の三体がおこなわれた時代です。つづく東晋（三一七〜四二〇）を経て南北朝を迎え、やがて隋王朝（五八一〜六一八）のころに楷書体の完成をみます。

しかしながら、隷書から楷書へと移るあいだには字形に混乱がおきて字画《じかく》や偏《へん》・旁《つくり》も定まらず、いろいろな字体が広く用いられていたようです。とくに南北朝時代での政治上の分裂は、学術や学派の分岐をも生みだし、それはまた文字のうえにも統制のない状態をもたらしたのです。その混乱したありさまを顔之推《がんしすい》（五三〇〜九一？）は『顔氏家訓《がんしかくん》』の「書証篇」で「亂の偏《へん》を舌に書く」「席の中を帯に書く」「惡の亞を西に書く」など十五の例をあげて、「これらは正されなければならぬ」と説いています。また同じく「雑芸篇」では、おおよそ次のように嘆いています。

⓫異体字——字体のバリアント

〈異体字〉とは、漢字を例にとれば、正字（正体）に対する俗字（俗体）や通行字（通行体）（三二ページ『干禄字書』の項を参照）や、現代の中国で用いられている簡体字（漢：汉、豊：丰、義：义など）のように、同じ意味を表わしている文字の字形上の変異《バリアント》をいいます。

晋・〔南北朝の〕宋以来、能書家が多く出たこともあって書籍の文字も整っていた。〔しかし〕大同年間（五三五〜四六）の末ごろから誤った字体が時とともに多くなっていった。だから、こののちの古典〔の写本〕にはほとんど看るべきものはない。北朝では争乱の名残りのために書跡も卑しく、そのうえ勝手な造字もあり、そのひどさは南方よりはなはだしい。

（宇都宮清吉訳『顔氏家訓』〈中国古典文学大系九〉一九六五、平凡社、所収、一部補筆）

ちなみに、顔之推はこの文中で、国子祭酒（国立大学の学長と文部科学省の大臣を兼ねあわせたような職）を務めたこともあり、また歴史書の『晋書《しんじょ》』を著わし、識字テキスト『千字文《せんじもん》』に注釈をほどこしたと伝えられるほどの蕭子雲《しょうしうん》――書は草隷《そうれい》（草書で波磔《はたく》〔横画の収筆のはらい〕のない隷書を簡略にしたもの）を善《よ》くしたといわれます――や、梁《りょう》・武帝の第六子で学問に広く通じていたといわれた邵陵王《しょうりょうおう》を名指しして「字体を勝手に改め、嘘《うそ》字をやたらと使っている」と責めています。このように、並々ならぬ教養の持ち主である人たちの文字さえも非難されているのです。そのころの字体がいかに乱れていたかがよくわかります。

字様書の誕生――楷書の規範化

西暦五八九年、隋の文帝が南北朝を統一しました。文帝は儒教を重んじていました。政治が統一された次におこなわれるべきことは思想の統一でしたが、そのためにも、また経書《けいしょ》（儒教の経典《テキスト》）が受験科目であった科挙（官僚登用試験）の「明経科《めいけいか》」のためにも、経書の整理と国家が定めた正式の解釈、つまり経典の「正義」が求められました。しかしその実現は、少しばかり先のばしになりました。

やがて隋は滅び、唐の太宗李世民《りせいみん》（六二七〜四九在位）が登場します。太宗はその年号によって「貞観《じょうがん》の治《ち》」と呼ばれるほどの栄えた時代をもたらした英王として知られる唐の第二代の皇帝です。太宗は経書の「正義」の必要を感じ、唐代の儒教史のうえで最も大きな事業といわれる『五《ご》経正義《きょう》』をつくることを国子祭酒の孔穎達《くようだつ》らに命じますが、それに先立つ貞観四年（六三〇）に、太宗は秘書監（図書寮長官）の顔師古《がんしこ》（『顔氏家訓』を著わした顔之推の孫）に命じて五経を校訂――本文についていろいろな点から考察して、その本来の姿を忠実に示すこと――させました。

唐代でずばぬけた学者として知られる顔師古は、古本《こほん》（古い時代のテキスト）を比較・校訂して経書の文章を正す作業に取りくみ、三年後の貞観七年（六三三）に、いわゆる「顔氏定本」（標準となるテキスト）を仕上げました。と同時に師古は、定本で用いる文字の基準を決めるために、楷書の異体字（⇩コラム⓫）を別の紙に書きだし、どれが正しいか正しくないかを定めたのです。これがいわゆる〈字様書《じようしょ》〉（文字の字画の標準を示す書）のはじまりです。当時の人びとはこれを「顔氏字様」と名づけ、楷書体の標準としたといいますが、いまに伝わっていません。

『干禄字書』――楷書の俗・通・正体の規定

この「顔氏字様」を土台として新しく字様書が著わされました。それが今日にも伝わる顔元孫《がんげんそん》の『干禄字書《かんろくじしょ》』一巻です。「干禄」とは『論語』の「為政篇《いせいへん》」にみられる語で、「給料を求める、仕官を望む」の意ですが、この書名が示すように、『干禄字書』は科挙の受験のための標準字体を示すために編まれたものといえるでしょう。

著者の元孫は師古の弟の孫にあたり、垂拱《すいきょう》年間（六八五〜八八）の進士（科挙の「進士科」の試験に合格した人）といわれますが、その生没年も六六〇年代から七〇〇年代前半の人と推定されるにとどまり、詳しいことはわかりません。『干禄字書』は一六五八の楷書の異体字（⇩コラム⓫）を収め――ただ、なかには異体字というのではなく、例えば「童僮、上童幼（幼児）、下僮僕（召し使い）」のように、字形は似ているが意味の異なる別字であるものが二〇〇字ほど含まれています――それらがどのようなことに用いられるかに応じて「俗」「通」「正」の三体を区別して示しています。

「俗」体とは、形のくずれた文字で、戸籍や帳簿、私的な契約書や薬の処方箋などに用いてよいもの。

「通」体とは、正しい形ではないが長いあいだ慣用されている文字で、上奏文（大臣などが事実や意見を申し上げて皇帝の決裁を仰ぐ文）や公式の書簡、判決文などの公文書に用いられるもの。

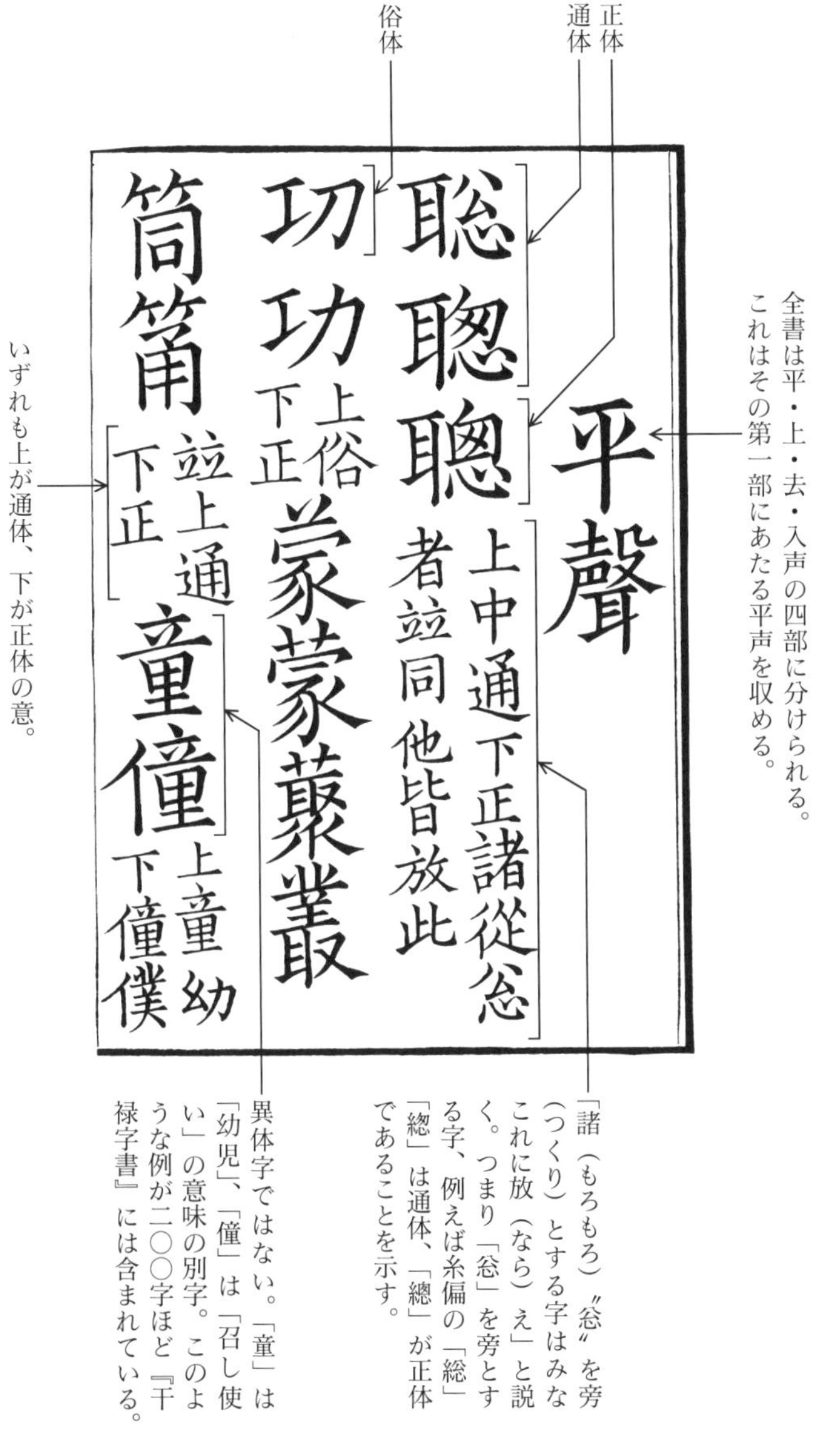
平聲
聡聰聰上中通下正諸從悤者竝同他皆放此
㓛功上俗下正
蒙蒙叢叢
筒筩竝上通下正
童僮上童幼下僮僕
正体
通体
俗体
全書は平・上・去・入声の四部に分けられる。これはその第一部にあたる平声を収める。
いずれも上が通体、下が正体の意。
「諸（もろもろ）〝悤〟を旁（つくり）とする字はみなこれに放（なら）え」と説く。つまり「悤」を旁とする字、例えば糸偏の「総」「總」は通体、「總」が正体であることを示す。
異体字ではない。「童」は「幼児」、「僮」は「召し使い」の意味の別字。このような例が二〇〇字ほど『干禄字書』には含まれている。

書影1　『干禄字書』

「正」体とは、確かな典拠のある文字で、皇帝の質問に答える論文や石碑などに刻む文字、科挙の答案などには用いなくてはならぬもの。

これが元孫がその序文で述べる三体についての概略です。これからもわかるように、師古の「顔氏字様」は経書で用いる楷書の標準体を示したものであるのに対し、『干禄字書』は正体だけではなく俗体をも収めるいわば実用書で、経学だけのための字様書ではなかったのです。

この『干禄字書』は大暦九年（七七四）に、唐代の書家として著名な顔真卿《がんしんけい》――元孫の甥《おい》です――が浄書して石碑に刻まれ、広く重んじられるようになりました。

漢字の将来

これまでみてきたように、漢字は甲骨文から出発して金文・篆書などへと、時代とともにその姿を変えてきましたが、時代のエポック・メーキングともいうべきは、甲骨文の誕生、小篆の制定、隷書の発生、楷書の規範化、そして簡体字の作成ではないでしょうか。ではこれから漢字は、どのような運命をたどるのでしょうか。

はじめに紹介した漢字をめぐる魯迅の発言や毛沢東たちの指示は、なぜなされたのでしょうか。その理由は漢字の読み書きができる人の率《パーセント》（識字率）の低さでした。そこで社会の発展を妨げている漢字を廃止すべきだと考えたのですが、人びとは漢字をなくしてローマ字（拼音《ピンイン》）で自分たちの言葉を表記するよりも、むしろ漢字の知識を身につけることを強く望んだようです。そこで拼音ではなく簡略化した漢字（簡体字）による識字教育へと方針をきりかえ、こんにちに至っています。最初は重要視された拼音は普通話《プートンホワ》（⇩コラム❷）の発音を示す文字として用いられるにとどまり、漢字にとって代わる様子は、いまのところまったくうかがえません。

それどころか、近年では「漢字は簡略であればよい」という主張に異論を唱える動きもでてきたようです。次のような記事が『朝日新聞』（二〇〇九年七月二十九日付）に載っていました（野嶋剛氏執筆、一部引用）。

最近の中国で簡体字廃止論を公然と唱える動きが出始めている。「人民文学出版社」の編集者、王幹氏は昨年3月、雑誌や個人のブログで「50年かけて簡体字を繁体字に戻そう」という文章を発表した。王氏は「簡体字化は中国の古典文化を大きく傷つけた。我々は歴史的な誤りを認め、次の段階に進む時だ」と話す。

3月の全国政治協商会議では、潘慶林委員（天津）が「10年かけて簡体字を廃止し、繁体字を復活させるべきだ」と訴えた。①パソコンの普及で難しい字も簡単に書くことができる②簡体字は漢字の芸術性を喪失している③繁体字を使う台湾の統一にも有利——が主張の理由だ。

反対意見も出されたが、ネットでは反響を呼び、賛否はほぼ伯仲したという。

同じ記事によると、中国政府は「現行の法律が認める文字は簡体字のみ」という立場で、簡体字の廃止論を相手にする様子はないそうです。ただ近年の出版物をみると、簡体字がその多くを占めてはいますが、歴史書や古典文学、その研究書などに繁体字を用いるものが増えていて、繁体字の復権がうかがえます。

一方の台湾では「識正書簡」――「正体字（台湾では〝繁体〟を〝正体〟と称します）を読み、簡体字を書く」という意味です――の主張がおこなわれていて、中国側に対し、この主張、つまり「本や教科書など読む方は繁体字に戻してはどうか」と、二〇〇九年七月中旬に中国・長沙で開かれた中国共産党と台湾・国民党の定例会議のフォーラムで提案したといいます。会議では中国側から「台湾側も簡略化してはどうか」との反論も出ましたが、中国側の司会者は「まずは将来に向け話し合おう」と収めたと『朝日新聞』の記事は伝えています。

中国で清末からおこった漢字の改革運動は、さまざまな波紋を周辺の諸国におよぼしながらすでに一〇〇年以上が過ぎましたが、悠久の昔から数々の試練に堪えながらけっして滅びることのなかった漢字は、そのしたたかさを、字体（簡体・繁体）に関して不透明な面はあるものの、台湾はもとより中国や日本でこれからも保ちつづけていくのではないでしょうか。

〈こぼれ話〉甲骨文をめぐる人びと

以下は甲骨文をめぐる余話です。王懿栄《おういえい》によって発見された甲骨文（⇩コラム❽）は、こんにちでは殷代の文字とされていますが、そのように認められるようになるにあたっては、陰の功労者とも言うべき一人の日本人学者がいました。

甲骨文の研究で名声をえた学者に羅振玉《らしんぎょく》（一八六六〜一九四〇）がいます。彼が甲骨文をはじめて目にしたのは光緒二十七年（一九〇一）、劉鉄雲《りゅうてつうん》（一八五七〜一九〇九）を自宅に訪ねたときのことです。ところで、この劉鉄雲には一つのエピソードがあります。それは、甲骨文を発見したのは王懿栄ではなく、ほかならぬこの人だったというのです。王氏がマラリアで病床にあったとき、見舞いに訪れた彼が竜骨といわれる骨片の上に刻まれた文字らしきものに気づいたというのです。金石文《きんせきぶん》——古代の鐘《かね》や鼎《かなえ》（三本足の釜《かま》）など金属でつくられた容器や石碑などに彫りつけられた文字です——の素養もあった鉄雲は、これは金文よりも古い文字らしいと感じ、そのことを王懿栄に告げて二人で研究するようになったとの話も伝えられています。

この鉄雲を訪れた羅氏は、そのころすでに金石文の研究者として一家をなしていたのですが、それらの竜骨をみてすぐさま珍しい宝物と判断し、拓本にとって出版することを強くすすめました。このすすめにしたがって、鉄雲は収蔵していた五〇〇〇余りの骨片から一〇五八片を選び、石版印刷して一九〇三年九月に刊行しました。これが甲骨文を初めて世に紹介した

『鉄雲蔵亀《ぞうき》』六冊です。鉄雲はその序文で、甲骨文のなかに祖乙《そいつ》・祖丁《そてい》などの人名らしき文字がみえることから「干支《かんし》（十干と十二支）を以て名とするは殷人である確かな証拠」と述べ、甲骨卜辞は殷代のものと推断しました。一方の羅氏はこの書に寄せた序で、その文字は夏（伝説上の王朝）および殷時代のものと推定されると述べました。この推定はのちに改められますが、それを促《うなが》したのが日本の学者だったのです。

『鉄雲蔵亀』の刊行は、金石学者から驚きをもって迎えられましたが、それを手にして甲骨文の研究を志した日本の学者に、東京高等師範学校（いま筑波大学）の教授であった林泰輔《はやしたいすけ》（一八五四〜一九二二）がいました。林氏はこの未知の文字を読み解き、論文「清国河南省湯陰県発見の亀甲獣骨に就て」（『史学雑誌』二〇-八・九・一〇、一九〇九）を発表しました。林氏はこの亀甲獣骨は殷代のものであろうとして「羅振玉が夏殷の亀といへるは、聊《いささ》か不十分なる説明」であり、これらの亀卜は「殷代に関係あるものにて、夏代のものにあらざることは尤《もっと》も明白」と羅氏の説を批判し、羅氏にこの論文を送って批評を願ったのです。

この論文は羅振玉に大きな衝撃《ショック》をあたえました。羅氏はさらに研究をすすめ、ついに甲骨の出土地が殷の都があった河南省安陽県の小屯村であることをつきとめ、その成果を『殷商貞卜文字考』一巻にまとめて一九一〇年に出版しました。その後、改めて全面的な甲骨文の解読をおこない、卜辞解読の基礎となる名著ともいわれる『殷虚書契考釈』（一九一五）を著わしました。このような輝かしい業績をあげた羅氏に大きな刺激と示唆をあたえた一人が林泰輔だったのです。

ところで、余談中の余談となりますが、この羅氏の甲骨文研究を正面から非難した有名な学者がいました。それは史学と小学（文字・音韻などの学問）に通じ、清朝考証学（一三八ページ参照）の最後の大家ともいわれる章炳麟《しょうへいりん》（一八六九〜一九三六）です。章氏は、甲骨文などは劉鉄雲のつくった偽物《にせもの》であり、羅振玉を「世を欺《あざむ》き商売人を喜ばす輩《やから》」だと非難したのです（『国故論衡』）。章氏にとって、許慎の『説文解字』（四一ページ参照）は犯すべからざる神聖な経典だったようです。ですから、許慎が漢字の本義（⇩コラム⑮）を説くにあたって拠りどころとした小篆という書体と多くの点で一致しない金文や、ましてやそれとはほど遠い、亀甲や獣骨などに刻まれていた甲骨文などは、彼にとってけっして正しい文字ではありえなかったのです。そのようなものを研究する羅振玉を章氏が苦々しく感じたのも不思議ではないでしょう。

一言つけ加えますと、日本でも早いころは甲骨文を信用しない人もいたようです。そのあたりの事情を林泰輔は大正八年（一九一九）の「殷墟の遺物研究に就て」という講演で、右で紹介した論文を執筆したときのことにふれて、「私の友人などでは随分之《これ》を疑った者がありまして、そんなものは当《あて》にならぬものであるというやうなことを段々言われたこともありました」

と述べています（神田喜一郎『敦煌学五十年』一九六〇、二玄社、参照）。甲骨文が中国最古の文字として市民権を手にするまでには厳しい壁があったのです。

その後、事情は大きく変わりました。胡厚宣《ここうせん》『五十年甲骨学論著目』（一九五二、中華書局）によれば、甲骨文が発見された一八九九年から一九四九年までの五十年のあいだに甲骨文を研究した学者は二八九名（うち中国人は二三〇名）、彼らが発表した論文・報告などは合わせて八七六種におよぶそうです。日本の島邦男の『殷墟卜辞綜類』（一九七一、汲古書院）は甲骨文の用法を調査した労作です。

3　字書の編纂の流れ
——部首法を中心に

『説文解字』——六書と部首法のはじまり

ここまで、漢字の〈形〉はどのように姿を変えながら伝えられてきたのか、その背景にある社会・文化の情況や担い手たちを視野にいれながらたどってきました。次に、その漢字という文字がどのように形づくられているのか、その仕組みを分析し、分析の結果にもとづいて九三五三の漢字を分類して配列し、さらに漢字の仕組み（構造）が示す〈義〉（意味）を探ろうとした、中国で初めての本格的な〈字書〉を紹介します。「字書の金字塔」「字書の聖典」として後世に大きな影響をおよぼした『説文解字《せつもんかいじ》』（一〇〇、略して『説文』といいます）十五篇です。

【著者と著述の動機】

その『説文』を著したのは許慎《きょしん》、汝南《じょなん》・召陵《しょうりょう》（いま河南省郾城《えんじょう》県）の人です。生没年については諸説があって正確なことはわかりません。若いころから経書《けいしょ》（儒教の経典）に通じていて、当時の人びとは許慎を「五経《ごきょう》無双」（五経〔易経《えききょう》・書経《しょきょう》・詩経《しきょう》・礼記《らいき》・春秋《しゅんじゅう》〕についての学識が世に並ぶ者のない人物）と称《たた》えたと伝えられているほどの学者です。洨《こう》県（いま安徽省霊璧《れいへき》県付近）の知事や太尉府（軍事や疑獄事件を担当する機関）の長官なども務めました。

【文と字――漢字の基本体と派生体】

許慎は目的を完全にしあげることを目ざして、まず漢字の分類からはじめました。許慎は漢字を**〈文《もん》〉**（＝紋《もん》〔模様〕）と**〈字《じ》〉**（＝孳《じ》〔生む〕）に分けます。〈文〉とは基本となる漢字で、〈字〉とは〈文〉を基礎としてつくられた漢字です。「日」（←⊙）「月」（←夕）「山」（←）など物の形を象《かたど》った文字――**〈象形《しょうけい》文字〉**といいます――と、「上」（←二）「下」（←二）など抽象的な概念を示す文字――**〈指事《しじ》文字〉**といいます――の二つが〈文〉です。

〈字〉は二つ以上の〈文〉が組み合わせられてできている文字で、これにも二種類があります。一つは「江」「仲」など**〈義符〉**（その漢字の意味がなにと関係しているかを示す部分、上の例では「氵」（＝水）と「亻」（＝人））と**〈声符〉**（その漢字の音を示す部分、上の例では「工《コウ》」と「中《チュウ》」）から成っている文字――**〈形声《けいせい》文字〉**といいます――です。そしてもう一つは、「信」「鳴」などのように二つの〈義符〉（上の例では「人」と「言」、「口」と「鳥」）を会《あ》わせ、新しい意味（人《ひと》と言《い》うで信《しん》じる、口《くち》と鳥《とり》で鳴《な》く、の意）を示す文字――**〈会意《かいい》文字〉**といいます――です。許慎は『説文』に収めた漢字の一つ一つが、それらのどれにあたるかを示しました。優れた業績だと思います。なお、右の〈象形・指事・形声・会意〉に〈仮借《かしゃ》・転注《てんちゅう》〉を合わせて〈六書《りくしょ》〉といいます（⇩コラム⓬）。

【部首法――文字群の形成】

漢字を〈文〉と〈字〉に大きく分けた許慎は、次に『説文』に収める九三五三の漢字を系統的に分類し、配列する方法を考えだしました。それが「人《にん》」偏《べん》、「艹《くさ》」冠《かんむり》などでお馴染みの〈部首《ぶしゅ》〉法です。右で述べたように、象形・指事

⓬六書――漢字のつくられ方と用法

〈六書《りくしょ》〉とは「六種類の漢字」の意で、周王朝（前十一世紀〜前二五六）のときからの伝統的な漢字の分類法です。その内容は大きく二つに分かれます。その一つは漢字を形づくる方法で、〈象形・指事・形声・会意〉の四種類で、もう一つは上の四種類の方法でつくられた漢字をほかの用法に転用する〈仮借《かしゃ》・転注《てんちゅう》〉の二種類です。〈仮借〉とは、本来は意味のうえでまったく関係のない既存の漢字を、その語の音と同じか似ている語に転用するものです。例えば、もともとは「皮衣《かわごろも》」を意味した漢字「求」を、音が同じ（キュウ）なので別の語「もとめる」の意味を表わす文字として借りる、というようにです。〈転注〉については諸説がありますが、そのうちの一つに、〈仮借〉が音の類似による転用であるのに対し、意味が類似しているからという理由で転用する方法を〈転注〉とする河野六郎氏の解釈があります。例えば、「楽」の字には「音楽」の場合の「ガク」と「楽しむ」の場合の「ラク」の二つの語があります。このように、同じ漢字で意味の類似する二語を表わす事象を〈転注〉とするものです。注目すべき説だと思います。

の〈文〉は、形声・会意の〈字〉の義符となります。ですから義符が同じものをまとめれば、一つの「文字群《グループ》」が得られます。許慎はここに着目したのです。彼はこの文字群を〈部〉と呼び、そこで義符となっている〈文〉を〈部首〉――〈部〉の一番目の文字――としたのです。このようにして「仁・仕・仲・何」など「亻」を義符とする文字群は「人」を部首とする「人」部の文字として、「江・河・流・湖」など「氵」を義符とする文字群は「水」を部首とする「水」部の文字として整理されることになります。部首の総数は五四〇、このようにして部首法の基礎は築かれたのでした。日ごろ手にする漢和辞典などにみられる部首法の起こりは『説文』にあるのです。まさに画期的な業績といえます。

とはいえ、実はこの許慎が考えだした部首法にはなかなか複雑な面もあり、私たちが漢和辞典などで目にする部首法とのあいだには大きな溝が横たわっています。その一つは、形式は似ているけれども、その内容が異なっていることです。例えば「強」という字です。手もとの漢和辞典をみると、それは「弓」部に収められています。ところが元祖の『説文』では「虫」部に置かれているのです。では、なぜこのような違いが生まれたのでしょうか。それは、誕生からこんにちにいたるあいだに、部首法の性質が大きく変わったからにほかなりません。『説文』は「強」字の意味を説いて「強は蚚《き》（こくぞう虫）なり。虫に従い弘の声」のように述べています。つまり許慎は「強」字を分析して「虫」が義符で「弘」が声符の形声文字だと解したのです。右で述べたように、『説文』

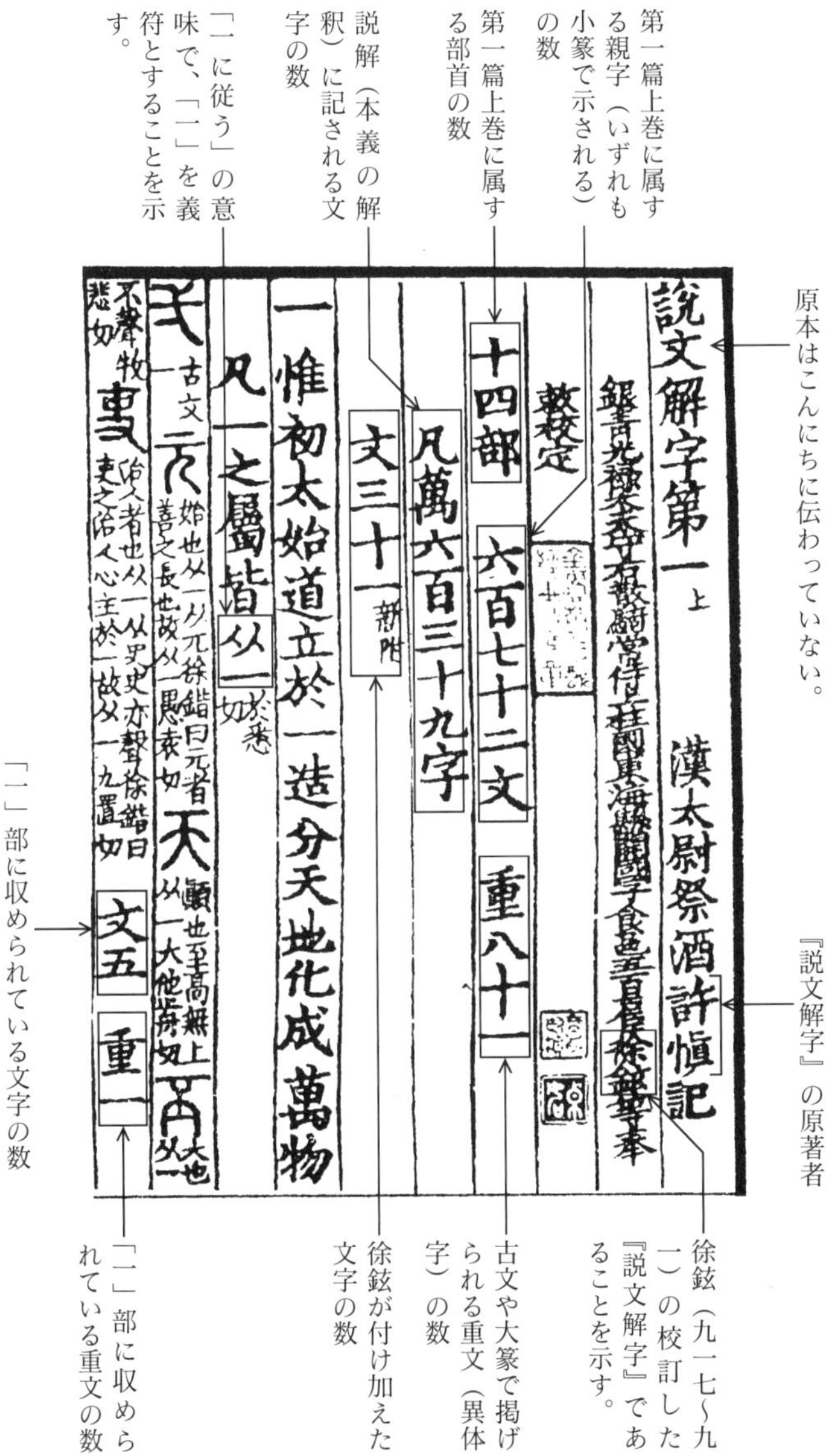
第一篇上巻に属する親字（いずれも小篆で示される）の数
第一篇上巻に属する部首の数
説解（本義の解釈）に記される文字の数
「一に従う」の意味で、「一」を義符とすることを示す。
原本はこんにちに伝わっていない。
説文解字第一上
漢太尉祭酒許愼記
銀青光祿大夫守右散騎常侍上柱國東海縣開國子食邑五百戸臣徐鉉等奉
勅校定
十四部
六百七十二文
重八十一
凡萬六百三十九字
文三十一 新附
一 惟初太始道立於一造分天地化成萬物 凡一之屬皆从一 於悉切
弌 古文一
元 始也从一从兀徐鍇曰元者善之長也故从一 愚袁切
天 顚也至高無上从一大 他前切
丕 大也从一不聲 敷悲切
吏 治人者也从一从史史亦聲徐鍇曰吏之治人心主於一故从一 力置切
文五
重一
『説文解字』の原著者
「一」部に収められている文字の数
徐鉉（九一七～九九二）の校訂した『説文解字』であることを示す。
古文や大篆で掲げられる重文（異体字）の数
徐鉉が付け加えた文字の数
「一」部に収められている重文の数

書影２　『説文解字』

ではおなじ義符をもつことによって、おなじ〈部〉に属する文字となります。そこで「強」は「弓」部ではなく「虹・蝗・蟬」などといっしょに「虫」部に収められたのです。一方、「弓」を「強」字の部首とした人は「虽」を「畺」の略字と解したようです。「畺」は「キョウ」という音と「じょうぶでつよい」の意味を示す字です。この「畺」に「弓」をそえた「彊」(=強)は「じょうぶな弓」、つまり「弓」が、この字の意味がなにと関係しているかを示していると解釈して「弓」を部首としたのでしょう。このように、字体をどのように分析するかの違いによって〈部首〉も違ってくるのです。これはその一例です。

横たわる溝の二つ目は、部首の配列の順序です。漢和辞典をみてみましょう。部首の最初は「一」です。では『説文』ではどうでしょうか。やはり「一」から始まっていて、その点はおなじです。でも、それぞれが意味する内容はまったく違うのです。許慎は「一」という字を「この宇宙すべての根源」と説いています。ですから、文字の世界もまた根源である「一」から始まる、というのが許慎の解釈であり、哲学でもあったのです。「一」を五四〇の部首の最初に置いた理由はここにあります。それに対して漢和辞典の部首の「一」は、ただ筆画の数がもっとも少ないからという、もっぱら漢字を辞書のなかから探しだすうえでの便利さによるもので、そこには何の哲学もありません。

このように許慎が考えだした部首法は、今日のような、求める漢字を探しだすためのものではまったくなかったのです。それはあくまでも漢字が形づくる真の意味を追い求め、独自の文字世界をしっかりと築きあげるための拠りどころであったのです。

部首法の継承――権威の保持

許慎によって考えだされた部首法は、時代の流れとともに少しずつ修正が加えられながらも、その本質は変わらぬまま、その後の字書――西晋・呂忱《りょしん》（生没年不明）の『字林《じりん》』七巻（五篇または六巻とも）、梁・顧野王《こやおう》（五一九～八一）の『玉篇《ぎょくへん》』三十巻（三十一巻とも）、宋・司馬光《しばこう》（一〇一九

⓭国字――擬似漢字

古代中国で誕生した漢字は日本にも伝えられました。やがて日本の人びとは外来の文字を自由に操るようになります。音読み・訓読み・漢文訓読法の会得、万葉仮名や片仮名・平仮名の発明などとともに、漢字の形の仕組みを応用して日本製の漢字（擬似《ぎじ》漢字）をつくりだしてしまいました。それが〈国字《こくじ》〉（和《わ》字・倭《わ》字とも）と呼ばれるものです。平安時代初期の『新撰字鏡』には、すでに約四〇〇ほどの国字が収められています。漢字の創造にあずかろうとした日本人が従ったのは、もっぱら〈会意〉（四二ページ参照）の方法でした。「上《のぼ》（る）」と「下《くだ》（る）」に「山」偏をそえて「峠《とうげ》」を、「十」に「辵《しんにょう》」（歩行を示す記号）を合わせて十字路を意味する「辻《つじ》」というような国字をつくりました。ほかに「裃《かみしも》・畑《はたけ》・躾《しつけ》・匂《にお》（い）」などや、海の幸に恵まれた日本列島ならではの、多くの「魚」偏の文字「鱈《たら》・鯏《あさり》・鯑《かずのこ》・鰯《いわし》・鱩《はたはた》・鱚《きす》…」などがあり、その巧みさには驚かされます。

〜八六）らの『類篇《るいへん》』四十五巻――に受け継がれていきました。それは『説文』が唐代では科挙（官僚登用試験）の受験科目とされるほどの権威ある字書であり、そこで示される部首法は、侵してはならぬものだったからでしょう。

しかしながら、許慎の部首法にも欠点はあります。なによりも不都合なのは、漢字を字書のなかから探しだすときの不便さです。許慎は「一」に始まる部首の並べ方の順序にあまり気を配らなかったようで、とにかく求める漢字を『説文』から探しだすのに一苦労も二苦労もします。いわゆる『説文』学が清朝でとても盛んとなりました――その研究者は二〇〇余名にのぼり、研究論文も一〇〇を越えたといわれます――が、学者たちも困惑したらしく、ついに索引づくりに労力を費やしたほどです（ちなみに、こんにち刊行されている『説文』のほとんどには索引がついています）。しかし許慎の部首法は、ともかくも長年にわたって守りつづけられたのでした。

部首法の変革――権威への挑戦

時代が下り、やがて許慎の部首法に挑戦し、改めようとする人たちが現れました。漢字を部首によって整理し並べるというやり方には一応したがうものの、『説文』以来の伝統をまっこうから否定した字書が編まれるに至ったのです。それら『説文』の部首法に挑んだ人たちは、まことに興味深いことに、儒教とはまったく縁のない――ちなみに、『説文』の信奉者たちは、みな儒者です

――異民族国家の仏教徒と、道教に関わりがあったらしい親子だったことです。およそ伝統的な学問を重んじる儒者ならば、とてもできそうもないことを、彼らはやってのけたのです。

【『龍龕手鑑』――四声で配列】

その仏教徒の名は行均《ぎょうきん》（生没年不明）、宋朝とは対立関係にあった遼《りょう》（契丹《きったん》）の人です。彼は『龍龕手鑑《りゅうがんしゅかん》』という字書を著わし、そこで新しい部首法を示しました。部首の数は二四二で『説文』の半分以下ですが、例えば「亠」のような、独立した文字として用いられることなどなく、ただ「斉・亶・亨・亢」などの一部分を形づくるにすぎないものを、新しい部首としています。このことからも明らかなように、行均はその時代に通行していた楷書体の字形によって――許慎は小篆によって部首を考えました（書影2参照）――分析をくわえ、許慎とはまったく異なる視点にたって、符号としての部首を抽出したのです。

　さらに行均は、その部首のすべてを、その理由はわかりませんが、〈平《ひょう》・上《じょう》・去《きょ》・入《にゅう》〉という〈四声《しせい》〉（四種類の高低アクセント、六八ページ参照）の別によって並べたのです。許慎の考えだした部首法は、ここではその質と姿を大きく変えているのです。

【『五音篇海』――頭子音で配列】

　行均につづいて許慎の部首法に挑んだのは、遼を亡ぼした金《きん》王朝の、道教とかかわりがあったらしい韓孝彦《かんこうげん》と韓道昭《どうしょう》（いずれも生没年不明）の親子です。『五音篇海《ごおんへんかい》』（『四声《しせい》篇海』とも呼ばれます。一二〇八）という字書をつくって四四〇の部首をたてましたが、彼らも独自のやり方で部首を整理しました。それは、行均のように部首の字形ではなく、なぜか頭子音――「江」ならば「水」ではなくjiāngのj-、「何」ならば「人」ではなくhéのh-で（専門用語では〈声母《せいぼ》〉といいます。⇩コラム❺／七一ページ参照）――によって文字を分類し並べるという、これまた儒学という土壌に育った学者にはとてもできそうもないことをやってのけたのです。

【『字彙』――筆画数による配列】

しかし、このような大胆な試みによっても、多くの漢字のなかから求める漢字を探しだすという点では不便であることに変わりはありませんでした。その不便さの解消を図った字書が、明代の末期になってようやく編まれました。それが、求める漢字を筆画の数によって検索する梅膺祚《ばいようそ》（生没年不明）の『字彙《じい》』（一六一五）です。収める字数は五万三一七九にもおよびますが、なによりも検索の簡単で便利さが第一と考えた彼は部首の数を二四〇に減らし、その部首を、そしてそれぞれの部首のもとに収められる漢字すべてを、筆画の数の少ないものから多いものへと並べたのです。

やっと今日の漢和辞典の先駆けの誕生を迎えました。漢字を形づくる基《もと》として許慎によって考えだされた部首は、一五〇〇年の歳月を経て大きくその質と内容を変えました。それが漢字の意味のなにと（「イ」なら人《ひと》と、「氵」なら水《みず》と）関係しているかを示す標識《しるし》であるとともに、漢字を辞書のなかで探し求めるための符号としての機能《はたらき》をあわせ備えるようになったのです。

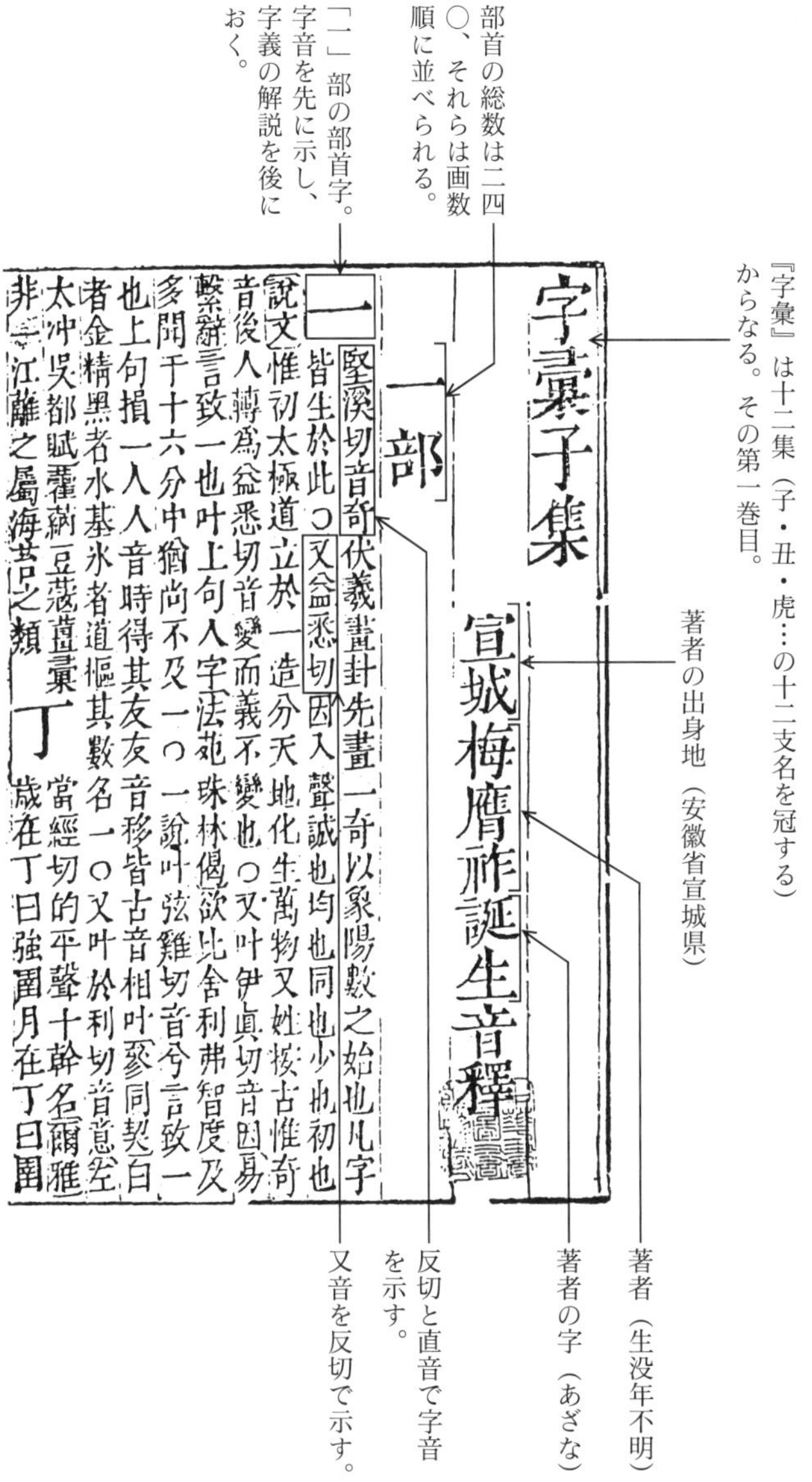

『字彙』は十二集（子・丑・虎…の十二支名を冠する）からなる。その第一巻目。
著者の出身地（安徽省宣城県）
著者（生没年不明）
著者の字（あざな）
部首の総数は二四〇、それらは画数順に並べられる。
「一」部の部首字。字音を先に示し、字義の解説を後におく。
反切と直音で字音を示す。
又音を反切で示す。

字彙子集
宣城梅膺祚誕生音釋
一部
一 堅溪切音奇伏羲畫卦先畫一奇以象陽數之始也凡字皆生於此○又益悉切因入聲誠也均也同也少也初也說文惟初太極道立於一造分天地化生萬物又姓按古惟奇音後人轉為益悉切音變而義不變也○又叶伊眞切音因易繫辭言致一也叶上句入字法苑珠林偈欲比舍利弗智度及多聞于十六分中猶尚不及一○一說叶弦雞切音兮言致一也上句損一人人音時得其友友音移皆古音相叶參同契白者金精黑者水基水者道樞其數名一○又叶於利切音意左太冲吳都賦藿蒳豆蔻薑彙非一江蘺之屬海苔之類
丁 當經切的平聲十榦名爾雅歲在丁曰強圉月在丁曰圉

書影3 『字彙』

〈こぼれ話〉段玉裁と『説文解字注』

以下、段玉裁《だんぎょくさい》の『説文解字』研究について紹介します。清朝での文字学の主流は『説文』の研究でした。研究書は一〇〇をこえ、研究者も二〇〇余名にものぼったそうです。その多くの学者のなかで、第一人者とされるのが段玉裁(一七三五~一八一五)です。

段玉裁は江蘇金壇《きんだん》(いま江蘇省金壇県)の人で、たいへん貧しい家に生まれながらも幼少のころから祖父に『論語』の教えをうけ、十三歳で科挙の予備試験にあたる童試《どうし》に合格しました。そのとき玉裁は「四書五経《ししょごきょう》」のすべてを暗誦するほどだったといわれますが、そのころはすでに音韻や文字の学問を好むようになっていたと、のちに戴震《たいしん》(一七二三~七七)――早くから学者としての名声が高く、玉裁が生涯にわたって師としてあおいだ人です――に宛てた手紙で述べています。

その後、玉裁は三十七歳で貴州省の知事となり、四十歳のとき四川省の県知事に転任しましたが、四十一歳のときに玉裁の「古音(上古音)学」の集大成ともいわれる『六書音均表《りくしょおんいんひょう》』(一三七ページ参照)を完成させました。その翌年、玉裁は『説文』の注釈書『説文解字注』(以下、『段注』と呼びます)の下書きとなった『説文解字読《とく》』五四二巻の執筆にとりかかります。

【『段注』の内容】

玉裁は『段注』を書きはじめる前に、必要な資料や基本的な事がらを整理し考察をかさねました。その結果をまとめたのが『説文解字読』です。さらに玉裁は、宋代に刊行された四種類の『説文』や、『集韻《しゅういん》』（宋代、一〇三九年、一説に一〇六六年に編まれた韻書）、『類篇』（四八ページ参照）、『太平御覧《たいへいぎょらん》』（宋代、九八三年に編まれた百科全書）などに引用されている『説文』の文を参照して、明末清初の蔵書家《コレクター》・毛晋《もうしん》の汲古《きゅうこ》閣《かく》（毛晋の蔵書楼の名）から刊行された『説文』の大徐本《だいじょ》（⇩コラム⑭）を校勘し、『説文』の注釈にあたって拠るべきテキストを作成したのでした。『汲古閣説文訂』一巻（一七九七）です。このように玉裁は十分な準備をととのえ、乾隆五十九年（一七九四）、『段注』の執筆に着手したのです。

『段注』の特徴として、おおよそ二つがあげられようかと思います。その一つは、『説文』の大徐本に記されている反切《はんせつ》（漢字によって漢字の音を表わしたもの。七二ページ参照）——許慎の『説文』に反切は記されていません。大徐本には、唐代に編まれた『唐韻』（⇩コラム⑳）にみ

---

⑭『説文解字』のテキスト

許慎が著わした『説文』の原本は早くに失なわれてしまいました。いまに伝わる『説文』のテキストは南唐の徐鍇《じょかい》（九二一～七四）が校訂した『説文解字繫伝《けいでん》』四十巻本と、徐鍇の死後に、北宋の徐鉉《じょげん》（九一七～九一二）が主となって校訂した『説文解字』十五巻本の二種類です。徐鍇は徐鉉の弟であることから、一般に徐鍇の校訂本を「小徐本」、徐鉉のを「大徐本」と呼んでいます。ちなみに、現在では大徐本が『説文』を論ずるときの基礎となるテキストとされています。

える反切が書きくわえられています——を引いて字音（文字の読み方）を示すとともに、『説文』にみえる親字（見出し字）の一つ一つを、『段注』のうしろに付した『六書音均表』と対応させ、それが玉裁のいう古音（上古音）の、どの「部」——玉裁は古音を十七の部に分けています（一三七ページ参照）——に属するかを示したことです。このことによって、玉裁は古代の漢字の形・音・義という三つの要素を関連づけて考究できると考えたのです。

特徴の第二は、それがただの『説文』の注釈にとどまらずに、〈訓詁《くんこ》の書〉（一四二ページ参照）としての性格をそなえていることです。許慎の『説文』は漢字の形や構造が示す「本義」について説くだけで、本義から導きだされる「転義（引伸義《いんしんぎ》）」（⇩コラム⑮）にはふれていません。しかし実際は、転義によって用いられる例が多いのです。玉裁は許慎の説く本義について注釈するのみにとどまらず、転義についても必要なものは取りあげ、それが本義からどのように転じたかを、豊富な実例にもとづいて説明しています。これが『段注』の大きな、そして重要な特徴で、『段注』が訓詁の書とも称される所以《ゆえん》です。一例をあげます。

『説文』は「息」字について「息（なるものは）、喘《せん》也」（心部）と説いています。この解説に『段注』は次のように注釈しています。

〔『説文』の〕口部（部首）に「喘、疾《はや》き息也」とある。「喘」を「息の疾《はや》さ（はあはあと苦しそうに息づかいをする）」としているのは、分析していっているのだ。「息、喘也」とするのは、まとめていっているのである。人の呼吸で急なのは「喘」といい、ゆっくりなのは「息」という。引伸して「休息」を、また引伸して「生成」の意味となる。引伸義がおこなわれるようになり、「鼻息」の意味で用いられるようになったのである。『詩経』に「我をして息する能《あた》わざら使《し》む」とあるが（中略）、これが「息」の本義である。そのほか、『詩経』にみえる「息」はみな引伸の義である。（大意）

この一例によっても、その注釈の精密さがうかがえるでしょう。

⑮漢字の意味――本義と転義

漢字が示す意味には、大きく分けて二つがあります。一つは漢字の構造そのものが示す「本義」であり、もう一つは「転義」（引伸義とも）です。この転義は、さらに「派生」義と「仮借《かしゃ》」義に分けられます。派生義とは、例えば「命令する」を意味する「令」が「県令」として用いられて「命令をだす人」を意味するようになるなど、一つの漢字の意味が似た意味に転じたものです。また仮借義とは、例えば「皮衣《かわごろも》」を意味する「求」を「もとめる」の意味を表わす字として用いるように、本来は意味のうえで関係のない漢字が、その音の形が同じ、あるいは似ているために、ほかの字の代わりに借用された場合の意味です。『説文解字』は本義を説いた最初の字書であり、『爾雅《じが》』（二四四ページ参照）は転義を説明した最初の義書です。

玉裁はまた同義語（二〇三ページ参照）についても細かく分析してその別を示していますが、これも『段注』のすぐれた点です。『説文』の「牙（なるものは）、歯也」には次のような注釈をしています。

総称としては「歯」でも「牙」でもよいが、細かくいえば、前側の唇に接する部分を「歯」と称し、後側の顎骨にのる部分を「牙」と称するのである。

このように、『段注』はただの注釈の域をはるかに越えるものでした。不備な点の指摘もありますが、その内容は精確で妥当な部分が多く、段玉裁を『説文』研究の第一人者とすることに異論はないでしょう。

『説文』注釈の金字塔ともいえる『段注』、しかしそれを書きあげるまでの玉裁には、はかり知れないほどの苦闘があったのです。

【『段注』完成までの苦渋——劉台拱への手紙】

玉裁は四十六歳のとき、四川省の知事を病気のためといって辞任し、故郷に帰って友人との交流を深めますが、その一人に劉台拱《りゅうだいきょう》（一七五一～一八〇五）がいました。王念孫《おうねんそん》（一九三ページ参照）がその学識を評価して、それは戴震たちと「蓋《けだ》し相伯仲《あいはくちゅう》す」と述べるほどの学者で、晩年の玉裁の心の支えとなった人です。五十八歳のとき玉裁は金壇をはなれ、蘇州の枝園《しえん》に住まいを移しますが、そのころから劉台拱に手紙を送り――玉裁の文集『経韵楼集《けいいんろうしゅう》補編』巻下に収められている劉氏宛ての手紙は三十一通を数えます――『説文』の注釈作業について悲観的な進み具合を伝えるようになりました。その手紙のうち、いくつかを紹介します。これによって、名著と称えられる『段注』が成るまでの玉裁の苦しみを窺《うかが》い知ることができましょう。

乾隆五十八年（一七九三）、五十九歳のとき

「昨年からというもの、小生は情緒が乱れ、それに時候のせいで体調も思わしくありません。そのため脈搏《みゃくはく》もたいへん弱く、心労で夜も安眠できません。そのうえ、左臂《ひじ》の疼痛《とうつう》はたえがたいほどですが、この痛みが外症性のものか内症性のものか、わかりません」（六月、第四書）

「ここ数年来、気分が沈み、塞《ふさ》ぎこんでいるためでしょうか、この夏は病気はたいしたことなかったのですが、気力をだいぶ消耗してしまいました。それに臂も痛むのですが、はたして医療で治るものかどうかわかりません。これでは『説文』の注などできないのではないかと、ひそかに心配し恐れています。いつぞや適宜《てきぎ》著述を、とおすすめいただきましたが、まったくおっしゃるとおりでした」（七月十四日、第五書）

乾隆五十九年（一七九四）、六十歳のとき

「小生の精力ははなはだしく衰えております。『説文』注の完成をお命じくださる貴兄のお気持ちはうけたまわったものの、この仕事は、注を付けるのに一人、浄書にもう一人の手でも借りなければ、どうにもなりません」（第八書）

「近いうちに〔『説文解字読』を〕圧縮することの困難さを知ることになります」（第九書）

乾隆六十年（一七九五）、六十一歳のとき

「著作（『説文』注）をしあげたいと思ったのですが、脚は痛みますし、疥癬《かいせん》（皮膚病の一種）が爛《ただ》れてかゆく、この二か月というもの眠れずに寝返りばかりです。読書もまったくしませんし、まことに嘆かわしい次第です。（中略）『説文』と『儀礼《ぎらい》』の研究をとのお手紙ですが、今のところ起き伏しがやっとの毎日ですので、疥癬がよくなったら、改めてと思っています」（八月、第十一書）

「小生の脚はもう治ることはありませんので、ただ痛まぬことだけを願っています。疥癬は今になっても完治しません。完治しましたら、さっそく未完の書（『説文』注）の完成に努めなければなりません。ただ、気力がとみに衰え、真理を探求する仕事や入り組んだことなど、とてもできない状態です。貴兄の年齢であれば力に余裕があるはず、今をゆるがせにしてはなりません。あと数年もすれば、それだけ衰えてくるというものです。貴兄もどうぞ私

のいうことを心におとどめください」（初冬、第十二書）
嘉慶元年（一七九六）、六十二歳のとき
「昨年冬から引きつづいて『説文』注の仕事に努め、二篇の上巻まで書きあげました。（中略）この分でいけば、この書は三年ほどで完成できると思います。そうすれば漢代の注釈を側面から補い、同志の望みに添うものとなるでしょう。この調子なら、かならず完成させる勢いがあるように思います」（二月十三日、第十四書）
「立秋がすぎてから小生はすこぶるすこやかで、毎日一頁ずつ筆が運び、『説文』注は第三篇をおわりました。でも中秋からのちは、また怠けてしまいました。この調子ですと、この書は五年以内に完成できれば幸いといわねばならず、すぐというわけにはまいりません」（九月、第十六書）
嘉慶二年（一七九七）、六十三歳のとき
「小生、この正月に二十日ほど病で臥せましたが、近ごろは好調です。拙稿もすでに五篇下の〝食〟部まで進みま

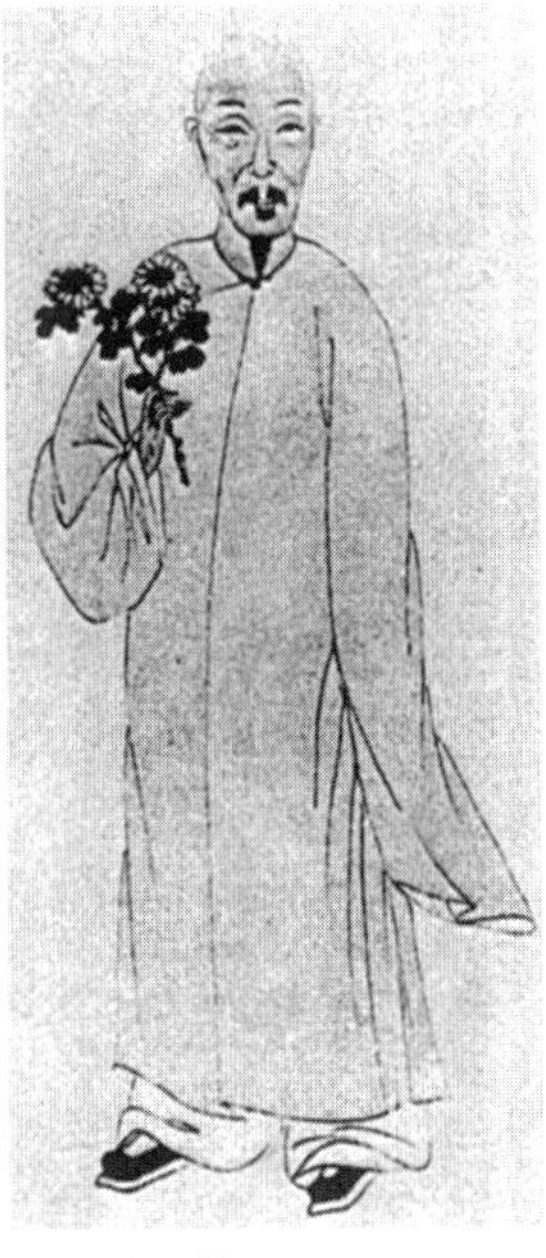
図2　段玉裁

した」（春、第十七書）

「小生、病気もちのうえ、多事をきわめています。（中略）このごろは睡眠も食事も思うにまかせません。両眼はかすみ、心も枯れました。『説文』注の完成のむずかしいことがはなはだ惜しまれます」（第十八書）

嘉慶三年（一七九八）、六十四歳のとき

「冬がすぎて春になりましたが、小生にはよい趣などありません。春は心を病むことが多く、書を読むことができません。読書ができないとなると、すべて思いどおりになりません。いかんともなしがたい症状であります」（春、第十九書）

嘉慶五年（一八〇〇）、六十六歳のとき

「年をとり、心血は枯れ果ててしまいました。心臓の不快感はとくにひどいのです。朝鮮人参《にんじん》の高価なこと、お話になりません。どうも『説文』注全書の完成は、おそらくむずかしいでありましょう。（中略）このような時、すべての仕事から離れ、人けのない静かな山で静養したなら、心の病もあるいは治るかもしれません」（一月、第二十一書）

「小生、年を越してからというもの、書を読むことをしていません。『説文』の方もまだ書きはじめていません。心を労するようなことはできそうにもありませんが、これは虚弱な体質がそうさせるのでしょう」（四月、第二十二書）

「小生、四月に入ってから心の病を自覚し、たちどころに『説文』注の原稿を七十頁あまりしあげましたが、それでも、ようやく第八篇の「人」部、「匕」部までおわらせただけです。日も西に傾きかかっているというのに、この調子ではたぶん完成しないでしょう。残念です」（八月、第二十四書）

「冬に入ってから身体の調子はよく、今年は『説文』注の原稿を一四一頁しあげました。第九篇もすでに着手しました」（十二月、第二十六書）

嘉慶六年（一八〇一）、六十七歳のとき

「小生の健康状態は相変わらずの春の患いで、どうなることかと恐れおののいております。貴兄のお教えを待ちわびております。『説文』注の完成はおそらくむずかしく、王伯申《おうはくしん》（王引之《いんし》、二三二ページ参照）君にこの仕事の完結をお願いしたいとも思っているのですが、聞き入れてくれるかどうか、まだわかりません」（第二十七書）

嘉慶七年（一八〇二）、六十八歳のとき

「気力がたいへんに衰えてしまい、拙著（『説文』注）はたぶんできあがらないでしょう」（春、第二十八書）

「小生、衰弱の極みです。『説文』注もまだ十巻を欠いております。昨年は春の病がひどく、手紙を認《したた》めて王伯申君に『説文』注を引き継ぎ完成させるよう依頼したのですが、どうしたのか返事がまいりません。（中略）今年一年間で（中略）『説文』注の原稿はわずか三頁しかしあがりませんでした。（中略）考えますに、春・夏・秋の三季はおおむね仕事に適さず、また春の病がことにひどいということになれば、仕事がすすまないのもしかたがないというものでしょう」（冬、第二十九書）

嘉慶八年（一八〇三）、六十九歳のとき

「小生、今年は何かとせわしく、近ごろは格別です。おそらく拙著（『説文』注）は完成されず、天下の属望《しょくぼう》に背くことになるかと思うと、憂慮にたえません」（第三十書）

現存資料によれば、劉台拱にあてた書簡で、これより先、『段注』に言及したものはありません。二年後の嘉慶十年（一八〇五）五月二十二日、玉裁の心を支えた劉台拱はこの世を去りました。五十五歳の若さでした。

嘉慶十二年（一八〇七）、七十三歳のとき、『段注』三十巻がついに完成しました。下書きの『説文解字読』から『段注』の完成まで、三十余年が過ぎさったことになりますが、『説文』研究の最高峰とも称えられる『段注』の誕生には、右にかいまみたような凄《すき》まじいまでの、苦しみをこらえた戦いがあったのです。

あとは全巻の刊行がおわるのを待つだけでした。嘉慶二十年（一八一五）五月、そのときがやっときました。玉裁は八十一歳となっていました。そのころ玉裁は、体力的にも、そして精神的にもかなり衰えていたようです。刊行が完了したその年に弟子の陳奐《ちんかん》が玉裁に会ったとき、玉裁は嘆息《ためいき》まじりに「我が身はあたかも春の蚕《かいこ》の如《ごと》きもの、繭《まゆ》成りあがりしうえは、ただ憖《たお》れるを待つのみ」といったといいます。大業を成しとげたあとの、ある種の虚脱感のようなものにさいなまれていたのでしょうか。それから二か月ほどたった九月八日、玉裁は彼岸へと旅立ちました。（以上は主に、劉盼遂《りゅうはんすい》『段玉裁先生年譜』と吉田純「段玉裁の経学―学問と生涯」『東洋文化研究所紀要』第九十八冊、一九八五、に拠っています）

第二章

漢字の〈音〉のはなし

1 音韻学の夜明け

中国音韻学のはじまり

中国の歴史をふり返ってみると、『三国志』でおなじみの魏《ぎ》の建国（二二〇）から南北朝時代へ、そして隋王朝が登場し滅びる（六一八）までの四〇〇年は、まことに激動の時代でした。その一方で、中国における言語研究の一翼をになう〈音韻学〉という学問の基盤が築かれた時代でもありました。その背景には〈韻書〉という、もともとは作詩用の「韻引き字典」が編まれたことがあります。仏教が中国に伝えられ、それとともに、古代から音声学の研究がすすんでいたインドの〈悉曇《しったん》学《がく》〉――サンスクリット（古代インドの言語）を表記する文字の発音などに関する学問です――がもたらされました。国内では駢儷体《べんれいたい》――四字と六字の対句《ついく》をならべ、とくに音楽的な調子《リズム》を重んじる文体です――や、詩・韻文が発達し、文学評論も盛んになりました。このような文化状況のもと、漢代の末ごろに生まれたと推測される〈反切《はんせつ》〉という漢字の表音法（七二ページ参照）が広くゆきわたるようになり、さらには、それまではほとんど意識されなかった高低アクセントの〈四声《しせい》〉（次ページ参照）に対する理解が広まっていきました。ここではじめて韻書が編まれるための条件が整えられ、ほどなく韻書の誕生を迎えます。やがて、この韻書の内容やそこに反映する音韻の考究がおこなわれるようになりました。これが中国独自の〈中国音韻学〉のはじまりです。

音韻学はしだいにその領域を広げ、やがて漢代や唐代など特定の時代の音韻はどのようであったかを復元（再構築）したり、中国語の音韻は古代から現代へどのように変化してきたのかをたどる

⓰反切のはじまり

〈反切〉を発明したのは誰か、それはわかりません。反切について語ったのは、顔之推《がんしすい》の『顔氏家訓』（二九ページ参照）が初めてのようです。之推は「孫炎《そんえん》（二六〇ごろ没）が『爾雅《じが》音義』を創った。孫炎は漢末の人で、彼ひとりだけが反切の知識をもっていた」（「音辞篇」）と述べています。孫炎は経学《けいがく》の大家として有名な鄭玄《じょうげん》（一二七～二〇〇）の門下生です。

これに対し、孫炎より半世紀ほど早いころの服《ふっ》虔《けん》（訓詁学者）が反切を始めたのだという人や、いや、反切は漢代以前にすでにあったと説く学者もいます。宋代になると、反切は中国で発明されたものではなく、インドの悉曇学《しったんがく》（前ページ参照）の影響を受けて成立したのだ、と主張する学者もでてきました。ただ、いずれの主張にも確かな裏づけがありません。反切の起源はなお謎につつまれています。

ことなども、研究の対象とするようになります。

韻書は音韻学の基礎的な資料ですが、それを紹介するまえに、韻書を形づくるうえで欠かすことのできない〈四声〉と〈反切〉について説明します。

四声（声調）――現代音と古代音の違い

〈声調〉については第一章の「中国語とはどんな言葉か―その特質」（八ページ参照）とコラム❹「アクセントと声調」で述べましたが、ここでその説明を補いたいことがあります。それは、その数はおなじく四つなのですが、現代中国語（普通話《プートンホワ》）の四声と、これからその姿を探ろうとする古代中国語音の四声とは内容が違うということです。くり返しになりますが、現代中国語（普通話）では、四声は〈一声《いっせい》・二声《にせい》・三声《さんせい》・四声《よんせい》〉と呼ばれ、それぞれの調子は、大雑把《おおざっぱ》にいえば、その順に、平ら・昇る・低い・降《くだ》る、です。ところが古代音では、その声調は〈平声《ひょうしょう》・上声《じょうせい》・去声《きょせい》・入《にっ》声《しょう》〉と呼ばれ、調子も現代音とは違うのです。入声というのは、ちょうど英語のbook・it・cupの末子音の-k -t -pの音で音節（一〇ページ参照）がおわるもの――例えば、木 muk・末 muât・立 liəp――ということはわかっているのですが、ほかの三声についてはその具体的な調子――これを〈調値《ちょうち》〉といいます――はなお確かではない点があります。字面《じづら》から判断すると、平声は「平ら」、上声は「昇り」、去声は「降り」の感じをうけます――英語ではこの順に level tone, rising tone, entering toneと訳している例もあります――が、一概にそうともいえないようで、その実像はなお探りつづける必要があります。

そしてこの四声はモンゴル族の元代《げん》（一二七一～一三六八）のころになると、平声は〈陰〉と〈陽〉の二つに分かれ、入声が消えてなくなって**〈陰平《いんぴょう》・陽平《ようひょう》・上・去〉**声という体系に移っていき、そして現代音（普通話）のような型になるのですが、このことは改めて述べます（一三三ページ参照）。

このように、おなじく〈四声〉と呼ばれる声調も、時代の流れとともにその内容を変えていったのです。

四声への理解

〈声調〉は中国語にそなわる特徴として大昔――殷・周の時代についてはよくわかりませんが――からあったと考えられます。しかし中国人がその声調（四声）を自覚するようになるのは、どうも五世紀ごろになってからのようです。隋の劉善経《りゅうぜんけい》という人が著わした『四声指帰《しいき》』の記事によると、南朝・梁《りょう》の文人として名高い沈約《しんやく》（四四一～五一三）が師のあとを継いで**〈四声論〉**を確立させたとされています。「四声」という呼び名を決めたのも沈約たちだといわれています。しかし、四声というものを理解していたのはほんの一握りの知識人だけであって、一般の人にはまったく縁遠い存在だったようです。

このような話が残されています。梁の初代の皇帝であった武帝（四六四〜五四九）のことです。梁の武帝といえば、学術の発展につとめ、南朝文化の黄金時代を築きあげた第一級の文人でした。それほどの武帝が、四声をどうも完全には理解していなかったらしいのです。あるとき武帝は、将軍の朱异《しゅい》に「なにを四声というのか」と質問しました。朱异は「天子万福」――上から順に平・上・去・入声の字が並べられています――と答えたところ、武帝は「〝天子寿孝〟では四声にならぬか」といったというのです。この四字のうち、「天子寿」はその順に平・上・去声となっていてよろしいのですが、入声の字が置かれなければならない末尾に上声字の「孝」を配してしまったのです。武帝は四声をなお十分に理解していなかったからでしょう。

また、四声など無視しようとした文人もいたようです。沈約や武帝とおなじ梁時代の鍾嶸《しょうこう》（四六八〜五一八）です。『詩品』という書物を著わし、漢から梁までの詩人一二三名について上・中・下の格《ランク》をつけて論評しています。そのような人でさえも「文学作品は口調が整っていればそれで十分、平上去入などというものは私にはどうにもわからぬ」といって耳を貸そうともしなかったそうです。

これらのエピソードからもわかるように、四声が市民権を手に入れるのにはかなりの歳月が必要でした。沈約の時代から一〇〇年以上もすぎ、南北朝のおわりごろになって、ようやく自分たちの言語《ことば》に四声のあることが理解され、その知識が広くゆきわたるようになりました。ここではじめて、四声で区分けされた〈韻書〉が編まれるようになったのです。

双声・畳韻――音節の二分法

つぎは〈反切〉ですが、そのまえに、古代中国の人びとは早くから、自分たちの言語の音節（一〇ページ参照）が二つに分けられることを承知していて、それを利用して一つの語をつくるという技《わざ》――これをのちの人は**〈双声《そうせい》〉〈畳韻《じょういん》〉**と呼んでいます――を心得ていたという話をします。

第一章で、中国語は基本的に**〈単音節語〉**であり、その音節は**〈声母〉**と**〈韻母〉**とに分けられ

⑰双声・畳韻の余話

〈双声〉〈畳韻〉という名称の起こりはわかりませんが、このような話があります。南方で建国した漢民族の宋《そう》・斉《せい》・梁《りょう》・陳《ちん》の四王朝、いわゆる南朝の歴史を記した書に『南史』八十巻があります。その『南史』に双声・畳韻の記事があります（巻二十「謝弘微伝」）。王玄謨《おうげんぼ》が謝荘《しゃそう》に尋ねました。「なにを双声・畳韻というのかね」。この王玄謨という人は、以前、北方の征伐にいったのですが碻磝《こうこう》というところで戦に敗れ、垣護之《えんごし》とともに免職の処分をうけたことがありました。そこで尋ねられた謝荘は、からかってこう答えました。「王玄謨の〝玄《げん》〟と垣護之の〝護《ご》〟が双声で、〝碻《こう》〟と〝磝《こう》〟が畳韻だよ」と。双声・畳韻という名称は、遅くとも南北朝時代には用いられていたようです。

ることを述べました。これが音節を二分するということです。声母と韻母が音節を二分する単位として明確になるのは、のちに述べる〈韻図〉という図表（八九ページ参照）の誕生をみてからだと思われます。ただ、音節が二分できるという認識は古代からあり、その実際が紀元前十世紀の末から紀元前六世紀はじめまでの歌謡三五〇篇を収めた『詩経』にすでにみられるのです。それが〈双声〉〈畳韻〉という一種の修辞法《レトリック》です。一例をあげます。「参差《しんし》」（長短・高低がふぞろいのさま）——いま便宜的に日本の漢字音をローマ字で表記するとshin shi——という二つの文字からできている語がみられますが、それは二字の声母はおなじ（sh-）で韻母がちがう（-inと-i）ものです。これが〈双声〉です。そして一方の〈畳韻〉とは、「窈窕《ようちょう》」（女性の姿のしとやかで美しいさま）——ローマ字で表記するとyô chô——のように、二字の韻母はおなじ（-ô）で声母がちがう（y-とch-）ものをいいます。これは、古代中国の人びとが自分たちの言語の音声が〈声〉と〈韻〉の二つに分けられるということを理解していたからこそできる技でしょう。

ほかならぬこの技法が、〈反切〉という表音法の発明に大いに関わっていたと思われます。

反切——中国固有の表音法

では〈反切〉について説明します。反切というのは、漢字で漢字の音《おん》を表わすという中国独自の表音法です。では、その表音の仕方はどのようでしょうか。例えば、Aという漢字の音を反切の方法をつかって表記するとします。そのためには、(1)まず、BとCというやさしくて音もよく知られている二つの漢字を用意します。(2)次に、BとCそれぞれの音節を〈声母〉と〈韻母〉とに分けます。(3)そしてBから〈声母〉を、Cから〈韻母〉をとりだします。(4)おわりに、Bの〈声母〉とC

⑱連綿語――二字で一語

漢字は、その一つ一つが一音節の語として固有の意味をもっています（二〇ページ参照）が、なかには二音節（二つの漢字）を連ねてはじめて一つの語となるものもあります。これを**〈連綿語《れんめんご》〉**といいます。双声や畳韻の語、つまり双声語（参《しん》差《し》・恍惚《こうこつ》・彷彿《ほうふつ》など）と畳韻語（窈窕《ようちょう》・荒唐《こうとう》・混沌《こんとん》など）はその一種です。このほか連綿語には、双声・畳韻ではないもの（狼狽《ろうばい》・滂沱《ぼうだ》・芙蓉《ふよう》など）や、外来語を音訳したもの（葡萄《ぶどう》・琵琶《びわ》・咖啡《コーヒー》など）があります。

⑲○○切と○○反

〈反切〉は韻書に記されています。本格的な韻書は『切韻』にはじまり、つづいて**〈切韻系韻書〉**（⇩コラム⑳）が編まれていきますが、その反切の表示の仕方に「○○切」と「○○反」とがあります。『広韻』で「徳紅切」と表記されている反切は『切韻』では「徳紅反」と記されています。この点について清代の顧炎武《こえんぶ》は『音論』という論文の「反切之名」の条で「南北朝以前ではすべて〝反〟といった」のであり、唐代の張参《ちょうさん》が著わした『五経文字《ごきょうもんじ》』（序は大暦十一（西暦七七六）年）――唐・代宗の命をうけて「五経」のテキストの文字の誤りを正した書物です――では「反」となっているので、その字を嫌って（「反逆」の「反」につながるからでしょう）「切」を用いるようになったのは「かならずや大暦以後であろう」と述べています。

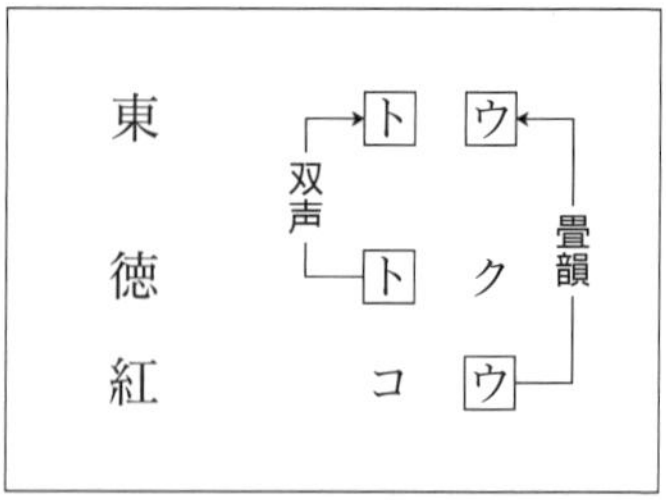

図3

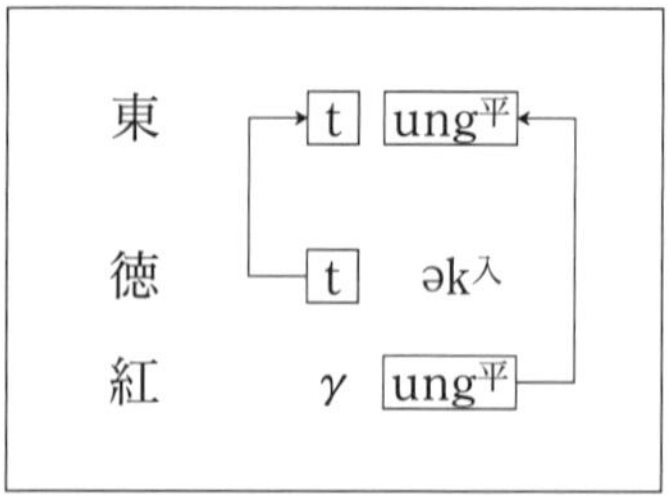

図4

の〈韻母〉をつなぎ合わせます。(5)そのつなぎ合わされた音節が求めるAの音となります。

これが作業のすべてです。具体例をあげます。『広韻』という韻書(八二ページ参照)の最初にみえる反切は「東 徳紅切」のように記されています。Aにあたる漢字は「東」、Bは「徳」、Cは「紅」です。おわりの「切」——『広韻』の基《もと》となった『切韻』(八〇ページ参照)では「反」と記されています(⇩コラム⑲)——は「この表記は反切である」ことを意味し、音とはまったく関わりはありません。

この反切を、仮名《かな》文字に馴染んでいる日本の読者のみなさんのために、邪道かもしれませんが中国語音ではなく日本の漢字音を当てはめて説明します。図3をご覧ください。Bにあたる徳《トク》——**〈反切上字《じょうじ》〉**といいます——から、中国語になぞらえれば〈声母〉にあたる「ト」を、そしてCにあたる紅《コウ》——**〈反切下字《かじ》〉**といいます——から中国語の〈韻母〉にあたる「ウ」をとりだし、両者を合わせた「トウ」がAにあたる東《トウ》——**〈帰字《きじ》〉**といいます——の音ということになります。

そしておわかりのように、Bの徳《トク》の「ト」とAの東《トウ》の「ト」とは〈双声〉、Cの紅《コウ》の「ウ」とAの東《トウ》の「ウ」とは〈畳韻〉の関係にあるのです。参考のために、復元された古代の中国音——仮説、音声記号（⇩コラム㊶）で示します。右肩の「平」は平声、「入」は入声を表わします——に写しかえると図4のようになります。

〈こぼれ話〉反切にまつわるエピソード

【反切を口で唱える方法】

以下は余談です。〈反切〉の理解が広くゆきわたり、人びとは反切によって漢字の音《おん》を知ったわけですが、その方法は、右で示したような図式にしたがうのではなく、〈反切上字〉と〈反切下字〉を続けて口のなかで唱え、それを口のなかで結び合わせることによって、求める〈帰字〉の音を導きだしていたようです。

唐代のころに著わされたと思われる『切字要法』（作者不明）という書物（断片）に、反切によって漢字の音を求める方法が具体的に記されています。メモのようなものですが、一口でいうと、それはまさしく〈双声〉の二字と〈畳韻〉の二字を巧みに利用するやり方です。反切上字を例にすると、その上字と〈双声〉の二文字、あわせて三文字を口のなかで唱え、三字に共通する声母をとりだすのです。反切下字についてもおなじ手順で韻母をとりだします。そして上字からとりだした声母と下字からとりだした韻母を口のなかで結び合わせるのです。『切字要法』に記されている内容を、説明を補いながら紹介します。

反切上字が〈喉音《こうおん》〉（九二ページ参照）ならば下の二字はおなじ喉音で呼応させる。例えば「歌」字の反切は「居何切」であるが、上字「居」k-yo（日本漢字音で表記。以下おなじ）に双声字の「経」k-ei・「堅」k-enをつければ「居経堅」k-yo k-ei k-enで、これを連呼して声母k-をくりだす。これが帰字「歌」の声母（k-）である。上字が〈唇音《しんおん》〉（九二ページ参照）ならば下の二字はおなじ唇音で呼応させる。例えば「邦」字の反切は「悲江切」、上字「悲」h-iに双声字の「賓」h-in・「辺」h-enをつけて「悲賓辺」h-i h-in h-enと連呼すれば、帰字「邦」の声母（h-）を得ることができる。

〈畳韻〉の二字を利用して韻母をとりだす例は省略しますが、おなじ操作でおこなわれます。このように反切は、口で唱えて求める音を導きだしたようです。

【反切と吉凶の占い】

これも余談です。〈反切〉を知った人たちは、反切に「神秘的な何か」を感じたようです。あるいは緯書《いしょ》――経書《けいしょ》（儒家の経典）にかこつけて占いや予言を記した漢代の書物です――などの影響もあったのかもしれませんが、漢字を二つ合わせて未知の漢字の音を知るという、まさに魔法《マジック》のような方法は、人びとに驚きとある種の恐れをも感じさせたのではないでしょうか。その恐れはまた、神秘性にたいする戦《おのの》きでもあったのではないでしょうか。そのためかとも思うのですが、この反切の方法が吉凶の占いや姓名判断に利用されたという話が伝えられています。

　南朝の歴史書『南史』の「列伝十六」に、南朝の宋の明帝が「袁愍《エンミン》」という人名が不吉だとして「袁粲《エンサン》」に改めさせたという記事があります。これは「袁」と「愍」の二字を反切させ、その凶を指摘したものです。その手順はこうです。まず「袁」を反切上字、「愍」を下字として反切させると、帰字として「殞《イン》」がえられます。「殞」は「命をおとす」という意味の字です。ほかにも同音の字、例えば「員・院」などもありますが、できるだけ凶を避けたいという願いから、占い師はこの字を選んだのでしょう。つぎに「袁愍」を逆の「愍袁」とします。そしてこんどは「愍」を上字、「袁」を下字として反切させると、帰字として「門《モン》」がえられます。ほかにも同音の「文・問・紋」などがありますが「門」が採られています。この二字を合わせると「殞門《インモン》」となります。これでは「門を落とす」、つまり一家を没落させるという不吉な名前になってしまうので変えなければならない、というわけです。このほか十ほどの例が清・顧炎武《こえんぶ》『音論』巻下「南北朝反語」の条にあげられています。

　話のついでに、姓名判断ではない例を一つあげます。これは唐代になってからの話です。歴史書の『旧唐書《くとうじょ》』「高宗本紀下」にみえます。高宗の初期のころ、元号《げんごう》をかえて「通乾《ツウケン》」にしようという案がだされました。ところが、この元号はよろしくないとして詔《みことのり》でとりやめさせた、というのです。なぜかというと、「通乾」の「通」を上字、「乾」を下字として反切させると、帰字として「天《テン》」がえられ、「通乾」をひっくり返して「乾通」を反切させると「窮《キュウ》」がえられる。すると「天窮」、つまり「天が窮《きわ》まる」――天子の運命が窮まってしまう――ということになるので「通乾」という元号はよろしくないということになった、というのです。

2　古代中国語音を蘇らせる資料たち

韻書のはじまり

〈韻書〉という書物は、すでに述べたように、もともとは中国古来からの文芸である詩をつくるための参考書として著わされました。日本はなお縄文文化の晩期のころ、中国では早くも『詩経』という詩集が編まれました。収められている歌謡の形式をみると、四言で一句、四句で一章となるのを基本とし、そこには〈押韻《おういん》〉という事象がみてとれます。押韻というのは、ごく大雑把《おおざっぱ》にいうならば、二つ以上の句の、適当な位置の句末の字におなじ韻、つまり、おなじ響き・リズムをもつ文字を置き、音楽的な効果がかもし出されるようにする技法《テクニック》です。この押韻が『詩経』にみられるのです。ただ、その押韻の仕方はさまざまで、厳密な法則《ルール》らしきものは認められません。

ところが五世紀から六世紀にかけての斉・梁の時代になると、押韻の仕方について考究がすすめられるようになり、詩についても形式面の美しさを追い求めた文人たちは、押韻の仕方に厳しい規則をもうけるようになりました。ここに詩をつくるにあたって拠りどころとなる参考書――いわば「韻引き字典」――が必要とされるようになったのです。それに応じて編まれたのが〈韻書〉です。

中国では『三国志』でおなじみの魏《ぎ》・蜀《しょく》・呉《ご》が競い合った三世紀ごろに二種の韻書――魏・李登《りと》『声類』十巻と西晋・呂静《りょせい》『韻集』五巻（六巻とも）――が編まれたと伝えられていますが、ともに残されていないのでその内容はわかりません。時代が降って六朝時代になると多くの韻書が著わされるようになりました。歴史書の『隋書』「経籍志《けいせきし》」（図書目録）には十数種の韻書名が記されていますが、これらもこんにちに伝わっていません。

『切韻』――韻書の集大成

開皇九年（五八九）、隋の文帝が天下を統一します。するとその気運をうけて、政治だけではなく文化面での整理と集大成も望まれるようになり、韻書についても統一国家にふさわしい、押韻の規範となるものの編集が計画されました。そうして編まれたのが、その後四〇〇年にわたって権威ある韻書として重んじられた陸法言《りくほうげん》（生没年不明）の『切韻《せついん》』五巻（六〇一）です。この韻書は唐代では科挙（官僚登用試験）の受験科目とされるほどだったのですが、原本は失われてしまい、こんにちでは敦煌で発見された少しの断片しか残っていません。

『切韻』が編まれて以来、その体系を受けついだ韻書――それらを〈切韻系韻書〉（⇩コラム⑳）といいます――が著わされつづけました。そしてその最後となる増訂版が宋代に編まれた『広韻《こういん》』五巻（⇩コラム㉑）です。この『広韻』は欠けるところのない完本としてこんにちまで伝えられていて、しかも原本『切韻』の体系をそのまま保っているので、『切韻』に代わる韻書として古代中

⑳ 切韻系韻書

中国の韻書の本格的な歴史は『切韻』（六〇一）にはじまります。宋代の『広韻』（一〇〇八）にいたるまで『切韻』は韻書の権威としてありつづけました。唐代になると、字数をふやし、文字の解釈も補った『切韻』の増補版が著わされるようになりました。年代順に挙げると、王仁昫《おうじんく》（煦とも）『刊謬補缺《かんびゅうほけつ》切韻』（六〇六）、長孫訥言《ちょうそんとつげん》『箋注《せんちゅう》』（六七七）、孫愐《そんめん》『唐韻』（七五一）、李舟《りしゅう》『切韻』（七七〇～八〇〇ごろ）、そして『広韻』です。これらはどれも『切韻』の系統をひくものなので、まとめて〈切韻系韻書〉といいます。ちなみに、唐代では都の長安音を写した韻書――これを〈秦音《しんおん》系韻書〉といいます――も編まれたと文献にはありますが、こんにちに伝わっていません。

㉑『大宋重修広韻』

『広韻』と一般に呼ばれている韻書は、正しくは『大宋重修《だいそうじゅうしゅう》広韻』（重修《ちょうしゅう》とも）といいます。その「序文」によると、この韻書が刊行されるまでには、つぎのような経緯《いきさつ》がありました。太宗の雍熙《ようき》年間（九八四～八七）に、天子の命によって『広韻』の編集がおこなわれました。それを真宗の景徳四年（一〇〇七）と大中祥符元年（一〇〇八）の二度にわたって修正、つまり「重修」した韻書、それが『広韻』で、天子から『大宋重修広韻』という名前をいただいたというのです。

国語音の研究に利用されています。

『広韻』――その内容と体裁

では、その『広韻』（一〇〇八）という韻書の内容と体裁をみてみましょう。『広韻』に収められている字数は、その「序文」によると二万六九四九字です。『広韻』はまずこれらの文字を平声《ひょうしょう》・上声・去声・入声《にっしょう》の四つの声調（六八ページ参照）の別によって大きく分けます。ただ、平声の字は数が多いので――別の見解もあります（⇩コラム㉒）――上・下の二巻（上平声と下平声）に分けているため、全体は五巻となっています。それぞれの巻は数十の韻（お互いに押韻が許される漢字のグループ）――巻一（上平声）は二十八韻、巻二（下平声）は二十九韻、巻三（上声）は五十五韻、巻四（去声）は六十韻、巻五（入声）は三十四韻――から成っていて、その総数は二〇六韻です。

これらの韻は、上平・下平・上・去・入声ごとに並べられています（⇩コラム㉓）。ただ、おなじ韻に属する字は、例えば「東・同・童・銅…」などのように数多くあるので、それらをまとめて示すために、各グループのなかから一つの字を選んでそのグループを代表する名前――これを**〈韻《いん》目《もく》〉**といいます――とします。右の例ですと、「東」字が採られてこのグループの〈韻目〉とされました。ですからこのグループは〝東〟韻の字ということになります（以下、韻目を〝　〟で示します）。そしてそれらの韻は、例えば巻一（上平声）では〝東〟韻・〝冬〟韻・〝鍾〟韻（それぞれが韻

㉒上平声・下平声と五音

『広韻』の平声を「上」と「下」の二巻に分けるのは、字数が多いからとか、注釈がとても多いため、と説かれるのが一般的ですが、これに対して、かならずしもそうとばかりいいきれないので、と別論を唱えた中国語学者がいます。頼惟勤《らいつとむ》氏（一九二二〜九九）です。

中国には〈四声論〉（六九ページ参照）が唱えられるまえから、**〈五声《ごせい》〉**という語が用いられていました。五声とは「宮《きゅう》・商《しょう》・角《かく》・徴《ち》・羽《う》」のことで、もともとは五つの音階を代表する古代音楽の用語でした。それが漢代になると言語の音についても用いられるようになりました。頼氏はこのような事情もふまえて五声と『広韻』を照合し、五声の「宮」と「商」は『広韻』ではいずれも平声にあたるので、これに合わせて平声の巻を上と下の二つに分け、計五巻にしたのだろう、と推測したのです（頼惟勤著・水谷誠編『中国古典を読むために—中国語学史講義』一九九六、大修館書店）。その是非を論じた文については、寡聞にして知りません。

㉓韻の四声相配

『広韻』の韻の総数は二〇六で、それぞれ平・上・去・入声に分けられています。では、それらの韻はどのように並べられているのでしょうか。そこには、はっきりとした意図がうかがえます。最も注目されるのは、平・上・去・入声のそれぞれの声調のあいだに対応関係——これを**〈四声相《しせいそう》配《はい》〉**といいます——が認められることです。つまり、平声韻が並べられている順序に対応して上・去・入声の韻も並べられているのです。例えば、-ungという韻母をもつ〝東〟韻が平声の一番目にあれば、上声の一番目にはおなじ-ungをもつ〝董〟韻が、去声の一番目にもおなじように-ungをもつ〝送〟韻が対応して並べられています。そして入声では、末尾音の-ngを-kにかえた-ukをもつ〝屋〟韻が対応しています。これが〈四声相配〉といわれる関係です。

目です）というように順に並べられています。

つぎに、それぞれ一つにまとめられているグループ（〝東〟韻・〝冬〟韻など）の内容をみてみると、そこではさらに、韻母はもちろんのこと、声母もおなじ漢字のグループ――これを〈小韻《しょういん》〉といいます――ごとに区分されています。韻書はもともと詩をつくるための参考書ですから、声母がちがっていても韻がおなじならば、一つのグループとしてまとめられています。ですから〝東〟韻の字として並べられるグループのなかには、t-音の声母をもつもの、d-音の声母やp-音の声母をもつものなどがまざっているわけです。そこで韻書は、おなじ韻のなかの字を声母がちがうグループごとにさらに区分したのです。

この〈小韻〉の最初に置かれた漢字――『広韻』では〈小韻〉ごとに○印を頭に記し、ほかとの別を示しています――には、まずその字の注釈が述べられ、つづいてその字の音が〈反切〉（七二ページ参照）か〈直音《ちょくおん》〉――漢字の音《おん》を、それとおなじ音をもつ漢字で、例えば「功音公」（「功《コウ》」字の音は「公《コウ》」）のように示す方法です――で示されています。そして最後にこの〈小韻〉に属している漢字の数が記されています。

『広韻』では、右で述べたように、〈小韻〉ごとに、小韻の第一字目にそのグループの字音（字の読み方）が示されています。でも、もしおなじ小韻グループの字に、反切で示されている音のほかに別の音がある場合――例えば「参」には現代中国語（普通話《プートンホワ》）音でcān のほかに、別音として

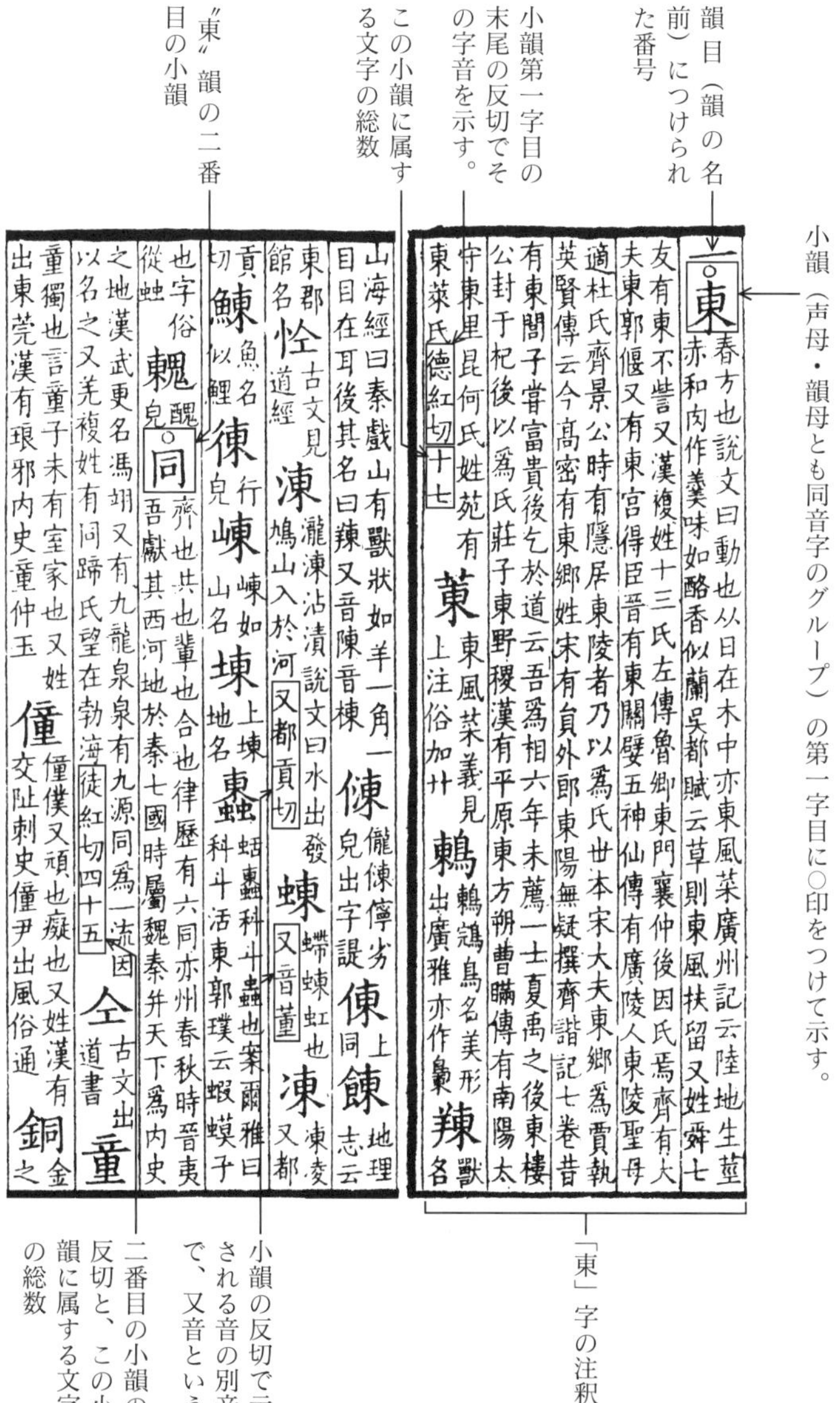

韻目（韻の名前）につけられた番号
小韻第一字目の末尾の反切でその字音を示す。
この小韻に属する文字の総数
〝東〟韻の二番目の小韻
小韻（声母・韻母とも同音字のグループ）の第一字目に○印をつけて示す。
一 ○東 春方也說文曰動也从日在木中亦東風菜廣州記云陸地生莖赤和肉作羹味如酪香似蘭吳都賦云草則東風扶留又姓舜七友有東不訾又漢複姓十三氏左傳魯卿東門襄仲後因氏焉齊有大夫東郭偃又有東宮得臣晉有東關嬖五神仙傳有廣陵人東陵聖母適杜氏齊景公時有隱居東陵者乃以爲氏世本宋大夫東鄉爲賈執英賢傳云今高密有東鄉姓宋有貟外郎東陽無疑撰齊諧記七卷昔有東閭子嘗富貴後乞於道云吾爲相六年未薦一士夏禹之後東樓公封于杞後以爲氏莊子東野稷漢有平原東方朔曹瞞傳有南陽太守東里昆何氏姓苑有東萊氏 德紅切 十七
菄 東風菜義見上注俗加艹
鶇 鶇鵍鳥名美形出廣雅亦作鶫
𨐣 獸名山海經曰秦戲山有獸狀如羊一角一目目在耳後其名曰𨐣又音陳音棟
倲 儱倲儜劣皃出字諟
𠍀 上同
𩜍 地理志云東郡館名
𢘅 古文見道經
涷 瀧涷沾漬說文曰水出發鳩山入於河 又都貢切
蝀 螮蝀虹也 又音董
凍 凍凌又都貢切
鯟 魚名似鯉
徚 行皃
崠 崠如山名
埬 上埬地名
𧓕 蛞𧓕科斗蟲也案爾雅曰科斗活東郭璞云蝦蟆子也字俗從蚰
𩴳 醜皃
○同 齊也共也輩也合也律歷有六同亦州春秋時晉夷吾獻其西河地於秦七國時屬魏秦幷天下爲内史之地漢武更名馮翊又有九龍泉泉有九源同爲一流因以名之又羌複姓有同蹄氏望在勃海 徒紅切四十五
仝 古文出道書
童 童獨也言童子未有室家也又姓出東莞漢有琅邪内史童仲玉
僮 僮僕又頑也癡也又姓漢有交阯刺史僮尹出風俗通
銅 金之
「東」字の注釈
小韻の反切で示される音の別音で、又音という。
二番目の小韻の反切と、この小韻に属する文字の総数

書影4 『広韻』

cēn·shēn があります――は、「又音○」とか「又○○切」のように表示されています。このような注記を〈又音《またおん》〉〈又切《またせつ》〉といいます。書影4にみえる例でいえば、〝○東〟小韻のなかの「涷」字の「又都貢切」、「蝀」字の「又音董」がそれです。

『広韻』の同用と独用の定め

一言、補います。『広韻』は『切韻』の増訂版ですが、『切韻』にはみられないことが新しく書きくわえられています。それは〈韻目〉につけられた〈同用《どうよう》〉と〈独用《どくよう》〉という注です。これは『広韻』のそれぞれの巻のはじめに置かれている韻目の一覧表にみられます（図5を参照）。例えば、巻一（上平声）の〝冬〟韻第二の下に「鍾同用」と記されていますが、これは〝冬〟韻の字は〝鍾〟韻の字と区別しないでお互いに押韻してもよろしい、つまり〈同用〉してもよろしいという意味です。これに対して、その韻の枠のなかでしか押韻が許されない、つまりほかのどの韻とも通用してはいけない韻には〝東〟韻第一のように「独用」と記されています。この場合、〝東〟韻は〈独用〉ということになります。

この同用と独用の注記は『広韻』の編者によって書かれたようですが、その由来を探ると、このような話が浮かんできました。同用・独用が定められたのは、『広韻』の二〇六という分けられた韻の細かさに、その理由があったのです。作詩をするのに、二〇六もの韻の区分にしたがうのはとても煩《わずら》わしかったようです。唐代の初めには、『広韻』の祖型はすでにできあがっていたのでしょう、許敬宗《きょけいそう》という人（別人との説もあります）たちが相談して、押韻の枠を緩《ゆる》めてほしいと皇帝に申しでて許されたといわれています。『広韻』の韻目で同用と注記されているのは七十三か所、独用は四十か所ありますが、この同用によって『広韻』の韻の数は実質上は一一三韻となります。これで作詩はかなり楽になったのではないでしょうか。ちなみに、韻の数はその後さらに整理されて、元の時代以降は一〇六韻で作詩をするようになりました。

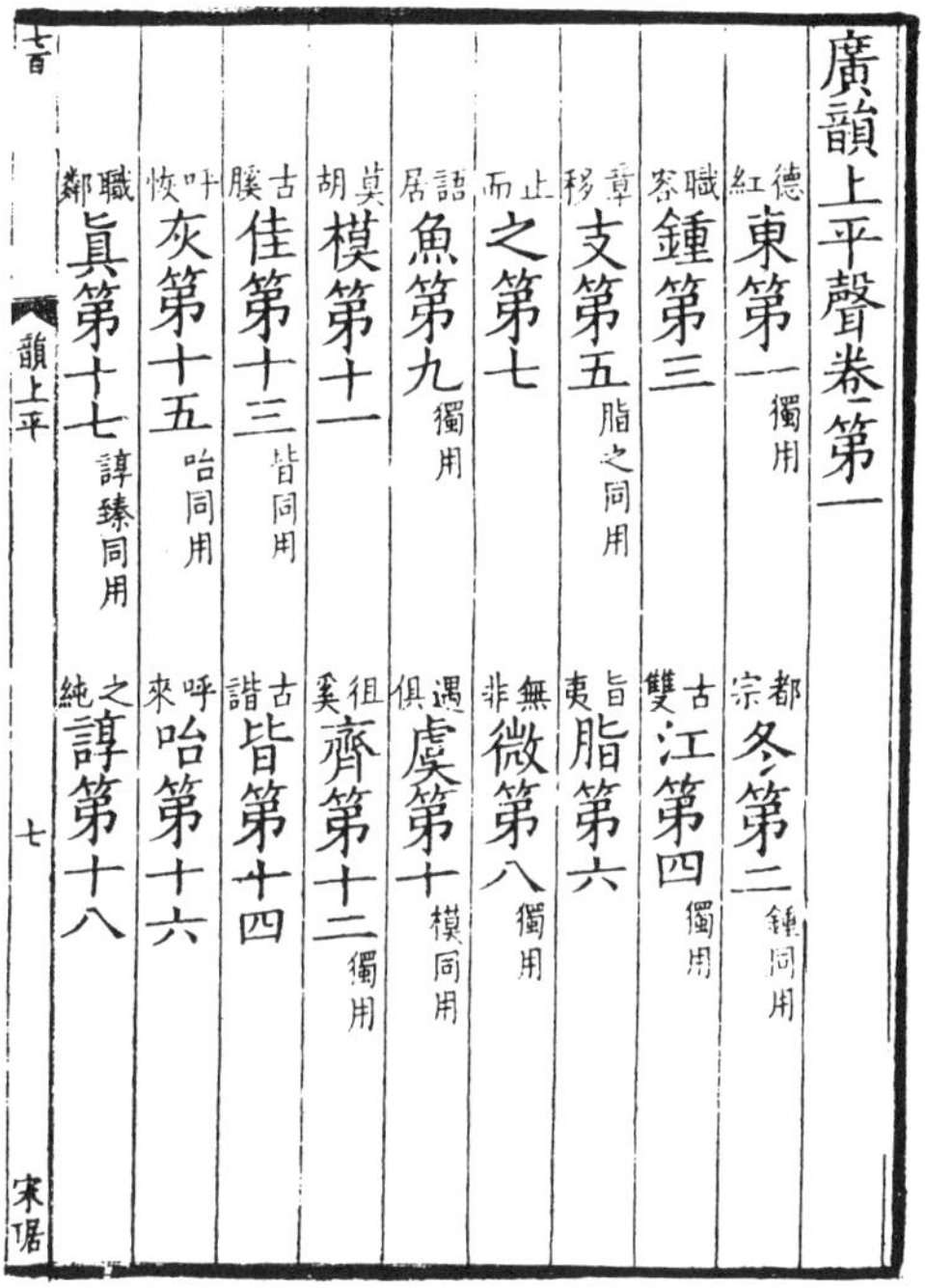
廣韻上平聲卷第一
東第一 德紅 獨用
冬第二 都宗 鍾同用
鍾第三 職容
江第四 古雙 獨用
支第五 章移 脂之同用
脂第六 旨夷
之第七 止而
微第八 無非 獨用
魚第九 語居 獨用
虞第十 遇俱 模同用
模第十一 莫胡
齊第十二 徂奚 獨用
佳第十三 古膎 皆同用
皆第十四 古諧
灰第十五 呼恢 咍同用
咍第十六 呼來
眞第十七 職鄰 諄臻同用
諄第十八 之純

図5　『広韻』巻一（上平声）の韻目一覧

許敬宗という人物

以下は雑談です。『広韻』の〈同用〉と〈独用〉を定めるにあたって主導役《リーダー》をつとめたといわれる許敬宗は、作詩を楽にし、その意味では人助けをしたことになるのでしょう。ところが、この許敬宗という人物の評判はどうも芳《かんば》しくないのです。新城（いま浙江省）に生まれた許敬宗は、はじめ隋朝に、そして唐がおこると第二代の太宗に仕え、三代の高宗にかわって則天武后《そくてんぶこう》が政治の実権をにぎるとすぐさま武后の腹心となり、やがて首相なみの権限をもつ中書省――機密事項・詔勅・民政などをつかさどる中央官制の中心となった官庁です――の長官となりました。

しかしこれはあくまでも彼の外側の顔であって、その内実はまったく違っていたようです。文献によると、許敬宗は色を好み、生活はまことに派手で贅沢をきわめ、賄賂《わいろ》を平気でうけとっていたらしいのです。そして太宗と高宗に仕えた書家の褚遂良《ちょすいりょう》――太宗の書を指導したことでも知られ、また武后が皇后（則天）になるのに反対して左遷されました――を追いおとし、太宗の即位を助け天下の平定に力をつくした長孫無忌《ちょうそんむき》を殺すなどしたのです。どうも目にあまる行状が多かったようです。そのためでしょう、彼は卑劣な男とみなされ、この世を去るとその諡《おくりな》の「恭」字について議論がおこったといいます。諡とは「贈り名」のことで、死後にその人の生前の徳行や功績にちなんでつけられます。例えば、武功のあった人には「武」、文徳のあった人には「文」のようにです。「恭」は「うやうやしい、慎《つつし》み深いさま」をいいます。「恭」は許敬宗の諡として相応《ふさわ》しくないと思われたのでしょう。

韻図——現代的な音節表

韻書とならんで中国の古代音を復元（再構築）するのに欠かせない文献資料に**〈韻図《いんず》〉**（等韻図とも）と呼ばれる図表があります。〈韻図〉とは、〈反切〉が一つ一つの漢字の音《おん》を個別的に表わすのに対して、古代中国語の音節を総体的《トータル》に示そうとする、とても現代的な音節表です。

仏教の東進とともに中国に伝えられた学問に〈悉曇学《しったんがく》〉のあることは先ほど述べましたが（六六ページ参照）、そこでは座標軸を利用した**〈悉曇章《しったんしょう》〉**という音節表がつくられていました。古代インドの人びとはサンスクリット（古代インドの言語）の音節を「頭子音」と「母音」に二分し、縦軸に「頭子音」を、横軸に「母音」を並べ、その交わるところに求める字を置いたのです。日本の**〈五十音図〉**のつくりを参照してください（図6）。縦軸のk-と横軸の-aが交わればkaとなり、s-と-uが交わればsuとなります。これと原理的にはまったくおなじ音節表が、インド伝来の〈悉曇章〉を参考にして中国でもつくられたのです。縦軸に〈声母〉を、横軸に〈韻母〉を配し、その二つが交わるところに求める漢字を置き、その音を示そうとする図表、それが〈韻図〉です。

s-	k-	
sa（さ）	ka（か）	-a
si（し）	ki（き）	-i
su（す）	ku（く）	-u

図6　五十音図のつくり

この韻図は、古代中国語の音節のすべてが体系的に示されているので、中国の古代音を復元（再構築）するのにとても役立ちます。

韻図のはじまり

では、韻図の原型がつくられたのはいつごろでしょうか。これについては、『切韻』（八〇ページ参照）とほぼおなじころとする七世紀説と、『切韻』より遠くはなれた唐代の末か宋代の初めとする十世紀説とがありましたが、中国語学者の小川環樹氏（一九一〇〜九三）は七世紀説を十分な証拠に欠けているとして退け、さらに唐末宋初説に反論し、「韻図の一種と推定されるものが残らず顔真卿《がんしんけい》の『韻海鏡源《いんかいきょうげん》』（七七四）という書に収められていることから、遅くとも顔真卿の書物が著わされた七七四年までに、等韻学〔韻図を研究する学問〕はかなり発達していたことは確実である」（要約）として、新しく八世紀説を唱えました（「等韻図と韻海鏡源―唐代音韻史の一側面」もと一九五三、『中国語学研究』一九七七、創文社、所収）。いまの段階では、韻図のはじめを八世紀とするのが穏当かと思われます。

この韻図のなかで、こんにちに残されている最も古いものが『韻鏡《いんきょう》』です。

『韻鏡』――その内容と体裁

『韻鏡』よりまえに韻図があったことは確かなようですが、いまに伝わっていません。ですからこの『韻鏡』は、古代の中国語音を探るのにとても貴重な資料となるのですが、残念ながらその作者はもとより、著わされた年代も確かなことはわかっていません。おそらく宋代の初めのものと思われますが、あるいは唐代の末かもしれません。なお研究する余地は残されています。

では、『韻鏡』の内容と仕組みについてみてみましょう。『韻鏡』は三つの部分から構成されています。その第一は、『韻鏡』を友人からゆずられ、それをみて感嘆し三回にわたって刊行した張麟《ちょうりん》之《し》（生没年不明）という人の「序文」（第二版にはありません）、第二は、張麟之による『韻鏡』の解説が記されている「序例」、そして第三が本体で、四十三枚の「図表」から成っています。

その図表は陸法言の『切韻』――実際は『広韻』で代用します――の体系をおおむね反影してい

㉔清と濁――声母の分類

〈清〉と〈濁〉は『韻鏡』にみられる声母の分類法の一つです。〈清〉とは声母が〈無声音〉、〈濁〉とは声母が〈有声音〉であることを意味します。無声音とは声帯を振動させないで発せられる、カ・サ・パなどの音、有声音とは声帯を振動させて発せられる、ガ・ザ・バなどの音です。

〈清〉には**〈清〉**（〈全清〉ともいいます）と**〈次清〉**の二種類が、〈濁〉には**〈濁〉**（〈全濁〉とも）と**〈清濁〉**（〈次濁〉とも）の二種類があります。〈清〉（〈全清〉）は無声の無気音ｐｔｋ（音声記号で表記。拼音《ピンイン》：ｂｄｇ）など、〈次清〉は無声の有気音pʻtʻkʻ（拼音：ｐｔｋ）など、〈濁〉（〈全濁〉）は有声音bʻdʻgʻなど（現代中国語〈普通話〉音には有声音はありません）、〈清濁〉（〈次濁〉）は鼻音のｍｎng（拼音：ｍｎng）や、流音ｌ（拼音：ｌ）、半母音ｗｊ（拼音：ｗｙ）などです。

て、『広韻』の二〇六韻が四十三枚の図表に収まるように工夫され、順序よく並べられています。一つ一つの漢字の音は、先に述べたように、図表に示された縦軸と横軸とが交わる点で求めることができます。

次に、縦軸と横軸のそれぞれについて説明します。まず縦軸ですが、そこには〈声母〉が置かれています。声母はそれぞれの調音点――音声をだすときに必要な器官（唇や舌、上顎《うわあご》など）や場所のことです――によって大きく七つに分けられます。それは、

①**〈唇音《しんおん》〉**――唇音は〈重《じゅう》唇音〉（p系の音）と〈軽《けい》唇音〉（f系の音）とに下位区分されます。
②**〈舌《ぜつ》音〉**――舌音は〈舌頭《ぜっとう》音〉（t系の音）と〈舌上《ぜつじょう》音〉（zh系の音）とに下位区分されます。
③**〈牙《が》音〉**（k系の音）
④**〈歯《し》音〉**――歯音は〈歯頭《しとう》音〉（ts系の音）と〈正歯《せいし》音〉（sh系の音）とに下位区分されます。
⑤**〈喉《こう》音〉**（h系の音）
⑥**〈半舌《はんぜつ》音〉**（l の音）
⑦**〈半歯《はんし》音〉**（r の音）

です。これらをまとめて**〈七音《しちおん》〉**といいます（⇩コラム㉕）。

この〈七音〉のそれぞれは、その音

㉕三十六字母――声母の代表字

〈字母〉とは声母の代表字のことです。『韻鏡』には左のような三十六の字母が示されています。これを〈三十六字母〉といいます。参考のために記した推定音は河野六郎氏によるものです。なお〈清〉〈濁〉についてはコラム㉔を参照。

が〈無声音〉か〈有声音〉かによって〈清〉と〈濁〉（⇩コラム㉔）とに分けられます。この〈七音〉と〈清・濁〉の組み合わせによって、声母は〈三十六字母《じぼ》〉（⇩コラム㉕）によって示されます。〈字母〉というのは声母の「代表字」（声母の呼び名）のことです。例えば、p-という音《おん》を表わすのに用いられる漢字は一つとはかぎりません。『広韻』をみると、「補・布・北・辺…」など二十ほどの字が、またt-には「都・徳・多…」など七つの字が使われています。そうすると、p-やt-などを表わすのに用いられている字をまとめてよぶ「呼び名」があったほうが便利です。そこで〈字母〉というものが

〈七音〉		〈清〉	〈次清〉	〈濁〉	〈清濁〉	〈清〉	〈濁〉
唇音	重唇音	幫 p	滂 p‘	並 b‘	明 m		
	軽唇音	非 f	敷 f‘	奉 v‘	微 ɱ		
舌音	舌頭音	端 t	透 t‘	定 d‘	泥 n		
	舌上音	知 t̂	徹 t̂‘	澄 d̂‘	娘 n̂		
牙音		見 k	渓 k‘	群 g‘	疑 ng		
歯音	歯頭音	精 ts	清 ts‘	従 dz‘		心 s	邪 z
	正歯音	照 tś	穿 tś‘	神 dź‘		審 ś	禅 ź
喉音		影 ・			喩 j	暁 χ	匣 γ
半舌音					来 l		
半歯音					日 ńź		

考えだされたのです。p-音を表わす二十ほどの字をまとめて〝幫《ほう》〟母、t-音を表わす七つの字をまとめて〝端《たん》〟母と呼んだのです（以下、字母を〝　〟で示します）。その総数は三十六なので〈三十六字母〉といいます。しかし、『韻鏡』はこの〈字母〉名を直接それぞれの図表に示してはいません。「序例」に一覧表として載せているだけです。例えば「唇音（重唇音）の清」は〝幫〟母に、「舌音（舌頭音）の濁」は〝定〟母にあたります。ですから必要に応じて、このように読みかえなければなりません。

つぎは横軸ですが、そこには〈韻〉が置かれています。置かれる韻はまず平・上・去・入の四声に分けられ、四声のそれぞれは〈一等〉から〈四等〉――これを**〈等位《とうい》〉**（⇩コラム㉖）といいます。『韻鏡』には〈等〉についてなにも記されていませんが、韻図をあつかう専門分野ではこのように呼んでいます――に分けられます。韻はすべて、その音韻の特徴によっていずれかの〈等〉に配属されます。

韻には**〈開口《かいこう》〉**と**〈合口《ごうこう》〉**との別もあります。ごく大雑把にいえば、介母（⇩コラム❺）に-u-があるのが〈合口〉、ないのが〈開口〉です。その別は、それぞれの韻が収められている図表のはじめに記されています。

『韻鏡』は以上のような仕組みをもつ四十三枚の図表に、『広韻』のすべての〈小韻〉（八四ページ参照）を代表する約三八九〇字を、その字の音に相当する場所、つまり縦軸と横軸とが交わる点に配置したものです。ですから、その置かれた場所によってその字の音《おん》を知ることができるのです。例えば「東」という字ならば、一枚目の図表の舌音・清の軸――〈三十六字母〉の〝端〟母にあたります――と平声の〝東〟韻・一等欄の軸とが交わるところに置かれています（書影5を参

㉖等位――韻母の分類

〈等位〉とは、すべての韻を〈等〉という概念によって、一等・二等・三等・四等の四つ―これらをまとめて〈四等《しとう》〉といいます―に分類した枠組のことです。一等と二等は介母（⇩コラム❺）に拗音《ようおん》-i-のないもの、三等と四等は-i-のあるもので、さらに一等は韻母が〈広母音《ひろぼいん》〉、四等は〈狭《せま》母音〉（⇩コラム㉗）のものです。二等と三等はその間に位置します。図にすると下のようになります。『韻鏡』では、『広韻』にみえる韻のすべて（二〇六韻）はこの基準によって分けられています。例えば、一等欄に置かれている〝東〟韻は〈一等韻〉、二等欄の〝冬〟韻は〈二等韻〉などのように呼ばれます。

ただ、三等と四等については、三等にだけ置かれる韻（微・廃・欣〔迄〕・元〔月〕など。〔 〕内は相配の入声韻。相配についてはコラム㉓を参照）と、四等にだけ置かれる韻（先〔屑〕・斉・蕭など）があるほかに、三等と四等の両方に置かれる韻（支・脂・宵・仙〔薛〕など）があります。そのため、この三つを区別するのに、それぞれを〈三等専属韻〉、〈四等専属韻〉、〈三・四等両属韻〉と呼び分けています。

一等・二等・三等・四等（三等・四等：拗音 -i-）
〈広母音〉←――→〈狭母音〉

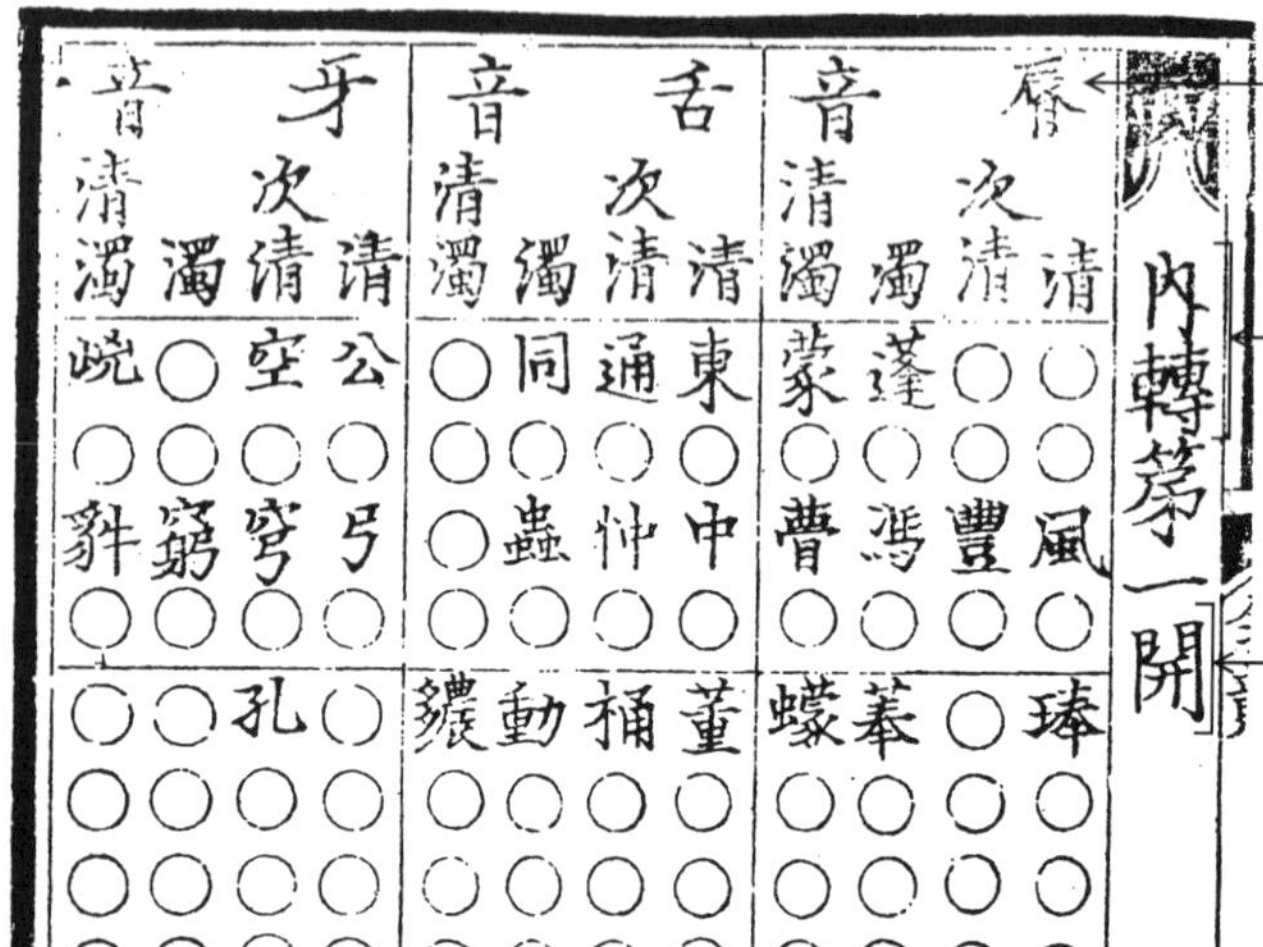
七音
韻母についての注記。「外転」とともに示されるが、その意味概念については諸説ある。
「開口」の表示。他に「合」「開合」もある。

内轉第一開

脣音 清	脣音 次清	脣音 濁	脣音 清濁	舌音 清	舌音 次清	舌音 濁	舌音 清濁	牙音 清	牙音 次清	牙音 濁	牙音 清濁
○	○	蓬	蒙	東	通	同	○	公	空	○	峴
○	○	○	○	○	○	○	○	○	○	○	○
風	豐	馮	瞢	中	忡	蟲	○	弓	穹	窮	豣
○	○	○	○	○	○	○	○	○	○	○	○
琫	○	菶	蠓	董	桶	動	[illegible]	○	孔	○	○
○	○	○	○	○	○	○	○	○	○	○	○
○	○	○	○	○	○	○	○	○	○	○	○
○	○	○	○	○	○	○	○	○	○	○	○
○	○	槰	夢	凍	痛	洞	齈	貢	控	○	○
○	○	○	○	○	○	○	○	○	○	○	○
諷	賵	鳳	幏	中	○	仲	○	○	焪	○	○
○	○	○	○	○	○	○	○	○	○	○	○
卜	扑	暴	木	縠	禿	獨	○	穀	哭	○	○
○	○	○	○	○	○	○	○	○	○	○	○
福	蝮	伏	目	竹	蓄	逐	朒	菊	麴	驧	砡
○	○	○	○	○	○	○	○	○	○	○	○

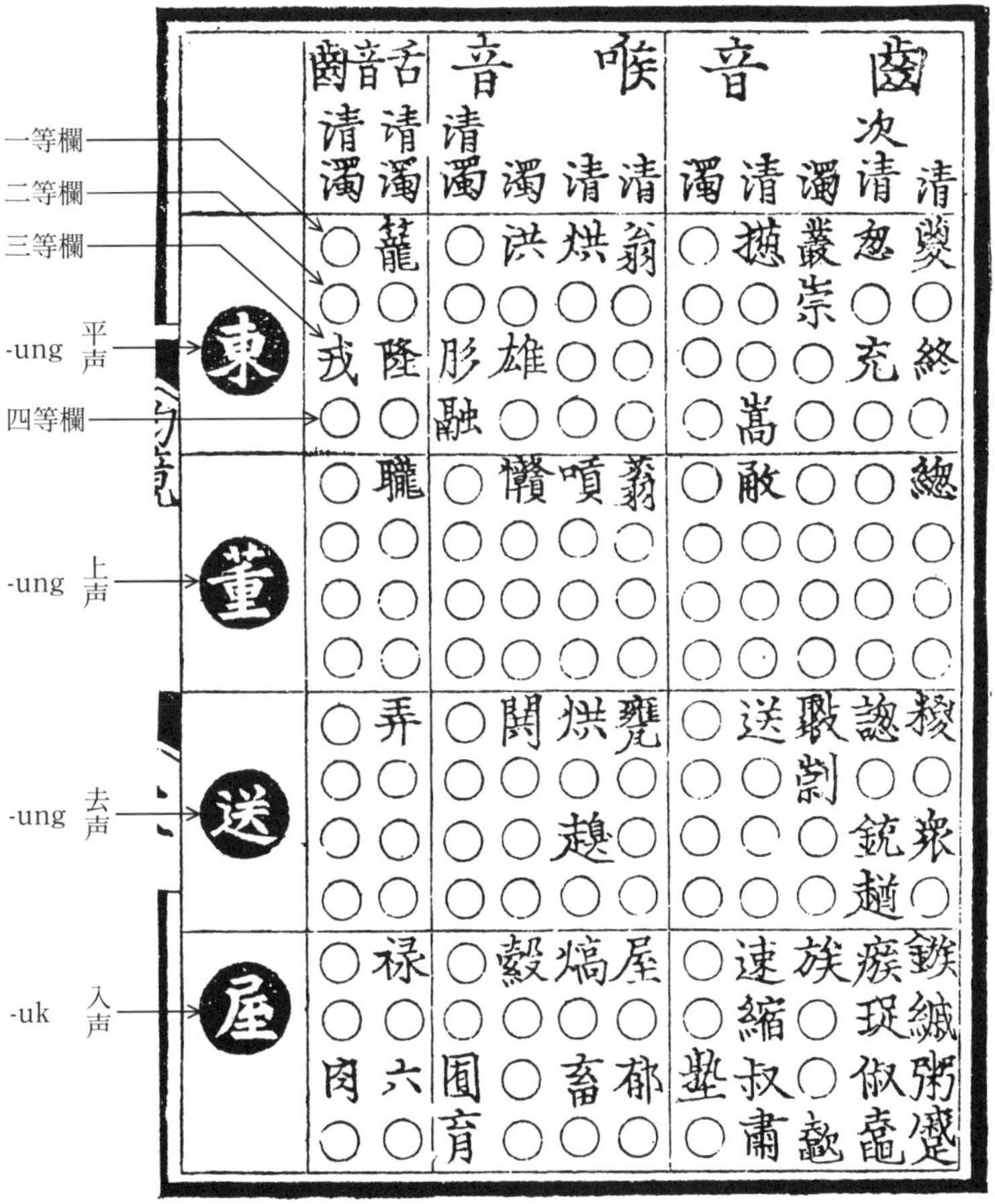

書影5　『韻鏡』

照)。〝端〟母はt-、〝東〟韻・一等は-ungと推定されるので、その交点に置かれた「東」の音はtung平ということになります。

『韻鏡』と豊臣秀吉

ここからは余談です。実はこの『韻鏡』は鎌倉時代（一一九二〜一三三三）の初めのころ、宋に渡った僧侶によって日本にもたらされていたようです。その後、長いあいだ理解されないまま放っておかれましたが、やがて『韻鏡』を読み解く人が現れました。悉曇学《しったんがく》（六六ページ参照）に明るい明了房信範《みょうりょうぼうしんはん》（一二一三〜九六、七ごろ）というお坊さんだといわれます。それからは日本でも多くの写本がつくられ、新しい刊本や注釈書なども著わされるようになりました。しかしその内容も用語も難しく、十分に理解されなかったためでしょうか、『韻鏡』は〈反切〉とおなじように神秘性をおびるようになりました（七六ページ参照）。『韻鏡』で二字を反切させて帰字を求め、その吉凶を判断することも盛んにおこなわれたようです。

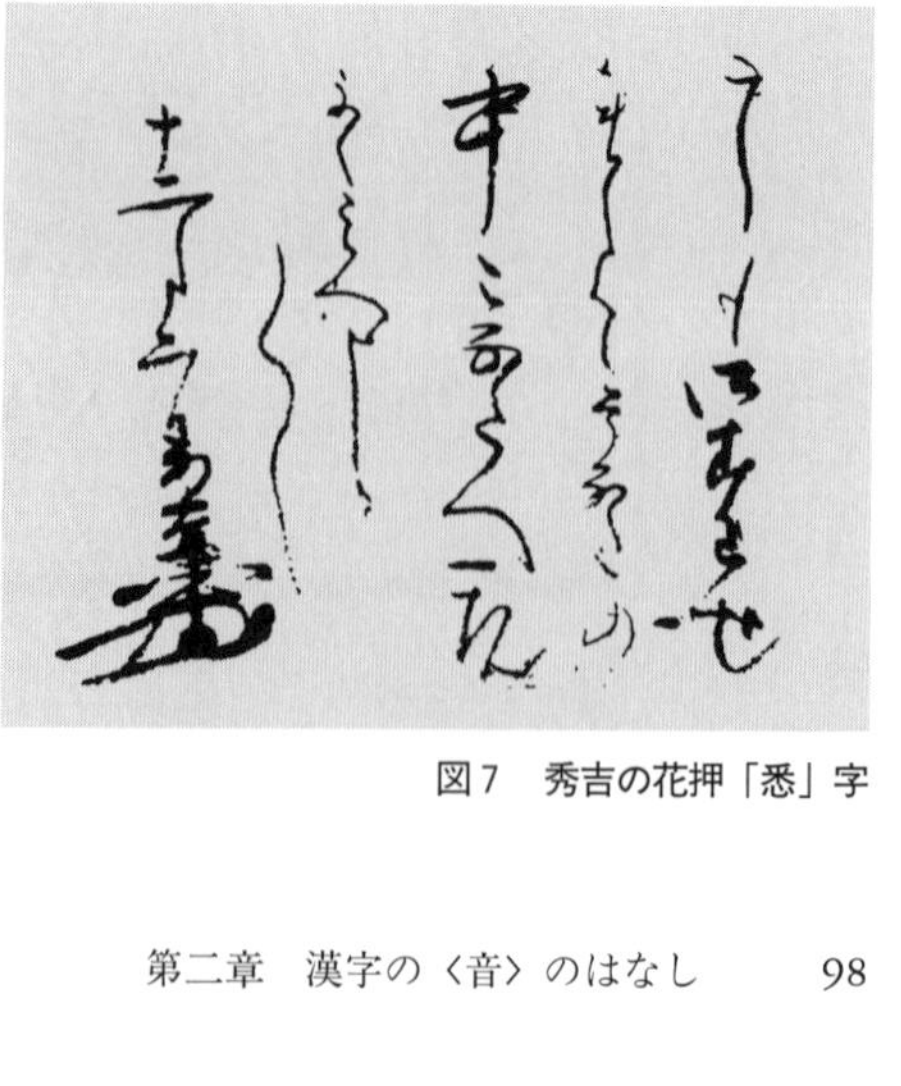

図7　秀吉の花押「悉」字

興味深い話が残されています。あの関白太政大臣・豊臣秀吉は花押《かおう》——署名の下に判のかわりに書き記す、草書体をくずしたデザインのサインです――に「悉《シツ》」の字を用いていました（図7を参照）。『韻鏡』をみると、「秀吉」の「秀」の声母は歯頭音・清の〝心〟母の字（シ）、「吉」の韻母は図表十七枚目、入声欄の四等に置かれる〝質〟韻の字（ツ）で、この二つ（〝心〟母と〝質〟韻）が交わるところには「悉」（シツ）の字が置かれています（図8を参照）。これを秀吉は花押としたというわけです。秀吉自身かその側近かわかりませんが、吉祥《きっしょう》を願って『韻鏡』を利用したのではないでしょうか。

図8　『韻鏡』の「悉」字

補助となる資料たち

以上、中国の古代音を復元するのに大きな役割をはたす二種類の文献資料、『広韻』と『韻鏡』について、その概略を紹介しました。しかしながら、これらは漢字で漢字の音《おん》を示そうとするもので、アルファベットのように音を直接的に表わすことはしません。

ここに中国古代の文献資料の限界《リミット》があります。古代の音が実際はどのようであったかを知ることは、これらの資料にとどまるかぎり不可能なのです。ところが幸いなことに、その限界をとりはらうのに利用できる別の資料があるのです。それは、中国から外国へ伝えられた〈外国漢字音〉、いま実際に用いられている〈現代中国の方言音〉、そして外国の表音文字で古代の中国語音を写した〈対音資料〉です。

【外国漢字音】 中国生まれの漢字は、文字をもたない日本・朝鮮・ベトナムに採りいれられました。それら外国に伝わった漢字の音が〈日本漢字音〉（呉音・漢音・唐音など）〈朝鮮漢字音〉〈ベトナム漢字音〉と呼ばれるものです。これらの漢字音は、それぞれ構造が異なる言語を用いている国に移されたわけですから、その母国語の音節の構造や音韻の体系、音声の特徴などによって、もともとの中国語音とは違った形で、例えば「東」tung《平》が「トウ」のように受けいれられることになります。しかも外国漢字音は、それが移された言語が時代とともに受ける音韻の変化――例えば「草」の音が「ツォウ」→「ソウ」と変化――をこうむります。そのため、外国漢字音は中国のもともとの音とは似ても似つかぬものになることもあります。一方、現代の中国語音では失われている音韻の特徴、例えば入声（六八ページ参照）などが保たれていることもあります。このような点に注意しながら扱えば、古代の中国語音を探るうえで、外国漢字音は大きな手助けとなります。

【現代中国の方言音】

現代の中国では、古代から綿々《めんめん》と受けつがれてきた中国語が話されています。当然のことながら、それらは古代音とはほど遠いものですが、なんらかの形で古代音の影を宿しているはずです。文献資料によってあたえられる情報に現代中国の方言音を重ねあわせることによって、古代音について多くを推しはかって知ることが可能となります。

【対音資料】

対音資料には、唐の時代に親交のあったチベット（西蔵）の文字で中国語音が記されている〈蔵漢《ぞうかん》対音〉資料――唐代音を知るのに役立ちます――や、インドのサンスクリット（梵《ぼん》語）に漢字をあてて音写した〈梵漢《ぼんかん》対音〉資料――例えば、Amitāyus→阿弥陀《アミダ》、śakya→釈迦《シャカ》――などがあります。

このような多様な資料を十分に活かしながら、すでに失われてしまった古代音を蘇らせ、それらがどのような歴史をたどりながらこんにちの姿に移りかわってきたのか、それを追い求めるのが

㉗広母音と狭母音

〈広母音《ひろぼいん》〉（「こうぼいん」とも）とは、母音を発音するときの舌の上・下の位置によって分類した場合、舌がもっとも低い位置におかれるものをいいます。舌の位置が低いと、舌と口蓋《こうがい》（上顎《うわあご》）とのあいだの空間が広くなるのでこのように呼ばれます。日本語ならば、ア［a］［ɑ］が広母音です。一方、母音を発音するとき、舌がもっとも高い位置におかれるものを〈狭《せま》母音〉といいます。日本語ならば、イ［i］・関西方言のウ［u］がそうです。

〈中国音韻学〉が受けもつ役割の一つです。

中国音韻史の時代区分

その中国音韻学では、三〇〇〇年にもおよぶ中国語の音韻の変化の歴史を、別の区分の仕方もありますが、おおよそ次の四段階に分けます。

①上古音――周・秦・漢代：ほぼ前八～後三世紀

この時代には先に紹介したような文献資料（韻書・韻図）などは、まだ編まれていません。そこで、そのころの音韻を探るのに用いられるのは、中国最古の詩集『詩経』や屈原《くつげん》の『楚辞《そじ》』、漢代の辞賦《じふ》――叙情的な韻文「辞《じ》」と、叙事的な韻文「賦《ふ》」――にみえる押韻《おういん》（七九ページ参照）や、後漢の許慎が著わした『説文解字』（四一ページ参照）に収められている〈形声文字〉（四二ページ参照）などです。

形声文字の利用法について「洛」字を例として説明します。以下、現代中国語（普通話）音は拼《ピン》音《イン》で表記し、音声記号（⇩コラム㊶）を［ ］内に示します。「洛」は「各」を声符、「氵」を義符とする形声文字です。しかし「各」の現代音はgéで声母はg［k］ですが、「各」を声符とする「洛」の音はluò、声母はl［l］で一致しません。声符がおなじでもこのような不一致がみられる場合、上古音にはkl-のような声母の結合体――これを〈複頭子音〉といいます――があって、時代が降るのにしたがって「各」はgを、「洛」はlを声母とするようになったのではないかと考えられます。このように、その是否はともかくとして、形声文字が利用されます。

もう一つの例をあげます。「澄」字は「登」を声符、「氵」を義符とします。しかし「登」の現代音はdēngで声母はd[t]ですが、「登」を声符とする「澄」の音はchéng、声母はch[tʃ]で一致しません。このような場合は、古代音にはch[tʃ]音はまだ存在せず、d[t]が一定の条件――介母に中舌的な-ï-（東北方言でみられるようなイとウの中間の母音）がある――のもとで〈そり舌音化〉（一一六ページ参照）してchになった証《あかし》だとして、やはり形声文字を利用します。

②中古音――隋・唐時代：ほぼ六世紀〜十世紀

この時代の音韻資料は、『切韻』（『広韻』で代用）に記されている〈反切〉と『韻鏡』が主なものです。それを補うのが〈外国漢字音〉〈現代中国の方言音〉〈対音資料〉などです。

③中世音――宋・元・明時代：ほぼ十世紀〜十七世紀半ば

この時代の音韻については、韻書の『中原音韻《ちゅうげん》』（一三二四）が主な資料です。南宋を滅ぼし、大帝国を築いたモンゴル族の王朝・元の時代に、韻書の歴史のうえで一つの革命がおこりました。それは周《しゅう》徳清《とくせい》（一二七七〜一三六五）が著わした『中原音韻』の登場です。この韻書は、おもに科挙の試験や作詩の規範として用いられた伝統的な〈切韻系韻書〉（⇩コラム⑳）とは大いに異なっていて、元曲《げんきょく》という当時流行した演劇の歌詞の押韻《おういん》の仕方──〈曲韻〉といいます──を示した韻書です（一〇六ページ参照）。

伝統的な韻書は、先ほど説明したように、まず四声《しせい》（平・上・去・入）によって文字を分け、それぞれの声調ごとにおなじ韻の文字を集めて並べます。そのうえで各字の意味について注釈をつけ、反切《はんせつ》や直音《ちょくおん》でその字の音《おん》を示します。ところがこの『中原音韻』はといえば、四声によって巻を分けることをしないで、全体をまず十九の「韻部」に分けます。つぎに、それぞれの「韻部」に四声──陰平・陽平・上・去──の別（六九ページ参照）をもうけ、それぞれの声調ごとに、韻と声母がともにおなじ文字を一まとめにして示すだけです。反切や直音で字の音を示すこともなく、字の意味についての注釈もまったくない、風変わりな韻書ですが、こんにちの普通話の音韻体系の先がけを反映していると説かれる重要な資料です。

そのほか、北宋・邵雍《しょうよう》『皇極経世書声音図《こうきょくけいせいしょせいおんず》』、明・蘭茂《らんも》『韻略易通《いんりゃくえきつう》』、明・畢拱《ひっこう》『韻略匯通《かいつう》』などが資料として利用されます。

④近・現代音──清・現代：十七世紀半ば〜現代

現代の諸方言が主な資料となります。文献資料としては、清・李光地ほか『音韻闡微《せんび》』があります。

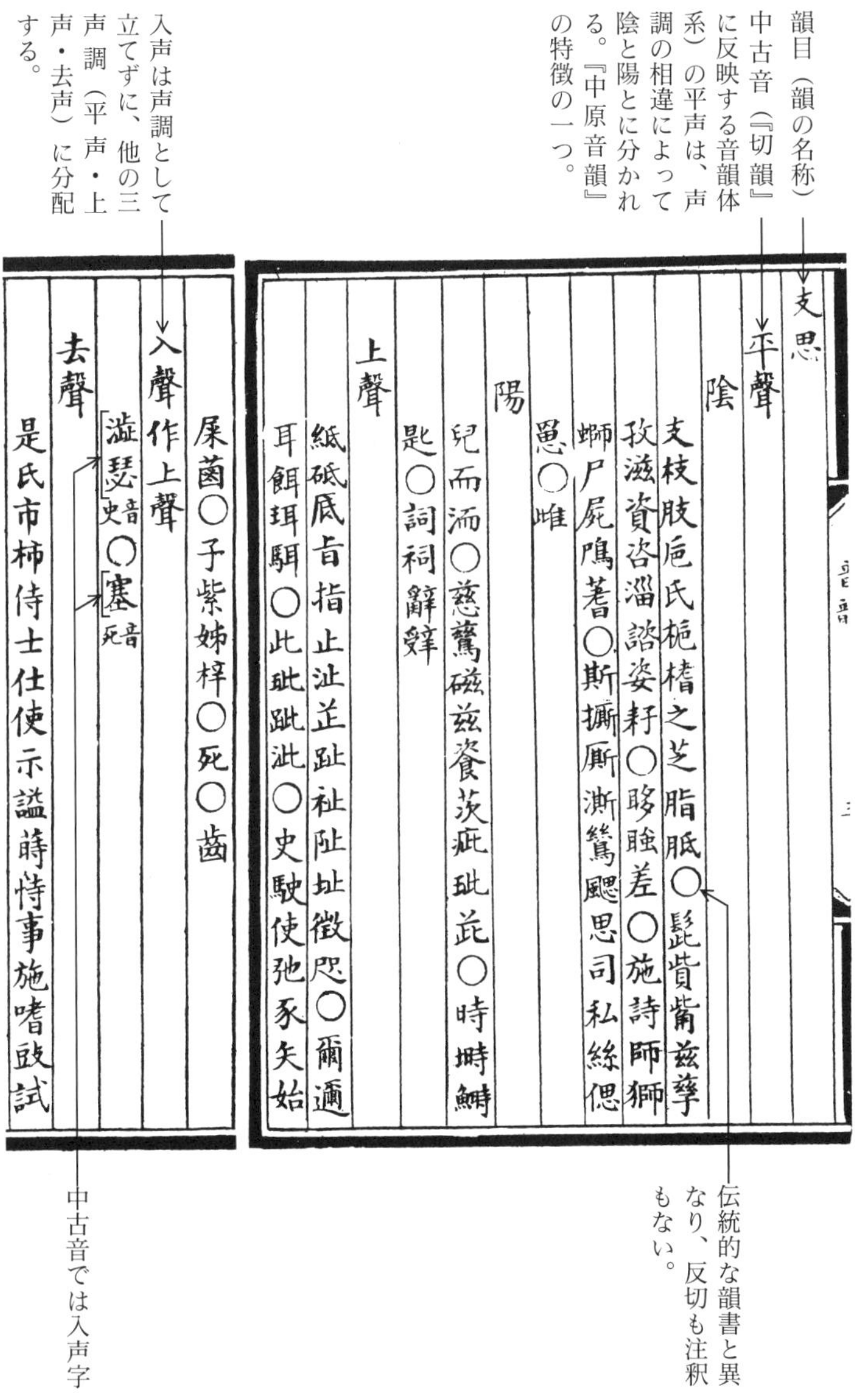
支思
平聲
陰
支枝肢巵氏梔榰之芝脂胝○髭貲觜茲孳
孜滋資咨淄諮姿耔○眵睢差○施詩師獅
螄尸屍鳲蓍○斯撕廝凘鷥颸思司私絲偲
罳○雌
陽
兒而洏○慈鶿磁茲餈茨疵玭茈○時塒鰣
匙○詞祠辭辝
上聲
紙砥厎旨指止沚芷趾祉阯址徵咫○爾邇
耳餌珥駬○此玼跐泚○史駛使弛豕矢始
屎菌○子紫姊梓○死○齒
入聲作上聲
澁瑟音史○塞音死
去聲
是氏市柿侍士仕使示謚蒔恃事施嗜豉試

韻目（韻の名称）

中古音（『切韻』に反映する音韻体系）の平声は、声調の相違によって陰と陽とに分かれる。『中原音韻』の特徴の一つ。

入声は声調として立てずに、他の三声調（平声・上声・去声）に分配する。

伝統的な韻書と異なり、反切も注釈もない。

中古音では入声字

書影6　『中原音韻』

以上です。全体として、上古では複雑であった音韻体系は、上古から中古、中古から中世、近・現代へと移るにしたがって簡単になっていきます。

〈こぼれ話〉『中原音韻』誕生の背景

以下は余談です。『中原音韻』は漢族をとりまく厳しい環境のなかで著わされました。第一章のはじめに述べたように、元王朝をうちたてたモンゴル族は、漢族を徹底的に冷遇しました。官職からは遠ざけ、漢の武帝よりのち、けっして揺らぐことのなかった儒教を軽蔑し、さらには科挙(官僚登用試験)をも廃止してしまったのです。元朝にさきだつ宋の時代は科挙がとても重んじられた時代でした。ほとんどの読書人は科挙に合格することを人生の目標としていました。その科挙の廃止は、漢族の人びとから人生の目標と望みをうばいとることになったのです。

漢族はこのような苦境のもとにおかれたのですが、都市の経済が回復し、またモンゴル族が音楽を愛好したこともあってでしょうか、漢族の文人たちは宋代の雑劇や金代の院本《いんぽん》——いずれも簡単な形式の一種の演劇です——などをふまえて、民間の演劇である**〈元曲〉**——唱《うた》を主とする一種の歌劇です——を生みだしました。

中国文学の正統は、なんといっても文言雅語による詩文と詞です。民間の芝居の歌詞やセリ

㉘異色の韻書——『蒙古字韻』と『西儒耳目資』

元の至大元年（一三〇八）、朱宋文《しゅそうぶん》（生没年不明）によって、漢字の音を表音文字のパスパ文字（⇩コラム❶）で表記した異色の韻書が編まれました。『蒙古《もうこ》字韻』です。韻を十五に大別し、それぞれのなかでおなじ声母・韻母の文字を一つのグループにして、その初めにパスパ文字で音《おん》が示されています。一グループのなかは平・上・去・入の四声によって分けられています。元代の中国語とモンゴル語の音韻を探るうえで貴重な資料です。

異色の韻書としては、ほかにローマ字で明代末期の北方中国語の音を表記した『西儒耳目資《せいじゅじもくし》』があります。編者はベルギー人宣教師のニコラ・トリゴー（Nicolas Trigault　中国名は金尼閣《きんにかく》、一五七七〜一六二八）です。この書は「西儒」（ヨーロッパの学者たち）の漢字や中国語の学習用に著わされたものですが、わずか二十五のローマ字（母音字五と子音字二十）によって中国語を表記する方法は中国人に大きな衝撃《ショック》をあたえ、その後の漢字の表音化や漢字改革の問題にはかり知れない影響をあたえたといわれます。

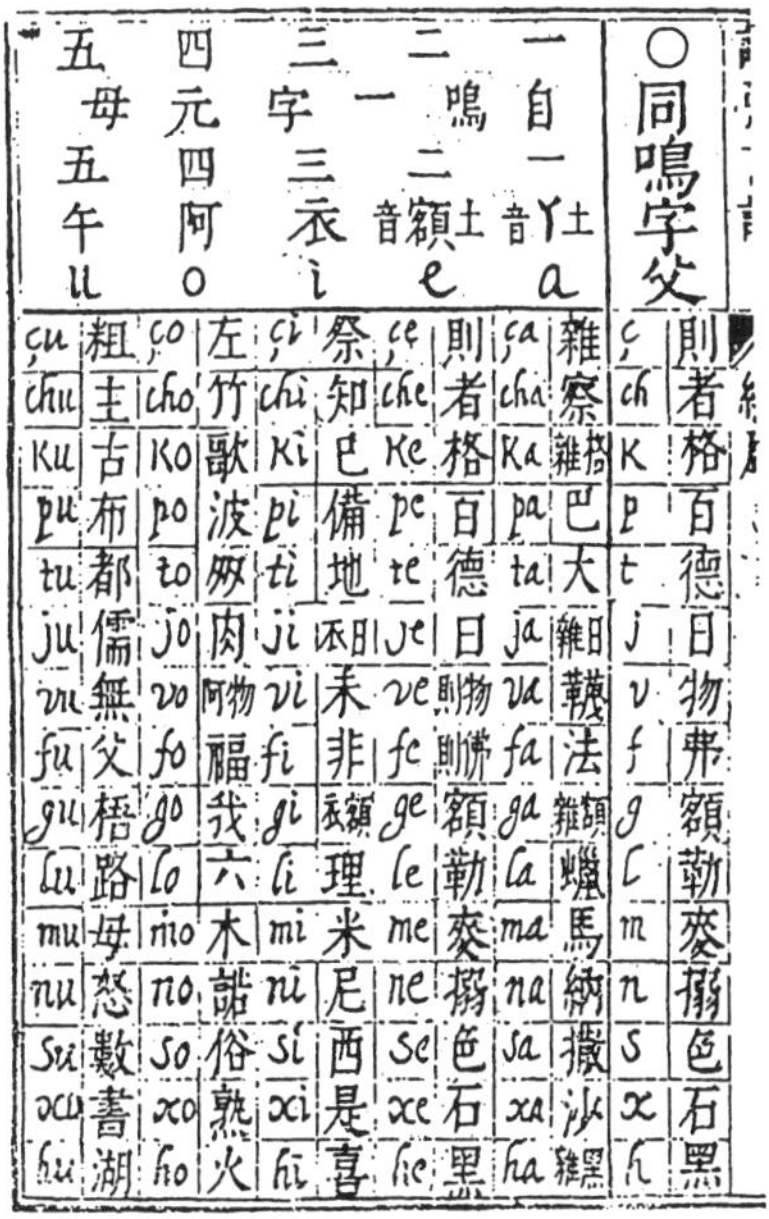

図９　『西儒耳目資』

フなどは、もともと文人たちが書くようなものではなかったのです。ところが科挙が廃止され、官僚への途がとざされてしまった文人たちは、そのエネルギーを元曲にむけたのです。その元曲がもっとも盛んであった十三世紀の末ごろ、すぐれた劇作家たちが生まれました。その一人が『中原音韻』を著わした周徳清でした。

『中原音韻』のような演劇用の韻書などは、もし、モンゴル族が元王朝を樹立しなかったら、まずこの世に現われるはずはなかったでしょう。〈切韻系韻書〉からはほど遠い韻書の誕生は、モンゴル族の支配のもとで、はじめて可能となったのではないでしょうか。モンゴル族が漢族にあたえた政治・文化面での影響の一端が、ここにうかがえようかと思います。

3　中古音から唐代・現代音へ

古代の音を復元する

古代の中国語音を探るうえで基本となる文献資料、『広韻』と『韻鏡』について紹介しました。『広韻』に記されている反切を〈反切系聯法〉（⇩コラム㉙）と呼ばれる作業によって整理・分類して、声母と韻母が中古音（一〇三ページ参照）でいくつあったかを知り、『韻鏡』を利用することで中古音の声母と韻母がどのような体系を形づくっていたかを知ることができます。しかしこれらの資料は、残念ながら、それぞれの声母・韻母がどのように発音されていたのか、その具体的な音《おん》（音価《おんか》）についてはなにも語ってくれません。そこで、その音価を探る作業が必要となります。

では、すでに失われてしまった古代の音を、どのようにして復元（再構築）することができるのでしょうか。その方法は、一八七〇年代に「青年文法学派」（ライプツィヒ大学を中心とする若手研究者のグループ）といわれる人たちによって進められた研究――〈比較文法〉と呼ばれています――によって示されました。彼らは残されている文献資料を比較して、インド・ヨーロッパ諸語の祖先にあたる言語――これを〈祖語《そご》〉といいます――を理論的に復元し、それぞれの言語がそれからのち、どのように変化していったのか、その過程《プロセス》をたどろうと試みたのです。その後、この方法を中国語にも応用し、いま残されている『広韻』や『韻鏡』などの文献資料、それに現代の方言音や外国漢字音などを用いて、いわば〈祖語〉にあたる『切韻』（八〇ページ参照）に反映している音韻の復元を図る作業がすすめられ、こんにちではその全体像が、こまかい部分をのぞいて、明らかにされています。

カールグレンの業績

その先駆者《パイオニア》となったのが、スウェーデンのカールグレン（B. karlgren、一八八九〜一九七八）という学者です。カールグレンは大学で近代的なヨーロッパの言語学を学び、音声学の訓練をうけました。一九一〇年、二十歳のときでした。奨学金をもらって中国大陸におもむき、二十四か所におよぶ方言の調査をしました。中国人と同じ服装で召し使いと馬だけをともない、中国北方の各地の方言を求めながら旅しました。

一九一二年にヨーロッパにもどった彼は、一九一五年に名著とたたえられる『中国音韻学研究』

（原文はフランス語。一九四〇年に中国語訳（長沙商務印書館）が出版）を著わしました。これは、先にあげた資料を材料とし、中国の伝統的な音韻学の成果をふまえ、〈比較文法〉の方法によって『切韻』に反映する音韻体系の復元（再構築）を図った画期的なものです。この書は中国語の音韻の歴史的研究の礎《いしずえ》となり、その後の研究はカールグレン説の修正という形で展開し、成果をあげながら

㉙反切系聯法——反切用字の整理と分類

中国固有の表音法〈反切〉は、二つの文字（上字と下字）を用いて求める文字の音《おん》を知る方法です。韻書では数多くの文字が上字・下字として用いられています。しかし、それらが何種類あるのか、つまり上字と下字によって区別される音がいくつあるのかはまったく見当がつきません。そこで、それらを整理して、おなじグループと認められるものを一まとめにする作業が清朝の陳澧《ちんれい》という学者によっておこなわれました。陳澧は『広韻』にみえる反切のすべてを上字と下字ごとに整理し、グループごとにまとめて示したのです（『切韻考』五巻、一八四二、『切韻考外篇』三巻、一八七九）。

二つの反切を例とします。㈠「冬　都宗切」と㈡「当　都郎切」です。二つの反切の上字はどちらも「都」です。反切の原則《ルール》によれば、㈠の帰字「冬」は上字「都」とおなじ声母をもち、㈡の帰字「当」も上字「都」とおなじ声母のはずです。ですから、おなじ「都」を上字とする「冬」と「当」は声母がおなじということになります。つまり「都・冬・当」の三字は声母に関しておなじグループということになります。ほんの一例ですが、陳澧はこのようにして声母と韻母ごとに文字をグループ分けしたのです。この整理と分類の方法を**〈反切系聯《けいれん》法〉**といいます。

こんにちにいたっています（詳しくは、拙稿「カールグレン」、高田時雄編著『東洋学の系譜〈欧米篇〉』一九九六、大修館書店、所収、を参照してください）。

ちなみに、清朝のころには、中国の考証学者によって中国語の古代音の研究もかなり進められていました。しかしそれは、理論的にヨーロッパの近代的な言語学の方法にとてもおよぶものではありませんでした。まして、古代音が具体的にどのような音（音価）であったかを示す術《すべ》を知らなかった彼らには、自《おの》ずから限界があったといえましょう。

声母・韻母の変化

言語は生き物のように、時の流れとともにその姿を変えていきます。現代中国語の音韻も古代のそれとおなじではありません。では、古代から現代に移るあいだに、どのような変化がおこったのでしょうか。そのすべてについて紹介することはとても望めません。そこで、目ぼしい特徴的な変化だけを、先学たちによる研究の成果をもとに――ここでは現代音の源を中古音（一〇三ページ参照）とします――第一章で引用した魯迅『門外文談』の冒頭部分（一五ページ参照）を例として探し求めてみることにします。なお中国音韻学では、先に示したように、声調も韻母の一部分としていますが（⇩コラム❺）、説明の便宜のためにここでは韻母から切りはなして扱うこととし、以下、(1)声母、(2)韻母、(3)声調の順に述べることにします。〃〃内は『広韻』の〈韻目〉（八二ページ参照、平声韻で代表させます）や『韻鏡』の〈三十六字母〉（⇩コラム㉕）を示し、復元音は音声記号（⇩コラム㊶）で表記します。現代中国語（普通話《プートンホワ》）音は拼音《ピンイン》で表記し、必要なときに音声記号を［　］内に示します。

(1) 声母

有声音の無声化

普通話では、魯迅の文中の「白天」の「白」、「并且」の「并」、「縁故罷」の「罷」の声母は**〈重唇音〉**（⇩コラム㉕）のp（拼音：b）で無声の無気音、「低頭」の「頭」、「天堂」の「堂」の声母は**〈舌頭音〉**t‘（拼音：t）で無声の有気音ですが、中古音ではそれぞれ有声のb‘とd‘でした。〈重唇音〉にはp p‘ b‘ mの四つが、〈舌頭音〉にはt t‘ d‘ nの四つがありました。それが時代が降るとともに、北方方言で有声音が無声音になるという変化——有声音の無声化——がおこったのです。その結果、〈重唇音〉はp p‘ m（拼音：b p m）、〈舌頭音〉ではt t‘ n（拼音：d t n）の三つになりました。中古音のdz‘ z g‘など、〈重唇音〉〈舌頭音〉以外の有声音も無声化しました。その時期は、唐代の半ばから末ごろと推測されています。その様相は、中国の六朝時代の音を写している日本の呉音——有声音で表記しています——と、唐代の長安音を写している漢音——無声音で表記しています——に反映しています。先にあげた「白」「罷」「頭」「堂」の四字についてみてみまし

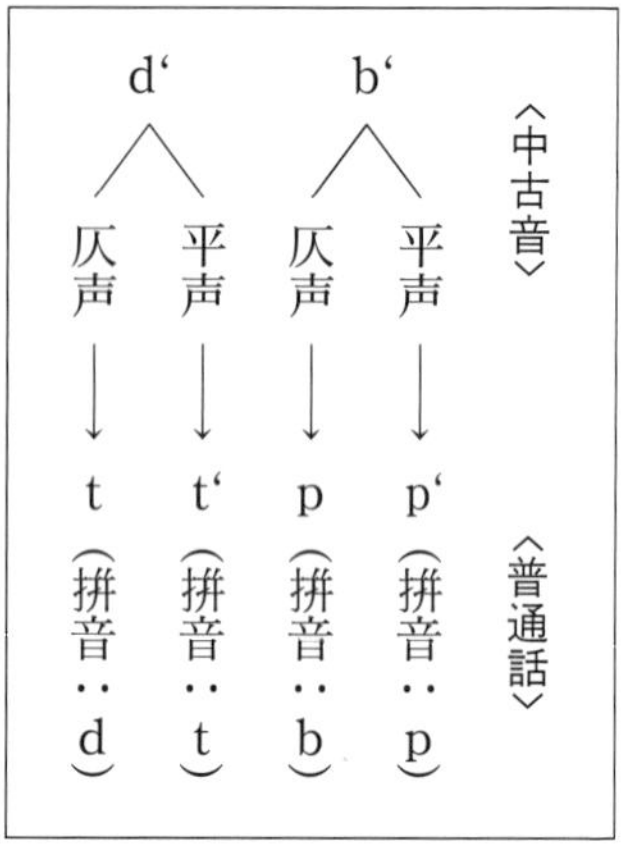

図10

ょう。上が呉音、下が漢音です。「白」ビャク・ハク、「罷」ベ・ハイ、「頭」ズ（ヅ）・トウ、「堂」ドウ（ダウ）・トウ（タウ）のように、その違いは明らかです。

そのほか、引用した魯迅の文中にはみられませんが、つぎのような例があげられます。「大《ダイ》名」：「大《タイ》国」、「地《ヂ》面」：「地《チ》球」、「聚《ジュ》楽」：「聚《シュウ》落」など。その後、十一世紀のころには、例えば上海方言など一部の南方方言ではなお有声の声母は保たれていますが、北方方言では有声音は失なわれました。

なお、有声音の無声化は声調とも関わっています。中古音でb‘d‘g‘などの有声音を声母とする音節が、(1)平声であった場合は、無声化するとp‘t‘k‘（拼音：p t k）などの無声有気音となり、(2)上・去・入声――この三声をまとめて〈仄声《そくせい》〉といいます――であった場合はp t k（拼音：b d g）などの無声無気音となっています（図10を参照）。魯迅の文中の「頭」d‘əu平（中古音、右肩の小字は声調）は普通話ではtóu、「堂」d‘ang平はtángのように有気音に、一方、「白」b‘ak入はbáiに、「罷」b‘ai上はbàのように無気音に変化しています。

軽唇音の発生

魯迅の文中の「混飯」の「飯」、「有些風」の「風」がその例です。普通話ではそれぞれ fàn・fēng と発音されます。この声母f――下唇と上の前歯を軽くあわせて発音される音――の系列の音を**〈軽唇音《けいしん》〉**と呼んでいます。この軽唇音は、北方方言で唐代の末ごろに新しく生まれた音で、それ以前は、上・下の唇をあわせて発音されるp系の音――先ほどみた〈重唇音《じゅうしん》〉――しかありませんでした。『広韻』(『切韻』の代用)には、例えば「貶」(声母はpの字)の反切が「方歛切」(上字「方」はfの字)、「漂」(声母はpʻの字)の反切が「撫招切」(上字「撫」はfの字)などがみられます。反切の帰字と上字の音はおなじ(双声)であるはずです。ですからこのような例は、〈軽唇音〉と〈重唇音〉の区別が『切韻』(六〇一)のころにはまだなかったことの証《あかし》となります。また〈反切系聯法〉(⇩コラム㉙)によっても両者は分かれていません。

では、両音が分かれたのは唐代の末ごろと述べましたが、それはどうしてわかるのでしょうか。この問いには『韻鏡』にみられる〈三十六字母〉が答えてくれます(⇩コラム㉕)。その字母表の〈唇音〉をみると、〝幫・滂・並・明〟と〝非・敷・奉・微〟の二系列がはっきりと区別されています。前者が〈重唇音〉、後者が〈軽唇音〉です。『韻鏡』は唐代の末か、宋代の初めごろに編まれたと推測されます。ですから〈唇音〉は隋よりのち、唐代の末ごろまでに北方の方言では、

のように変化したと推定されます（閩《びん》や客家《はっか》など〈軽唇音〉化しなかった方言もあります）。

次に問われるのは、このような分裂がどのような条件のもとでおこったのか、ということでしょう。その条件は二つあったと考えられています。一つは介母として中舌《なかじた》の拗音ï——日本の東北方言などにみられるような、イでもウでもない中間の母音です——をもっていること、もう一つは主母音が中舌あるいは奥舌《おくじた》の母音（⇩コラム㉚）であることです。

そり舌音の発生

【舌音】　魯迅の文中の「聴説」の「説」、「上海」の「上」、「是六十年来」の「是」「十」、「這時候」の「時」、「揮扇」の「扇」の普通話の声母sh、「這時候」の「這」、「只有」の「只」、「用不着」の「着」の声母zh、「出去」の「出」の声母ch、「上海的熱」の「熱」の声母rが**〈そり舌音〉**（捲舌音《けんぜつ》とも）——舌先をそり上げて発音する音です——と呼ばれる声母たちです。中古音では**〈舌上音〉〈正歯音三等〉〈半歯音〉**ですが、これらの音はもともとはなく、中古音で新しく生まれたものです。

右であげた例字のうち〈**舌上音**〉の字を、おなじ〈**舌音**〉ですが〈そり舌音〉化しなかった〈**舌頭音**〉とならべて、〈三十六字母〉（⇩コラム㉕）によって示すと次のようになります。

〈舌音〉
- 〈舌頭音〉魯迅の文中の「低」（〝端〟母）、「听」「天」（〝透〟母）、「頭」「堂」（〝定〟母）、「年」（〝泥〟母）がそうです。
- 〈舌上音〉「着」は〝知〟母の字です。

ところで、『広韻』に「貯　丁呂切」という反切がみられます。帰字の「貯」の声母は舌上音の〝知〟母ですが、反切上字の「丁」の声母は舌頭音の〝端〟母です。反切の帰字と上字は、おなじ

㉚前舌・中舌・奥舌母音

母音を発音するときの舌の前後の位置によって分類すると、舌が前寄りに位置する〈**前舌《まえじた》母音**〉——東京方言のイ・エや英語 night［náit］の［a］などと、〈**奥舌《おくじた》母音**〉——東京方言のオ・アや英語 father［fáːðər］の［ɑ］など、それに両者の中間に位置する〈**中舌《なかじた》母音**〉（中舌《ちゅうぜつ》母音とも）です。東京方言のス・ツ・ズのウ［ɯ］（関西方言のウは［u］です）、東北方言や出雲方言などにみられるような、アでもエでもない、その中間的な母音、普通話の ge の e［ə］、英語 bird［bəːrd］の［ə］などの音が〈中舌母音〉です。

音（双声）の関係にあるのが原則です。ですからこの反切は、原則に反しているのです。このような反切を**〈類隔《るいかく》切〉**といいます。六朝時代の末に陸徳明が著わした『経典釈文《けいてんしゃくもん》』（五八三ごろ）には、この類隔切が多くみられ、舌上音の〝知・徹・澄・娘〟のそれぞれは、しばしば舌頭音の〝端・透・定・泥〟で示されています。これは、六朝時代にはなお舌上音（そり舌音）が発生していなくて、舌上音は六朝時代の末から唐代にかけて成立した新しい声母であることを物語っています。なお、清朝の銭大昕《せんたいきん》は古代音の声母を論じた学者ですが、古代には舌上音はなく、舌音はすべて舌頭音であったと述べています（「舌頭類隔之説不可信」「古無舌上音説」『十駕斎養新録』巻五、所収）。

この舌上音は、やがて次に述べる〈正歯音三等〉と合流します。

【歯音】　右であげた例字のなかの**〈正歯音三等〉**の字を、おなじ**〈歯音〉**ですが〈そり舌音〉化しなかった**〈歯頭音〉**とならべて、やはり〈三十六字母〉によって示します。

〈歯音〉
- 〈歯頭音〉　魯迅の文中の「子」「総」（〝精〟母）、「且」（〝清〟母）、「些」（〝心〟母）がそうです。
- 〈正歯音三等〉　「只」（〝照〟母）、「出」（〝穿〟母）、「説」「扇」（〝審〟母）、「上」「十」「是」「時」（〝禅〟母）がそうです。

唐代末ごろの西北方言音を写している〈蔵漢対音〉資料（一〇一ページ参照）では、前項で述べた〈舌上音〉は〈正歯音三等〉とおなじように表記されています。例えば、正歯音三等の〝照〟母 tś の「之」字と舌上音の〝知〟母（ṭ の「知」字は、ローマ字で表記するとともに c（tś の音）で記されています。このように唐代には両者が合流する傾向があらわれはじめ、宋・元代になると『中原音韻』（一〇三ページ参照）でみられるように、完全に合流しました。

これまでの研究によると、上古音には〈歯頭音〉しかなく、〈正歯音〉は新しく生まれた声母です。なお、〈三十六字母〉の体系には認められませんが、中古音では〈歯音〉の〈そり舌音〉には、〈正歯音三等〉とならんで**〈正歯音二等〉**の系列（荘 tṣ、初 tṣ‘、牀 dẓ‘、山 ṣ）がありました（引用した魯迅の文中には該当する字はありません）。それは『広韻』の反切用字を整理した〈反切系聯法〉（⇩コラム㉙）の結果によっても明らかです。また形声文字には、声符をおなじくする「柴：此」「臻：秦」「創：倉」「梢：消」「霜：相」のような例がみられます。それぞれの組《ペア》の上が〈正歯音二等〉、下が〈歯頭音〉の字です。

その〈正歯音〉の三等と二等の違いは、確かな証拠はありませんが、一応、次のように考えられようかと思います。三等は、舌の先を下の歯茎《はぐき》あたりにかまえ、舌の奥を上顎《うわあご》に近づけて発音――英語の ship の sh [ʃ] の舌先をより奥よりにして発音し、一方の二等は、英語の ship の sh [ʃ] のような音であったと。この両音の区別は元代の『中原音韻』ではなおみられ、十七世紀の初めごろまでありました。その後、合流して、普通話の体系になります。

右で述べたことを図示すると図11のようになります。

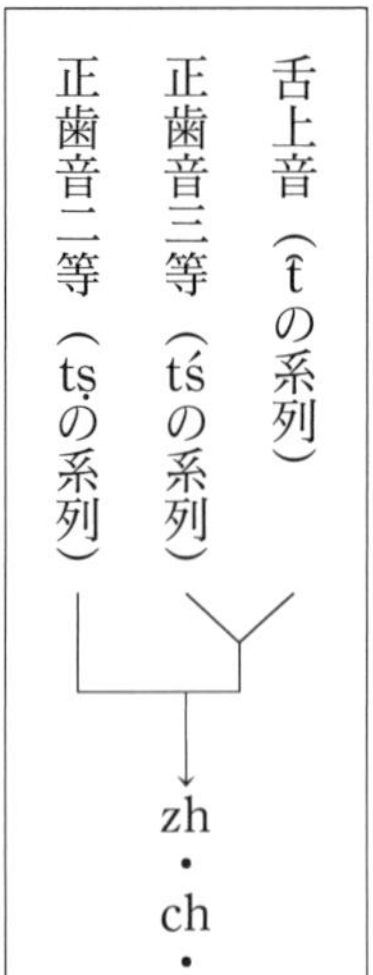

図11

【半歯音】

普通話で声母rをもつ、魯迅の文中の「上海的熱」の「熱」（〃日〃母）が該当する例です。〃日〃母を声母とする字には「人・日・然」など多くありますが、これらの日本漢字音をみると、呉音と漢音にその違いが反映されています。以下で示す音は上が呉音、下が漢音です。「人」ニン・ジン、「日」ニチ・ジツ、「然」ネン・ゼン、そして「熱」ネツ・ゼツです。

これらの例からも明らかなように、半歯音の〃日〃母ńź（呉音でニ・ネなどで表記）が舌頭音の〃泥〃母nと近い関係にあったこと、そして六朝から唐代へと移るあいだに、音の変化がおこったことがわかります。中国語に翻訳された仏典では、六朝時代の初期まではサンスクリット（古代インドの言語）のn（ニ）は、多く〃日〃母の漢字で音写されていましたが、六朝末から唐代にかけての翻訳では〃日〃母字はむしろサンスクリットのž（ジ）を写すのに用いられているようです。これは〃日〃母のn→rの変化を反映していると理解されます。

〃日〃母が〃泥〃母と近い関係にあったことは、形声文字によっても知ることができます。以下に紹介するのは、声符をおなじくする文字たちです。それぞれの組《ペア》の上が〝泥〟母、下が〝日〟母の字です。「乃・仍」「溺・弱」「懦・儒」「奴・如」「内・芮」などです。これらは〝日〟母が〝泥〟母から分かれて生まれたことの傍証例となります。

また清朝の国学者・章炳麟《しょうへいりん》は、古代では舌上音の〝娘〟母n̂と半歯音の〝日〟母ńźはなかったと説いています（「古音娘日二紐帰泥説」『国故論衡』所収）。さきに述べたように、舌上音は舌頭音から分かれたものですから、舌上音の〝娘〟母はもともとは存在していなく、舌頭音の〝泥〟母から生まれたことに疑問はないでしょう。

以上のことを図に示すと図12のようになります。

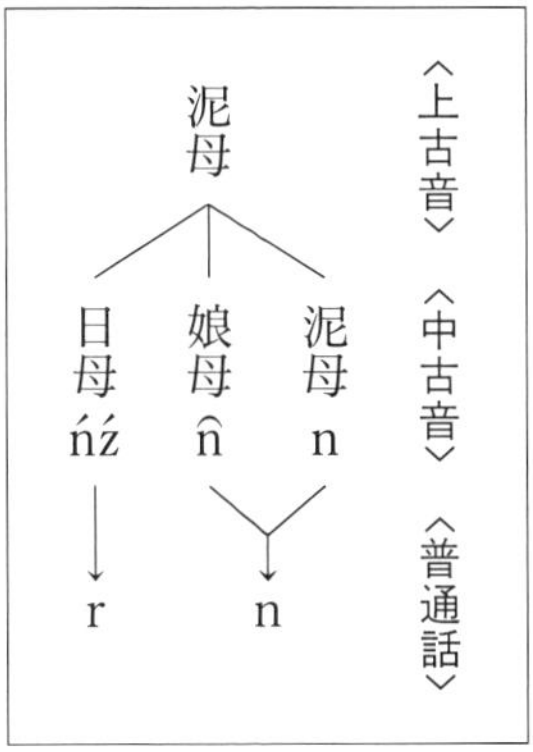

図12

では、nはどのようにしてrに変化したのでしょうか。「熱」を例とすると、その声母は上古音ではn、中古音でそれが口蓋化してɲ（ニュ、フランス語montagne《モンターニュ》〔山〕のgne《ニュ》の音）のような音でしたが、六朝末から唐代にかけてのころにその鼻音性を失ない、やや〈そり舌音〉のɲʒ（ジ）のようになり、『韻鏡』が成立した唐末～宋初のころにはńź（鼻にかかったジの音）となり、やがて普通話のrに変化したと推定されます。

牙音・歯頭音の口蓋化

普通話で声母がjである、魯迅の文中の「今年」の「今」、「回家」の「家」、「加上」の「加」が例です。これらの字の中古音での声母は**〈牙音〉**のkでした。それが清朝の初めのころ（十七世紀）にkがjに変化したと推定されています。では、なぜkがjに変化したのでしょうか。それは、声母のすぐ後ろにiのような拗音の介母があると、その影響をうけてkが**〈口蓋化《こうがいか》〉**——ある音を発するとき、前舌が口蓋つまり上顎に近づくことです——してjに変化したのだ、というように説明できます。しかし右の例のうち、「今」は〈三等韻〉の字なのでその条件を満たしていますが、「家」「加」は〈二等韻〉の字（⇩コラム㉖）で、中古音では口蓋化をうながす拗音介母のiはありません。しかしこれらは、中古音から近世音にいたるあいだに介母iが生まれて「今」とおなじ条件をそなえるようになり（ka→$k^{i}a$→ki̯a）、kが口蓋化してjに変化した、というように説かれています。

また、介母iによる声母の口蓋化は**〈歯頭音〉**でもみられます。文中の「拚且」の「且」がその例です。この字の普通話の声母はqですが、中古音の声母はts‘でした。それが口蓋化によってqに変化したのです。

明代の正統七年（一四四二）に編まれた雲南の蘭茂《らんも》『韻略易通《いんりゃくえきつう》』という韻書がありますが、そこでは「記」「間」（普通話の声母はj）の声母は〝見〟母（k）と記されています。またニコラ・

トリゴーの『西儒耳目資《せいじゅじもくし》』（⇩コラム㉘）もローマ字で「記」をki、「気」をk'iと表記しています。このように明代の末では、〈牙音〉は拗音介母·iのまえでもなおk k'などの音でした。まだ口蓋化はおこっていなかったのでしょう。このことから、牙音の口蓋化は明末から清初のころ（十八世紀）におこったと推定されそうです。ただ山東省の方言などのように、牙音の口蓋化がみられない地域もあります。なお歯頭音の口蓋化は、あまり確かではありませんが、牙音よりやや遅れて、十九世紀の初めころにおこったようです。

いささか余談めいた話です。烏札拉文通という満州族の人がその著作『團音正考《だんおんせいこう》』（一七四三、『圓音《えんおん》正考』とも）で次のようなことを述べています。「満州族はk k' χなどを〈**団音**〉、そしてts ts' sなどを〈**尖音**《せんおん》〉と呼んで区別するが、漢族はもうほとんど区別できない。しかし、曲や詞などはこの二組を厳密に区別しなければならない。そこでこの書を著わし、曲や詞をつくる人の参考に供する」（一部を要約）。藤堂明保氏（一九一五〜八五）によると、革命前の京劇団では、この二組、「江」（〝見〟母k→j）と「将」（〝精〟母ts→j）、「憲」（〝暁〟母χ→x）と「線」（〝心〟母s→x）を区別――これを「尖団の区別」と呼びます――するよう弟子に教えたそうです。伝統的な演目では、いまも尖団の区別があるそうです。

このように詞曲で両者（団と尖）を区別するような矯正がおこなわれたのは、明らかに満州語の影響であると解する人もいます（「従古代漢語的演変看民族関係的発展―対話語言学家余志鴻」『中国民族報』二〇〇九・二)。第一章の「はじめに」で、異民族の侵入と王朝の樹立によって、彼らの言語が中国語になんらかの影響をおよぼしたのではないかと述べましたが、右のように、十八世紀の音の区別が、京劇という特別な世界のなかで保たれたのは、あるいは満州語の影響かもしれません。

鼻音性の消失

魯迅の文中の「末有」の「末」、「晩上」の「晩」、「蚊子」の「蚊」がその例です。普通話ではどれも声母はwですが、中古音では鼻音のmでした。それが唐代の末ごろに〈軽唇音〉化(一一五ページ参照)してɱ(上の前歯で下唇を軽くかんで発音するm)となり、都・長安ではその鼻音性が失なわれ、ほとんど英語voiceのvに近い音になったと考えられます。この現象を**〈脱鼻音化〉**(非鼻音化とも)と呼んでいます。

この現象は、唐代の西北方言音を写している〈蔵漢対音〉(二〇一ページ参照)や、唐代長安音を反映する日本の漢音にみられます。右の三字の呉音と漢音を記します。上が呉音、下が漢音です。「末」ミ・ビ、「晩」モン・バン、「蚊」モン・ブンです。このように漢音では鼻音性を失い、濁音で写されています。その後、中国ではこれらのvはwへと変化したのです。ほかにも、引用した魯迅の文中にはありませんが、「馬」マ・バ(m→mb→b)や「男」ナン・ダン(n→nd→d)など〈脱鼻音化〉の例があげられます。

喉音の半母音化

普通話では魯迅の文中の「門外」の「外」の声母はw、「因為」の「因」、「未有」の「有」、「縁故」の「縁」、「用不着」の「用」の声母はyですが、これらは中古音では〈牙音・喉音〉でした。拼音でw[u]・y[j]と表記されるこの二つは〈半母音〉と呼ばれ、いわゆる声母のグループには入りません。ですからw・yは介母でも声母でもない存在で、これらがある音節の声母はゼロ（声母ナシ）としてあつかわれるのが一般のようですが、ここでは、表記するときは語頭にたつ音としてその源を探ることにします。

では、w・yの中古音はどのようだったのでしょうか。『韻鏡』などによると、中古音ではw・yの源に対応する声母は四つあります。それらは、(1)〈牙音〉の〝疑〟母ng——「外」字の声母で、日本の呉音はゲ（グヱ）・漢音はガイ（グワイ）、唐音はウイです。(2)〈喉音〉の〝影〟母・——「因」字の声母で、呉音・漢音はインです。(3)〈喉音〉の〝喩〟母三等ɦ——「有」「用」字の声母で、「有」の呉音はウ・漢音はユウ、「用」の呉音はユウ・漢音はヨウです。(4)〈喉音〉の〝喩〟母四等j——「縁」字の声母で、呉音・漢音はインです。なお、〝喩〟母の三等と四等は『韻鏡』では合流し、〝喩〟母四等の一つになっていますので〈三十六字母〉の表（⇩コラム㉕）に〝喩〟母三等ɦはありません。次の項目も参照してください。

喩母三等と四等の合流

前項でもみたように、文中の「未有」の「有」、「用不着」の「用」が〝喩〟母三等ɦ（以下、三等と呼びます）、「縁故」の「縁」が〝喩〟母四等j（以下、四等と呼びます）の字です。この三等と四等は『韻鏡』の〈三十六字母〉では〝喩〟母という名前で一つにまとめられていますが、〈反切系聯法〉（⇩コラム㉙）によると別の声母に分けられます。日本の呉音・漢音でも「円」ヱン（三等）、「縁」エン（四等）のように読み分けられています。三等と四等の違い、すなわち介母のiの音色の違いによって、上古音では一つであった〝喩〟母は二つに分かれたかのように、ひとまず考えられます。

しかし、さらにすこしばかり深入りすると、次のようなことがわかります。一つは、三等は〈喉音〉の〝匣〟母γから分かれた声母であるということです。『切韻』よりやや古い、梁の顧野王《こやおう》が著わした『玉篇《ぎょくへん》』（五四三）という字書では、三等字の多くはなお〝匣〟母の反切で示されています（一三五ページ参照）。例えば、『広韻』では「越　王伐切」（王は三等字）、「為　薳支切」（薳は三等

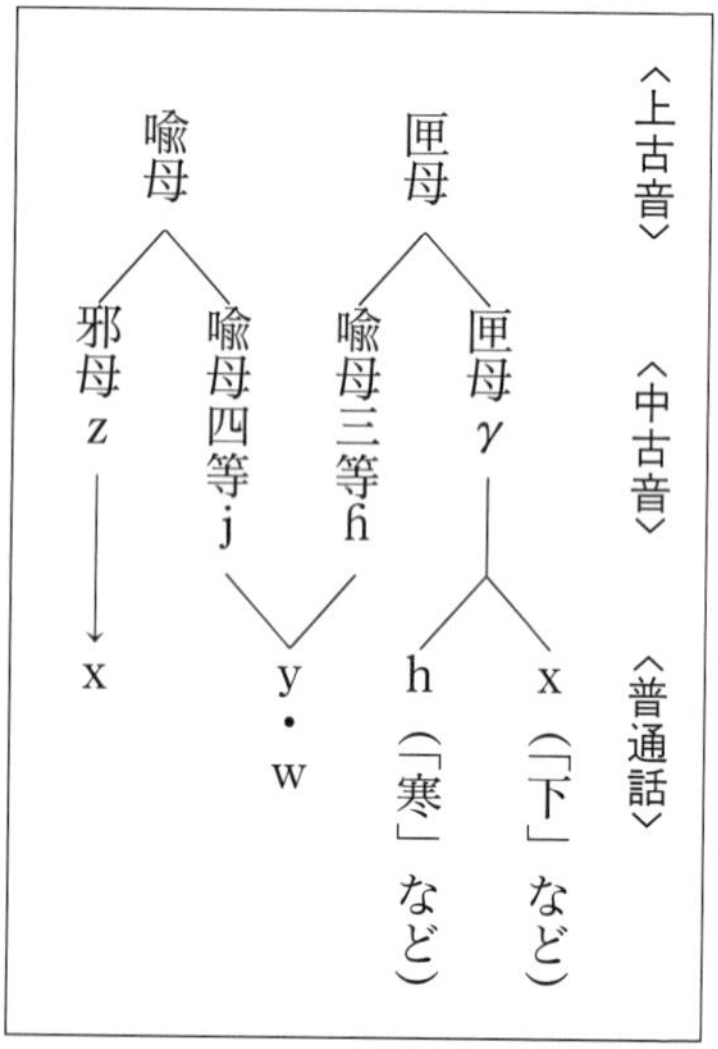

図13

字）と示されている反切は、『玉篇』ではそれぞれ「胡厥反」「胡嫣反」（「胡」は〃匣〃母の字）で示されています。ここから、三等は〃匣〃母から分かれて生まれた声母だと考えられます。

もう一つは、〈歯音〉の〃邪〃母zは〃喩〃母の一部が変化して生まれた、比較的あたらしい声母だと考えられることです。形声文字で声符がおなじ「以」と「似」、「羊」と「詳」、「予」と「序」では、それぞれ前者が〃喩〃母の字、後者が〃邪〃母の字です。また『広韻』には、例えば「邪」字のように、二つの音「似嗟切」（似は〃邪〃母の字）と「以遮切」（以は〃喩〃母の字）とをもつものもあります。

以上をまとめると、図13のようになります。

(2) 韻母

四等韻の拗音化

魯迅の文中の「今年」の「年」、「白天」の「天」、「海辺」の「辺」の韻母は、普通話ではian［iɛn］と発音されますが、もともとは拗音·iのないen——直音の〈四等韻〉と呼ばれるグループの〃先〃韻——でした。それが唐代になると、〈三・四等両属韻〉（⇩コラム㉖）の〃仙〃韻の甲類i̯än——甲類とは、介母の拗音がi̯のものです。介母の拗音に中舌のï̯（東北方言のイとウとの中間のような音）をもつものを乙類といいます——と合流してiɛnとなったのです。

なお、文中の「混飯」の「飯」、「晩上」の「晩」などの〝元〟韻ï̯ɐmは、引用文中にはありませんが、「戦・善・免」など〝仙〟韻の乙類ï̯änと合流して普通話ではanとなりました。

止摂四韻の合流

〈摂《せつ》〉とは、大体において、語末の子音がおなじで、主母音が似た性質のものを一つにまとめたグループのことで、宋代になってから用いられるようになった術語です。ここでいう「止」摂四韻とは〝支・脂・之・微〟韻（平声韻の韻目で代表）のことです。ちなみに、前項であげた〝先〟〝仙〟〝元〟韻は「山」摂の仲間です。

魯迅の文中の「是六十年来」の「是」と「這時候」の「時」の韻母は、ともに普通話ではi［ʅ］（口を横に引かないで発音されるイ）と発音されますが、中古音では「是」は〝支〟韻ï̯eの上声、「時」は〝之〟韻ï̯ə̣iでした。それが唐代長安音において、引用文中にはみられませんが、「伊・尼・資」などの〝脂〟韻ï̯ĕiと合流し、さらに「機・祈・希」などの〝微〟韻ï̯əiとも合流して、「止」摂四韻の別はなくなりました。

一等重韻の合流

〈一等韻〉でおなじ〈摂〉のなかに韻が二つ以上あるものを〈一等重韻〉といいます。魯迅の文中の「回家」の「回」は〝灰〟韻uậi、「門外」の「外」は〝泰〟韻uâi、「海辺」の「海」は〝咍〟韻ậi（以上「蟹」摂）で、〈一等重韻〉の字です。これらは唐代長安音では合流しています。

なお、引用した魯迅の文中には当てはまる例はみられませんが、(1)「甲・南・嵐」などは一等の〝覃〟韻ậm、「甘・三・淡」などは一等の〝談〟韻âm（以上「咸」摂）で重韻、(2)「公・同・工」など一等の〝東〟韻ungと、「宗・農・冬」など一等の〝冬〟韻ong（以上「通」摂）も重韻の関係にあります。これらの重韻も、それぞれ唐代長安音で合流しました。

二等重韻の合流

重韻は〈二等韻〉にもみられ、これを〈二等重韻〉といいます。魯迅の文中の「縁故罷」の「罷」は二等の〝佳〟韻ai_{α}です。(1)〝佳〟韻は、引用文中にはみられませんが、「階・差・挨」など〝皆〟韻ăi、「敗・快・唄」など〝夬〟韻ai_{β}（以上「蟹」摂）と、(2)「端・閑・湲」など〝山〟韻ănは「顔・板・頑」など〝刪〟韻an（以上「山」摂）と、(3)「行・更・蝗」など〝庚〟韻anǵは「茎・桜・争」など〝耕〟韻ănǵ（以上「梗」摂）と、(4)「函・杉・緘」など〝咸〟韻ămは「監・衫・嵌」などの〝銜〟韻am（以上「咸」摂）と、それぞれの重韻ごとに唐代長安音で合流しました。

以上が中古音から唐代長安音へと移るときに生じた韻母の変化の主なものです。これらは、ほかの韻たちとともに、宋・元・明・清へと長い旅をつづけながらこんにちの姿となりました。

「子」字の末尾子音の変化

魯迅の文中の「屋子」「蚊子」の「子」は、普通話ではzi［tsɯ］（［ɯ］は口の円めがない、あいまいなウで、東京方言の「スーツ」のツの母音にちかい音）と発音されていますが、元代にパスパ文字で音写された『蒙古字韻』（⇩コラム㉘）や、おなじく元代に編まれた『古《こ》今《こん》韻《いん》会《ね》挙要《きょよう》』（一二九七）という韻書などによると、そのころは［tsi］（ツィ）のように発音されていたようです。南宋時代の杭州音を写しているといわれる日本の唐音では「子」字をウ型の「ス」と記していますが、より古い時代の音を反映している呉音・漢音では、そのころはなおイ型の韻母をもっていたのでしょう、「シ」と写していることもその傍証となるでしょう。ちなみに、引用文中にはみられませんが、「四」もsi［sɯ］（東京方言の「スーツ」のスの母音にちかい音）ではなく、［si］（スィ）のように発音されていたと思われます。

tsi→tsɯ、si→sɯの変化がおこったのは、宋・元時代のころと推定されます。

末尾子音のmがnに変化

魯迅の文中の「今年」の「今」の末尾子音は、普通話ではjinのようにnですが、中古音ではmでした。そのころの末尾子音にはｎ ngのほかにｍ――そのほかに次項でとりあげるｐｔｋ――がありました。ところがそのｍはｎに変化し、文中の「年」や「天」など（これらの末尾子音はもともとｎです）とおなじｎとなったのです。

元代の『中原音韻』（一〇三ページ参照）ではｍとｎは分けられています。また元末明初の『水滸伝』（成立年は不明）にでてくる近体詩の多くはｍとｎを分けて押韻しているとの報告があります。ところが、明末に編まれた『韻略匯通《かいつう》』（一六四二）という韻書ではｍとｎは合流していますし、おなじ明末の『金瓶梅詞話』（一六一七序）では、少数の例外をのぞいて、両音を混用する例がほとんどだそうです。

以上のことから、末尾子音のｍが消え、ｎと合流したのは明代の半ばごろと推定されるでしょう。なお、広東語など南方の方言では、いまもｍは保たれています。

(3) 声調

中古音の声調

中古音の声調には、平声《ひょうしょう》・上声《じょうせい》・去声《きょせい》・入声《にっしょう》の四つ（四声《しせい》）がありました。そのうち入声は、音節のおわりに英語のlip·it·bookの末尾子音ｐｔｋのような音をもっていました。入声は、平・上・去声の韻でng ｍ ｎの末尾子音をもつものに対して、それぞれ発音するときの舌や口蓋（上顎）

の位置がおなじ末尾子音のｋｐｔをもっています。

魯迅の文中の「六十年」の「十《ジフ(ジュウ)》」はｐ、「聴説」の「説《セツ》」、「出去」の「出《シュツ》」、「還是熱」の「熱《ネツ》」はｔ、「六十年」の「六《ロク》」、「末有的」の「的《テキ》」、「白天」の「白《ハク》」、「屋子」の「屋《オク》」はｋでおわる入声字でした。それぞれに日本漢字音を書きそえておきましたが、これからもわかるように、入声音は日本漢字音にはっきりと写されています——ｐ→フ（ウ）、ｔ→ツ・チ（「八《ハチ》」など）、ｋ→ク・キのように表記されます。また、現代の広東語など南方の方言にはその跡《あと》が残されています。

ほかの三声については、どのような調子（調値《ちょうち》）だったのかは、現在のところよくわかっていません。本章の冒頭で述べたように（六八ページ参照）、字面《じづら》から判断すると、平声は普通話の一声のような平らな調子、上声は二声のような昇り調子、去声は四《よん》声のような降《くだ》り調子のように推定できそうですが、なお不明な点が多く残されています。

ただ、唐代の声調については、日本の安然《あんねん》という僧侶が著わした『悉曇蔵《しったんぞう》』（八八〇）に「四声」について伝え聞いたことを書き記した箇所があり、また天台宗や真言宗に伝えられている漢音で読まれる声明《しょうみょう》——仏教徒が仏前で仏の徳をたたえて朗唱する声楽です——は、一つ一つの文字の声調の調子にしたがって節がつけられたといわれているので、これらを利用して唐代の声調を探ろうとする試みがなされています。それによると、例えば去声などは、降るどころか、昇り調子だったらしいとのことです。これらについても、なお考究が必要です。

声調の変化

声調は宋代の末から元代の初めごろにかけて大きく変化しました。その一つは、中古音の入声が消えてなくなり、『広韻』で入声としてまとめられていた字は、平・上・去声のどれかに移しかえられたこと、もう一つは、『広韻』の平声が陰《いん》平声と陽《よう》平声の二つに分かれたことです。このことは元代の韻書である『中原音韻』（一〇三ページ参照）によって知ることができます。そこで記されていることを図で示すと図14のようになります。

【入声の消失】 入声は消えてなくなり、ほかの三声に分配されましたが、その分かれ方に一つの原則が認められます。声母が有声音か無声音（⇩コラム㉔）かによって、その行き先が決まったのです。〈唇音〉（p系の音）を例にしますと、

(1) 中古音のp（無声の無気音、拼音《ピンイン》はb）とp‘（無声の有気音、拼音はp）の入声字は『中原音韻』の〈上声〉に

(2) 中古音のb（有声音）の入声字は『中原音韻』の〈陽平声〉に

(3) 中古音のm（鼻音、拼音はm）の入声字は『中原音韻』の〈去声〉に

それぞれ分配されるのが原則です（図15を参

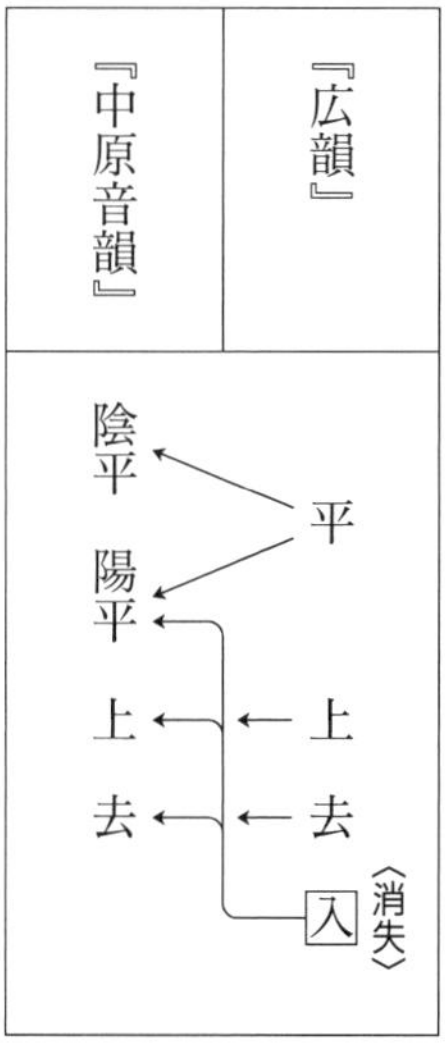

図14

照）。ただし、これはあくまでも原則で例外も少なくありません。〈唇音〉以外の〈舌音〉（t tʻ dʻ n）、〈牙音〉（k kʻ gʻ ng）なども同様です。

【平声の陰平と陽平への分化】　中古音の平声は元朝のころまでに〈陰〉と〈陽〉の二つに分かれましたが、それは声母の無声化（一一三ページ参照）と関わりがあります。それは唐代におこったと思われますが、古代中国語のbʻdʻgʻなど有声音の声母がptkなどの無声音に変化しました。この変化が平声を〈陰〉と〈陽〉とに分けさせる原因となったのです。いま〈唇音〉（p系の音）を例とします。中古音には、無声音pのほかに現代の普通話にはない有声音bʻもありました。その有声音が無声化したとき（bʻ→pʻ）、もとから無声音であったpは〈陰平〉に、もとは有声bʻで無声になったpʻは〈陽平〉となったのです。dʻgʻなどほかの有声音もおなじ変化

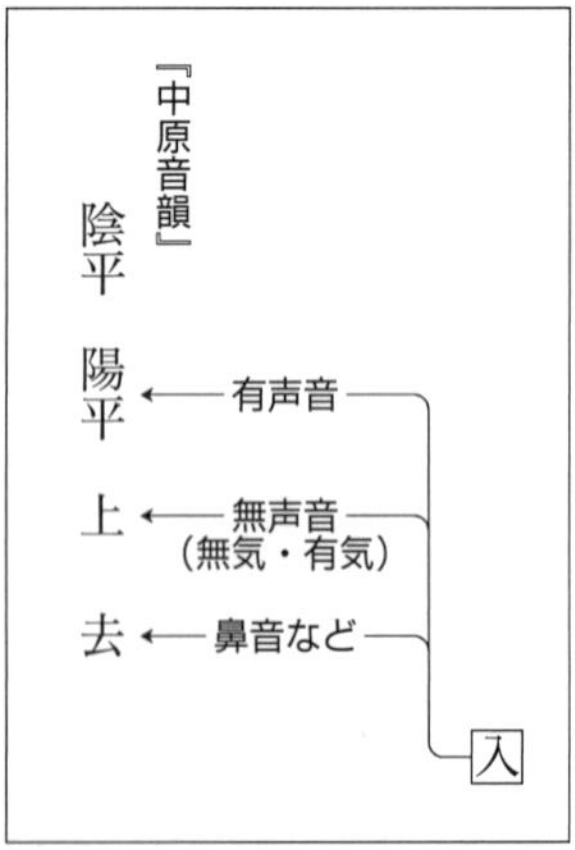

図15

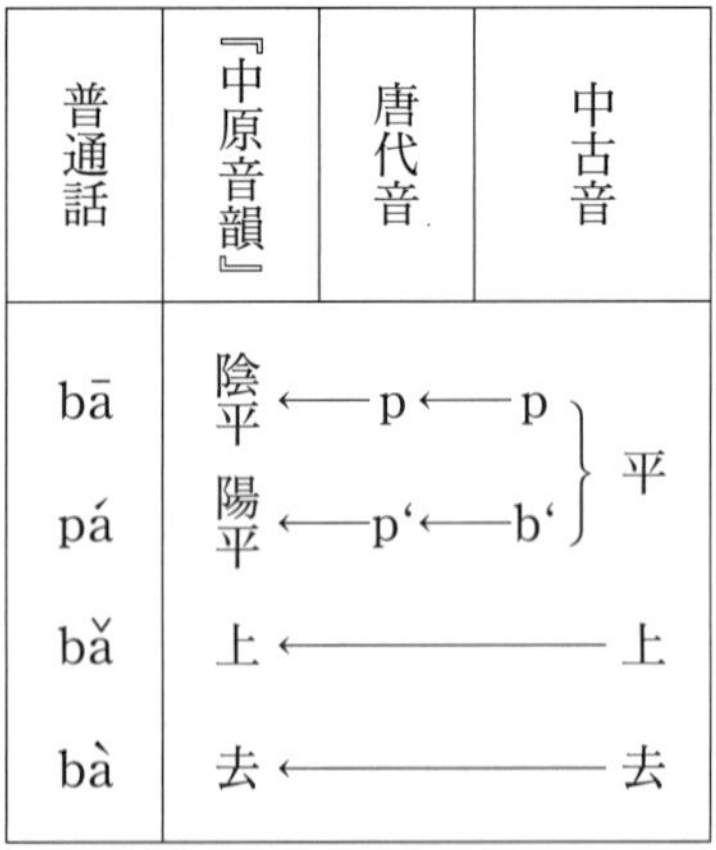

図16

をおこしました。そして〈陰平声〉は普通話の一声に、〈陽平声〉は二声に、そして〈上声〉は三声、〈去声〉は四声の出発点になったと説かれています。図16を参照してください。

〈こぼれ話〉『玉篇』の反切

第一章で『玉篇』の書名をあげました（四七ページ参照）。著者の顧野王は呉郡（いま江蘇省呉郡）の人です。歴史書の『陳書』巻三十、『南史』巻六十九にみえる「顧野王伝」によれば、幼いころから学問を好んでいて、七歳で五経を読み、九歳で上手な文章を書くようになり、十二歳のときには『建安地記』という書物を著わすほどだったそうです。梁の武帝（五〇二〜四九在位）の大同四年（五三八）、十九歳で太学博士（太学で経書を講義する官）に任ぜられ、陳の宣帝（五六九〜八二在位）の太建六年（五七四）には黄門侍郎《こうもんじろう》（天子の侍従職）となりましたが、同十三年、すなわち隋の文帝の開皇元年（五八一）に没、享年六十三歳でした。

『玉篇』三十巻（三十一巻とも）が著わされたのは、武帝の大同九年（五四三）、顧野王が二十四歳のときといわれます。野王がこの書を著わすにあたっては、字形がいまと昔とでは異なってしまっているので規範となる形を示し、経書の訓詁に違うものが生じてきたので誤まりを正し、検索の便利さも図る新しい字書の編集を目指しました（「自序」）。

それぞれの字について野王は、さまざまな用例を多くの書物から引用して校訂をくわえ、自身の解釈を述べていますが、注目すべきは、一つ一つの字の読み方、つまり「字音」を〈反切〉(まれに〈直音〉)で示していることです。反切で字音を記した初めての字書は『玉篇』より三世紀ほどさかのぼる西晋の武帝(二六五～九〇在位)のころに著わされた『字林』ですが、この書はすでに失われていて詳しい内容はわかりません。それにひきかえ『玉篇』は、伝えられるあいだに内容・体裁に手を加えられながらも、こんにちまで伝えられています。ですから、『玉篇』の反切はまとまった資料としては最も古く、江東地方の音系を反映する音韻の資料として貴重です。

この反切を整理・分析した論文の一つに、河野六郎「玉篇に現れたる反切の音韻的研究」(もと一九三七、『河野六郎著作集2』一九七九、平凡社、所収)があります。この論文によると、『切韻』の音韻との違いはごくわずかで、『切韻』の体系とほぼおなじだそうです。第一章の「はじめに」で述べたように、北方異民族の侵入によって晋が南渡してから江南地方にも文化の中心地ができたのですが(三ページ参照)、この『玉篇』の反切は、まさに江東に移り住んだ士人たちの標準的な字音にもとづいたものだったのです。『切韻』とのあいだに見えるわずかな違いは、たまたま姿を見せた地域方言音だったと思われます。

〈こぼれ話〉清朝の上古音研究

本書は〈上古音〉（二〇二ページ参照）がどのようであったかについては述べていません。こんにちでは上古音の研究もすすめられ、そのおおよその輪郭は推考できるようになっていますが、かなり複雑ですので割愛しました。ただ、清朝の学者たちは『詩経』や『楚辞』などの韻文を資料として、〈古韻〉（上古音）の研究を積極的にすすめていたことを少しばかり紹介します。というのも、これらの研究は、カールグレンに始まる近代的な音韻研究の先陣となり、のちの研究にも影響をあたえているからです。しかし、その清朝の学者たちの業績のすべてを採りあげる余裕はありませんので、それらのうちで代表的と思われる段玉裁（五二ページ参照）の『六書音均表《りくしょおんいんひょう》』五巻についての概略を紹介することにします。

【六書音均表】　段玉裁は上古の文学作品にみられる押韻の例を整理して、古韻が中古音とは違って十七部に分かれると説いています。『六書音均表』は五種類の表から成っています。

第一は「今韻《きんいん》古今十七部表」です。「今韻」とは『広韻』に反映している音韻のことで、『広韻』の二〇六韻は古代には十七部に分かれていたことを説いています。

第二は「古十七部諧声《かいせい》表」です。形声文字について、その声符の部分、つまり諧声（形声）符だけを十七部に分けて並べて、おなじ諧声符をもつ字は、みなおなじ古韻の部に属することを証明しています。

第三は「古十七部合用類分表」です。古韻十七部を六部に分けて説明しています。

第四は「詩経韻分十七部表」です。『詩経』の押韻が明確に十七部に分かれていることを証明しています。

第五は「羣経韵分十七部表」です。『詩経』以外の押韻例を傍証の例として示しています。

玉裁はこの書を著わした理由を、おおよそ次のように述べています。


十七部とは音均（音韻）であります。音韻が明らかになれば六書も明らかとなります。六書が明らかになれば、古い経や伝（経書とその注釈）にわからぬところはなくなります。私めがこの書物を著わしたのは、研究者がこの理《ことわり》に従って仮借・転注を理解し、古い経・伝についての疑問が解明できればと思ってのことであります。

ちなみに、清朝の〈考証学〉――明代の末におこり、清代に発達した文献学（⇩コラム㉛）的な学問で、経書などの儒家の古典を実証的に研究して古代の聖人の教えを明らかにすることを目的としています。清代の乾隆《けんりゅう》と嘉慶《かけい》の時代（一七三六～一八二〇）の活動がその全盛期でした――の基礎を築いたといわれる顧炎武《こえんぶ》（一六一三～八二）は古韻「十部説」を、戴震《たいしん》（五二ぺージ参照）の師である江永《こうえい》（一六八一～一七六二）は「十三部説」を、段玉裁がみずから弟子と称し、音韻について論じあった戴震は「二十五部説」を、孔子六十八世の孫といわれる孔広森《こうこうしん》は「十八部説」を、王念孫（一九三ページ参照）は「二十一部説」を、段玉裁と親交をむすんだ江有誥《こうゆうこう》（一七七三～一八五一）は「二十一部説」を、それぞれ唱えています。

【上古音の声調】

上古音の声調については、よくわかっていません。清朝の学者たちは『詩経』などの押韻例にもとづいていろいろ推測を述べています。顧炎武は「上古にも四声はあったが、一つ一つの字に定まった声調はなく、それは具体的な文脈によって変わるものであった」（『音論』）とし、江永も上古に四声があったとしますが、顧炎武とは違って「平声は平声と、上・去・入は上・去・入と押韻する」（『古音標準』）と主張しています。その一方で段玉裁は「上古には平・上・入の三声だけで去声はなかった」（『六書音均表』）と考え、孔広森は「上古には平・上・去だけがあって入声はなかった」（『詩声類』）とします。これに対し江有誥は「上古にも四声はあった。ただ、のちの四声と発音が同じでないだけである」（『韻四声正』）と述べています。

以上が諸説の要点のあらましです。道光二年（一八二二）の冬、江有誥は王念孫に宛てた手紙で、古韻のことはほとんど明らかになったが、「四声の説だけはなお定論がありません」と嘆いています。

第三章

漢字の〈義〉のはなし

1　義書の編集
――古代語の収集と整理

義書と訓詁学

中国は文字の国といわれてきました。中国の文字、すなわち漢字は古くから重んじられましたが、第一章で述べたように、それが優れた〈表語文字〉であったがために、〈一字一語〉の原則がはやくから根づき、文字の国ならではの独特の文字観を生みだしました。中国の伝統的な考え方によれば、文字が基本となる本質的なものであって、その形（字形）・音（字音）・意味（字義）は文字に付随しているものなのです。この三つの要素を漢字の〈形《けい》・音《おん》・義《ぎ》〉と呼んでいますが、この考え方から、中国の辞書の編集はこの三要素を中心におこなわれてきました。字形によるものが〈字書〉（第一章を参照）、字音によるものが〈韻書〉（第二章を参照）、そして字義によるものが本章で紹介する〈義書〉です。中国の伝統的な分類によれば〈訓詁《くんこ》の書〉とされますが、ここでは〈義書〉と呼ぶことにします。

言語《ことば》は時間の経過とともに変化します。古い書物などに用いられている語句も、時がたつにつれて理解できなくなってきます。そこで当代の語句でその意味・内容などを解説することが求められるようになります。その求めに応じて著わされたのが注釈の書です。

中国では紀元前四~三世紀ごろから古代の文献についての注釈がおこなわれだしました。それはのちに〈訓詁〉と呼ばれる語義(語の意味)解釈の方法によるものでした。訓詁は、はじめは〈故〉(詁におなじ)あるいは〈訓〉と呼ばれていたのですが、やがてこの二つが合わさって訓詁といわれるようになりました。その意味は『説文解字』(四一ページ参照)が「詁とは、古代の言語を解釈することである」と説くように、先人が伝える書物の字句の意味を当代の言葉で解釈することです。

この訓詁の芽生えは春秋・戦国時代の諸子(思想家)の解釈にみることができますが、儒教の経典《けいてん》を尊んだ漢代になると〈訓詁学〉としてその実を結ぶことになります。そして本書が〈義書〉と呼ぶ、訓詁をまとめた書が著わされたのです。その義書の先駆けとなったものに『爾雅《じが》』『方言《ほうげん》』『釈名《しゃくみょう》』があります。それぞれ内容や体裁などは異なりますが、いずれも古代中国の語彙を記録しているので、古代語を探るにあたって貴重な資料となります。そこで、まずこの三書について紹介します。

(1)『爾雅』――義書の誕生

古代語彙の分類百科

『爾雅《じが》』は訓詁学の基礎を築いた書物といわれます。訓詁の芽生えは右でも述べたように春秋・戦国時代に認められますが、それらは古人の言葉や著作のなかの語句に簡単な解釈を示すほどのものでした。それに対して『爾雅』には、古語をはじめ方言、俗語やいろいろな事物についての解釈が分野ごとに整理されて示されています。その内訳は次のとおりです。

巻上：釈詁第一・釈言第二・釈訓第三・釈親第四

巻中：釈宮第五・釈器第六・釈楽第七・釈天第八・釈地第九・釈丘第十・釈山第十一・釈水第十二

巻下：釈草第十三・釈木第十四・釈虫第十五・釈魚第十六・釈鳥第十七・釈獣第十八・釈畜第十九

『爾雅』は古代の語彙を理解するうえでとても有用であることはもちろんですが、それとともに百科事典的な性格もあわせもっています。例えば「釈器」には、猟・漁に用いる網は生活を営むのに欠かせないものだったのでしょう、捕らえるものによって網の呼び名が次のように細かく分けられています。「大きな魚網」は「罛《こ》」、「鳥を捕らえる網」は「羅《ら》」、「兎を捕らえる網」は「罝《しゃ》」、

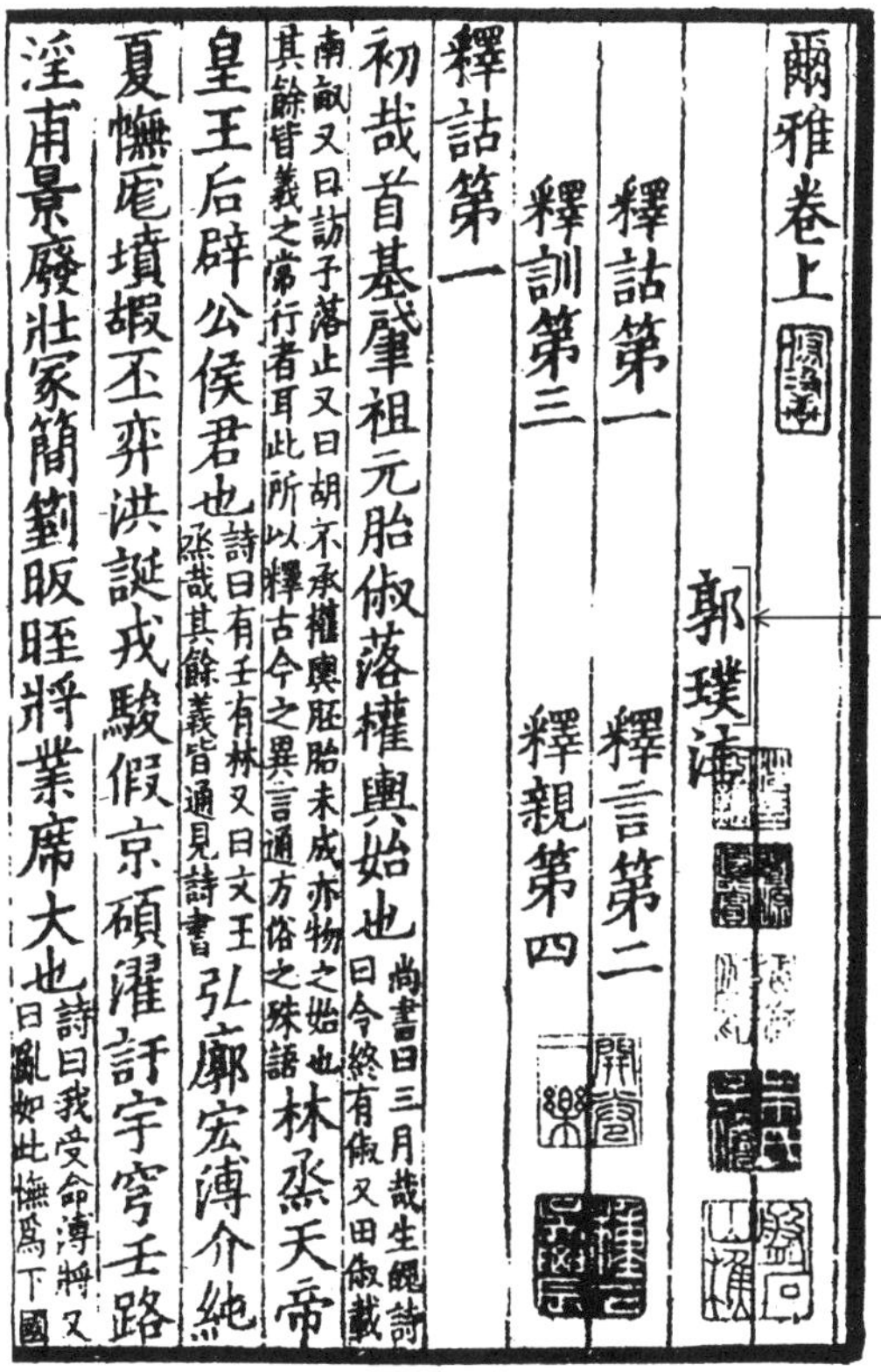
爾雅卷上

郭璞注

釋詁第一　釋言第二

釋訓第三　釋親第四

釋詁第一

初哉首基肇祖元胎俶落權輿始也尚書曰三月哉生魄詩曰令終有俶又曰俶載南畝又曰訪予落止又曰胡不承權輿胚胎未成亦物之始也其餘皆義之常行者耳此所以釋古今之異言通方俗之殊語林烝天帝皇王后辟公侯君也詩曰有壬有林又曰文王烝哉其餘義皆通見詩書弘廓宏溥介純夏幠厖墳嘏丕弈洪誕戎駿假京碩濯訏宇穹壬路淫甫景廢壯冢簡箌昄晊將業席大也詩曰我受命溥將又曰亂如此幠爲下國

晋代の訓詁学者、郭璞（かくはく）の注釈がつけられている。
巻上に収められている四篇
小字は郭璞の注。出典などを示す。

書影7　『爾雅』

「鹿を捕らえる網」は「罞《ぼう》」、「猪を捕らえる網」は「羉《らん》」、のようにです。また家畜も重要な存在だったのでしょう、「釈畜」には、牛については十六の、馬におよんでは五十余りもの呼び名がみえます。例えば牛などは、体のどの部分が黒いかによって異なる呼び名が用いられていました。「唇が黒い」のは「犉《じゅん》」、「まなじりの黒い」のは「牰《ゆう》」、「耳の黒い」のは「犚《い》」、「腹の黒い」のは「牧《ぼく》」、「脚の黒い」のは「犈《けん》」のようにです。このように『爾雅』は、古代社会を研究するにあたっても役立つ情報を提供してくれる書でもあります。

訓詁の書から経典へ

そのためもあってでしょう。『爾雅』は歴代の学者たちにとても重要視されてきました。そのことを物語る挿話《エピソード》があります。後漢の末から東晋の末にいたる知識人のかずかずの逸話を集めた、劉義慶《りゅうぎけい》（四〇三〜四四四）の『世説新語《せせつしんご》』の「紕漏篇《ひろう》」（失敗談を集めたもの）にみえる話です。ちなみに、同じ話は歴史書の『晋書』「蔡謨伝《さいぼ》」にもみえます。

　蔡司徒《さいしと》（蔡は蔡謨（二八一〜三五六）のこと、司徒は役職名です。儀礼や宗廟《そうびょう》の制度に明るく、『漢書集解《しゅうかい（しっかい）》』を著わしたことでも知られています）が江南に渡ったとき、彭蜞《ほうき》（蟹《かに》に似ているが、形が小さく毒をもっているとされます）をみてたいへん喜んでいった。「蟹は八本の足があり、その上に二本の螯《はさみ》がある」〔漢代以前の礼に関する記録を八十五篇にまとめた『大戴礼《だいたいれい》』の「勧学篇」に「蟹は二螯《ごう》八足《そく》あり」とあるのによったものです〕。

これを煮させて食ったところ嘔吐《へど》をはいてへとへとになり、はじめて蟹でないことを知った。

㉛中国の文献学

文献学（philology）という学問は、もともとヨーロッパのギリシャ・ローマの古典の学です。でも、中国にも文献学はありました。文献についての研究は古くからおこなわれていました。ことに秦の始皇帝が、帝国の安泰のために儒教の経典である『詩経』『書経』や諸子百家（一五〇ページ参照）の書物すべてを焼きすてさせた「焚書《ふんしょ》」をおこなったのち、漢代になると文献の発掘や収集が盛んとなり、文献の研究がおこなわれるようになりました。

中国の文献学は、経学《けいがく》、すなわち儒教の経典の学が中心でした。その経学は、漢代より唐代までは「漢唐訓詁の学」といわれるように経典の本文の解釈に重きがおかれましたが、宋代になると「宋明《みん》性理の学」といわれるように、経書を哲学的に解釈する学問が主流となりました。しかし、やがてその反動がおこりました。経学があまりにも現実から離れて観念論にかたむいたのに対し、物ごとをもっと実証的にみようとする精神が生まれ、清朝に入ってからはそれが学問の主流となったのです。これがいわゆる清朝の「考証学」（一三八ページ参照）です。経典の研究もこの精神のもとで盛んとなり、多くの成果があげられました。さらには経典以外の書物などにも文献学的な考慮がはらわれました。中国での文献学、それはこのような伝統の上に築かれていて、ヨーロッパの文献学とはその性質は異なるといえましょう。

のちに、このことを謝仁祖《しゃじんそ》（三〇九〜五八、河南省の人で音楽をはじめ諸芸に通じていたといわれます）に話したところ、謝仁祖はいった。

「君は『爾雅』の読み方が足りないね。すんでのところで（『大戴礼』の）「勧学篇」のために死ぬところだったよ」

（訳文は、森三樹三郎『世説新語』〔『中国古典文学大系9』一九六九、平凡社、一部補筆〕）

『爾雅』の「釈魚」には「蛞蠌《こったく》の小なるものは蟧《ろう》なり」とみえ、晋代の訓詁学者である郭璞《かくはく》の注に「即《すなわ》ち彭蜎《ほうこつ》なり、蟹に似て小なり」とあります。彭蜎はこのエピソードに登場する彭蜞と同じものでしょう。

謝仁祖の一言からもわかるように、『爾雅』は当時の知識人にとって重要な書物として位置づけられていました。そして、もともとは訓詁の書であるにもかかわらず経典と同じようにあつかわれ、唐代になると「十二経」（儒学の基本となる十二種の経典）のなかに加えられて、文宗の開成年間（八三六〜八四〇）につくられた、いわゆる〈開成石経《せきけい》〉（⇩コラム㉜）に刻まれるほどでした。

著者をめぐって

『爾雅』はとても尊ばれた書でした。ところが、その著者は不明なのです。「十二経」に加えられたこともあってでしょうか、著わしたのは聖人の周公や孔子だという説をはじめ、いくつかの推測がありますが、どれも決定的な立論の根拠は示されていません。どうもこの書は一個人によるものではなく、清朝の紀昀《きいん》が中心となって編んだ『四庫全書総目提要』（⇩コラム㉝）が説くように、小学――文字・訓詁・音韻などを研究する学問です――にたずさわる人たちによって、それまでに記され残されていた訓詁を集め、それを補いながら成ったもの、と理解するのが穏当のようです。なぜならば、例えば「釈詁」をみると、「舒・業・順、叙也」（「舒・業・順」という字〈語〉はみな「叙」という意味である）とある一方で、「舒・業・順・叙、緒也」（「舒・業・順・叙」は「緒」という意味である）とあり、また「伊、維也」（「伊」は「維」の意である）とある一方で、「伊・維、侯也」

㉜石経

〈石経〉とは、儒教経典の標準となるテキストと、それを写す書体の標準を石に刻んだもので、国家の事業として大学や国子監《こくしかん》（国立学校を管理する教育行政の役所）の前に建てられるのが通例でした。

儒教経典の石経の最初は、後漢の熹平《きへい》四年（一七五）から八年がかりでつくられ、洛陽の大学の門外に建てられたという〈熹平石経〉ですが、五代までに破損して失われてしまいました。その後、魏の正始年間（二四〇〜四八）に刻まれた〈正始石経〉があり、次が唐の〈開成石経〉（開成二年・八三七）です。これに『易経《えききょう》』『尚書《しょうしょ》』『毛詩《もうし》』などとともに『爾雅』は刻まれたのです。これよりのちは、蜀・北宋・南宋・清の時代に石経が建てられ、その総数は七つです。なお、のちには仏教や道教の石経もつくられました。

（「伊・維」は「侯」の意である）などとみえるからです。

これは、第一の例についていえば、はじめは「舒・業・順」の三字を「叙」の字で解釈するだけで足りていたのを、のちに「緒」も用いられるようになったため、新しい語で古い語にさらに解釈を加える必要がうまれ、このように重複するようになったと推測されます。第二の例についても同様のことがいえます。もし一個人の手によって著わされた書物ならば、このようなことはまずおこらないでしょう。ですから、『爾雅』は伝えられてきたさまざまな訓詁を集大成した書、と理解されようかと思います。

成書年代をめぐって

では、『爾雅』はいつ著わされたのか、その年代についても諸説があって確かなことはわかりません。

第一は、戦国時代の末（前二二三五ころ）までに書物として完成していたとする説です。唐・陸徳明の『経典釈文《けいてんしゃくもん》』の「序録」は、「学者たちは『爾雅』が儒教の経典のあと、春秋・戦国時代の諸子百家——儒家・道家・墨家・法家・名家・兵家・縦横《しょうおう》家・陰陽《いんよう》家などの学派のことです——の著作よりも前に成ったと考えている」と述べています。

第二は、前漢の武帝（前一四〇〜八七在位）より前に成ったとする説です。この説には、拠りどころの違いによって二つの説があります。その一つは、『爾雅』十九篇のそれぞれにみえる訓詁の内容にもとづくものです。その内容を分析することによって、例えば「釈詁」は戦国時代の初めごろまでにできたもの、「釈言」はそのあと孟子のころまでに、そして「釈畜」が最も遅く、漢の文帝（前一七九〜一五七在位）、景帝（前一五六〜一四四在位）のころまでにできたのではないか、との推測です（内藤虎次郎「爾雅の新研究」もと一九二一、『内藤湖南全集』第七巻、一九七〇、筑摩書房、を参照）。

もう一つの説が拠りどころとするのは、前漢の武帝のときに『爾雅』についての「犍為文学注《けんいぶんがくちゅう》」（犍為〔いま四川省〕の文学士の注）三巻があったと述べる『経典釈文』「序録」の記事と、『爾雅』

㉝『四庫全書総目提要』

清の乾隆《けんりゅう》帝が編集させた中国最大の叢書に『四庫全書』があります。三二〇人の学者が十年がかりで編集にたずさわり、七万九五八二巻の写本をつくり、これを経《けい》（経書）・史《し》（歴史）・子《し》（諸子百家）・集《しゅう》（詩文集）の四部に分類して保存しました。四庫とは、この叢書の書庫のことです。

この『四庫全書』には、収録された書物ごとに著者の略歴やその書物の成立事情・内容・批評などを記した「提要《ていよう》」（解題）がつけられています。また『四庫全書』に収められていないけれども、書籍の名前だけが記録されている、いわゆる「存目《そんもく》」書で「提要」が記されているものもあります。これらの提要をまとめて一書としたのが、勅撰の『四庫全書総目提要』（乾隆四十七年・一七八二）二〇〇巻です。

「釈獣」にみえる「豹文鼮鼠《ひょうもんていそ》」という故事に対する晋・郭璞の注と宋・邢昺《けいへい》の疏《そ》——注をさらに解釈・説明したもの——です。この故事は郭璞と邢昺の注・疏によれば、漢の武帝が宴席で、豹のような斑紋のある鼠《ねずみ》を手に入れたので家臣たちに質問したところ、誰も知らなかったが、孝廉《こうれん》（地方から選ばれた官吏）で郎（中央官庁の役人）の終軍《しゅうぐん》という人が『爾雅』にみえる「鼮鼠」であると答え、絹百匹を賜わった、という内容です。

『四庫全書総目提要』（⇩コラム㉝）は、この「序録」の記事と郭注・邢疏によって、『爾雅』は武帝より前に成った書であるとしています。

これらに対して、『爾雅』の成書年を前漢の武帝より前とする二つの論はいずれも誤りであって、『爾雅』は武帝と哀帝（前六～一在位）のあいだに成ったものとする説を唱えたのが、周祖謨《しゅうそぼ》（一九一四～九五）の「爾雅之作者及其成書年代」（もと一九四六、『問学集』下、一九六六、中華書局、所収）です。周氏は次のように述べています。

(1)「豹文鼮鼠」の故事は、『太平御覧《たいへいぎょらん》』（九八三）——宋の李昉《りぼう》（九二五～九六）ほかが編んだ一〇〇〇巻からなる百科全書で、中国古代の学術研究のうえでとても貴重な資料となっています——巻九十一にみえる「竇攸《とうゆう》家伝」などによれば、前漢の武帝ではなく、後漢の光武帝（後二五～五七在位）のときの竇攸という人物にかかわる話であること、また歴史書の『漢書』の「終軍伝」によれば、終軍は孝廉に挙げられたことも、また郎になったこともなく、郭璞の注は誤りであり、

(2)『経典釈文』の記述は、その論拠が不明確である、などとして、周氏は『爾雅』の成書を武帝より前とする説を退けました。そしてその年代について、

(A)『爾雅』の伝習（師から教えられたことの復習）は平帝（後一～五在位）のときより以前にはまだおこなわれていなかったのは、平帝の元始四年（四）に王莽《おうもう》（前四五～後二三）がはじめて天下に命じて『爾雅』に通じる者を役所に呼びよせたこと（『漢書』「王莽伝」）から推察でき、

(B)『爾雅』の「釈山」には「霍山為嶽《かくざんいがく》」（⇩コラム㉞）の文がみえるが、霍山を南嶽としたのは武帝に始まることで、もし『爾雅』が武帝より前のものであったら、このような文がみえるはずがないことなどを挙げて、周氏はその成書年代を、武帝より後、平帝の一代前の哀帝（前六～一在位）より前と推定したのでした。

周氏の説は傾聴に値すると思いますが、成書時の上限を武帝より後とする論拠の「霍山為嶽」についてはいささか疑問を感じます。というのも、先ほど述べたように、『爾雅』は一個人によるも

㉞「霍山為嶽」をめぐって

中国には、国の鎮《しず》めとして尊ばれ、天子が訪れて祀《まつ》った五つの聖山があります。それらは「五《ご》嶽《がく》」と呼ばれ、東西南北と中央にそれぞれ配されています。邵晋涵《しょうしんかん》『爾雅正義』によれば、漢の武帝が定めたのは、東嶽―泰山《たいざん》（山東省）、西嶽―華《か》山（陝西省）、南嶽―霍《かく》山（安徽省）、北嶽―恒《こう》山（山西省）、中嶽―嵩《すう》山（河南省）です。

のではなく、何人もの人たちによって手を加えられながら成った書だとすれば、「霍山為嶽」の文は武帝以後の人によって書き加えられた可能性もまったく否定はできないのではないかと愚考するからです。ですから、その成書時期についてはなお不透明な点が残されているといえるでしょう。おそらく、戦国時代の中・後期ごろからの訓詁がつぎつぎと書き加えられ、遅くとも平帝のときまでに成ったと推察できるとは思いますが、なお追究は必要でしょう。

資料としての価値

『爾雅』は歴代の学者たちに重んじられましたが、こんにちからみて、その資料としての価値はどのようであるか、まとめてみます。

第一は、中国訓詁学の基礎を築いたことにあります。訓詁は、先にも述べたように、そのはじめの春秋・戦国時代のころは、古人の言葉や書籍にみえる語句に簡単な解釈を示すか、著作の文にしたがって注釈を加えるかなどにすぎませんでした。それが『爾雅』になると、古語・方言・俗語やいろいろな物品や事がらなどについての解釈が部門別に整理され、語《ことば》の義《いみ》の集大成がなされました。ここではじめて学問としての基礎が築かれたといえるでしょう。漢代に〈訓詁学〉として実を結んだ領域は、この基盤のうえに立って形づくられたといえます。

第二は、古代中国の語彙の訓詁を保存していることです。これらの訓詁は、経書の解釈だけではなく、先秦時代の作品を読み解くのにも役立ちます。『爾雅』の助けがなければ、そのころの著作の理解は容易ではありません。そのうえ、古代語の義《いみ》の変遷をたどることも難しくなります。このように、『爾雅』にみえる訓詁の集成はとても価値ある文化遺産としてあります。

春秋・戦国時代からの訓詁を一書にまとめたという点では『爾雅』は見事になしとげています。しかし翻《ひるがえ》って「語《ことば》の義《いみ》を記述する書」という基準からみると、次のような欠点があります。

(1) ある事物や用語の意味・内容を、こういうものであるとはっきり説明する「定義」の形式によらずに、単語で単語の解釈をおこなっているために、次のような不都合なことが見うけられます。例えば、「釈言」に「班、賦也」(「班」は「賦」の意である)の訓詁がありますが、「賦」は少なくとも「量」(はかる—『爾雅』「釈言」)、「斂」(おさめる—『説文解字』)、「謂布与」(くばる—郭璞「爾雅注」)の三つの意味をもっています。ですから、訓詁の対象となっている「班」の義《いみ》は、はたしてどれであるかがはっきりしません。

このように、解釈に用いられる字(語)が複数の意味をもっている〈多義語〉(二〇九ページ参照)である場合、どの意味によって解釈を加えているのかが不明確となってしまいます。このような例は少なくありません。

(2) 訓詁を無造作に集め、並べて示していることがあります。ですから、同じ義《いみ》の語として一列に並べられていても、それらが必らずしも〈同義語〉(二〇三ページ参照)や〈類義語〉(二〇六ページ参照）とはいえない例があります。例えば、「釈詁」に「育・孟・耆・艾・正・伯、長也」（「育・孟・耆・艾・正・伯」はみな「長」の意味である）の一条がみられます。これは、いろいろな書物にみられる語を同義語として並べ示したものです。ここでは「育」と「孟・耆・艾」「正・伯」はいずれも「長也」と訓詁されていますが、郭璞の注からも明らかなように、「育」は「長養」（育てる）の「長」ですし、「孟・耆・艾」は「年長」の「長」、「正・伯」は「長官」の「長」なのです。これらを同義語として一条にまとめて置くのは妥当とはいえません。

このような例はそれほど多いとはいえませんが、『爾雅』を用いるときは、やはり留意しなければならない点でしょう。

『爾雅』の継承

『爾雅』は学者たちに尊重されつづけましたが、時代の移り変わりにともなって文化や商業なども発展し、語彙も増えていきました。そのため、『爾雅』の形式に倣《なら》った義書がこのあと次つぎと著わされました。

『爾雅』についで編まれたのは、漢代のものと思われる『小爾雅』（著者不明）です。その後、魏には『爾雅』の続篇として張揖《ちょうゆう》の『広雅』（『博雅』とも）が著わされ、宋になると陸佃《りくでん》が『爾雅』の補足版『埤《ひ》雅』を、明では朱謀㙔《しゅぼうい》が『駢《べん》雅』を、また清では朱駿声《しゅしゅんせい》が『説雅』を著わしました。

このように、『爾雅』の影響は後世にまでおよんだのです。

(2) 『方言』――地域方言の調査と収集

言葉の地域差

第一章で引用した魯迅の『門外文談』に「屋子」の語がみられます（一五ページ参照）。この「屋子」は、北方の方言では一般に「部屋」を意味しますが、南方の方言などでは「家屋」を意味するところもあるようですし、「屋子」ではなく「房子」を用いるところもあります。言葉が地域によ

㉟『爾雅』の日本版

『爾雅』は遣隋使・遣唐使によってもたらされたのでしょう。『爾雅』の体裁にならった辞書が日本でもいくつか編まれました。その最初は、平安中期の歌人・学者で三十六歌仙の一人として知られる源《みなもとの》順《したごう》（九一一〜八三）による『倭名類《わみょうるい》聚鈔《じゅしょう》』（九三四ごろ）です。十巻本と二十巻本がありますが、この書は、漢字で記された物品名などを部門（二十巻本では二四九部門）に分けて示し、それに意味と解説を加え、書名の「倭名」のとおり、真仮名《まがな》（万葉仮名）で倭（＝和）訓をそえた辞書です。意味によって分類された漢和辞典としては最も古く、また『爾雅』と同じように百科辞典の性格をもあわせもっています。

その後『爾雅』をもとに著わされたものに、貝原好古《よしふる》（一六六四〜一七〇〇）の『和爾雅』八巻や、新井白石（一六五七〜一七二五）の『東雅』――この書名は「東方の爾雅」を意味しています――二十一巻などがあります。

って違いのあることは、その程度の差はあるとしても、どの言語にもみられることでしょう。広大な地域にまたがる現代中国の方言の違いのはなはだしさはよく知られていますが、いまから三〇〇〇年ちかく前の春秋・戦国時代には、中国語（漢族の言語）がすでに広大な地域にひろがっていて、かなりの地域差、つまり地域方言（⇩コラム㊱）間の違いがあったようです。

私事ですが、小学校の三、四年生のころ（ちなみに私は東京生まれです）、九州・鹿児島出身の人と東北・青森出身の人（だったと思います）が、それぞれ地元の方言で話しはじめたのですが、お互いになにをいっているのかわからず、東京方言（当時は「標準語」と呼んでいました）の話し手が通訳していたのをラジオで耳にしたことがあります。その言葉の違いになんともいえない不思議さ（いまでいえば、一種のカルチャーショック）を子供なりに強く感じたのでしょう、いまなお鮮やかな記憶として残っています。

古代中国の方言の違いを物語る挿話《エピソード》もいくつか伝えられています。その一つが『孟子』「滕文公《とうぶんこう》下」に載っています。

〔あるとき、孟子が戴不勝《たいふしょう》に尋ねた〕今ここに楚《そ》の国の大臣がいて、息子に斉《せい》の国の言葉を習わせたいと思っているとする。そのとき大臣は、教師として斉の人を選ぶだろうか、それとも楚の人を選ぶだろうか。

この記事から、そのころ斉（いま山東省）と楚（いま湖北省近辺）の方言のあいだに大きな違いのあったことが推察できるでしょう。また『春秋左氏伝』の「文公十三年」には、晋（いま山西省を中心とする地）と秦（いま陝西省）の方言にも違いがあったらしく、両省出身の者が会話をするのに手助けとなる者（通訳）を求めるという話がみえますし、顔之推《がんしすい》の『顔氏家訓』「音辞篇」は、『春秋』（前四七九ごろ）には斉の方言で書かれた伝があり、『楚辞』（二世紀）に収められている『離騒《りそう》』は楚方言の古典であると説いています。また『説文解字』（四一ページ参照）の「叙」にも、戦国の七雄（秦・斉・楚・燕・魏・韓・趙）は「言語は声を異にし、文字は形を異にした」と述べています。

このように、中国ではかなり古い時代から言葉の地域差があり、そのことはまた人びとの意識するところとなっていたのです。

㊱地域方言と社会方言

一般に「方言」と呼ばれるのは、「東北弁」とか「関西弁」とかいわれるような、地域の違いをともなう〈地域方言〉をさしますが、同じ地域でも、年齢・職業・階層・学歴・男女の違いによって、それぞれを構成している人たちのあいだで言葉の違いがおこります。このような地域差としてはとらえられない言葉の違いを〈社会方言〉といいます。『礼記《らいき》』（成書年は不明。戦国時代・秦・漢初にわたって、孔子学派から分かれた諸家の、文化や風習などについての論を集めた書）の「曲礼下《きょくらいか》」にみえる「天子の死を崩《ほう》といい、大夫を卒《そつ》といい、士を不禄《ふろく》といい、庶民を死《し》という」などは、中国で社会方言を記録した最も古いものでしょう。

るところとなっていたのです。

地域方言の収集

やがて、このような地域差のある方言の語彙の収集が中国でおこなわれるようになりました。それは今から三〇〇〇年以上もさかのぼる周・秦時代のころ——日本では縄文式文化の晩期から弥生式文化の前期のころ——からのようです。

後漢の応劭《おうしょう》（生没年不明）という人が著わした書に『風俗通義《ふうぞくつうぎ》』があります。歴史・人事・神や祖先を祭る儀式など多くのことについて、その移り変わりや意義などを解説していますが、その「序」はこのように述べています。

周・秦の王室は、天下の習俗や社会状況を掌握するために、方言の調査・収集を司る官吏を設け、毎年、農閑期をまって彼らを使者として各地に遣わし、その地方独特の童謡や民歌などとともに方言を収集させ、それに編纂の手を加えて宮中の書庫に収めさせていた。ところが周が亡び〔前二二一〕、秦から後になると、そのような使者が派遣されることもなくなり、集められた資料も秦の滅亡〔前二〇六〕後はしだいに散佚してしまった。（大意）

秦のあとを継いだ漢の時代（前二〇六〜後二二〇）に、国家によって方言の収集がおこなわれた様子はうかがえません。後漢の班固《はんこ》が著わした歴史書『漢書』の「宣帝紀」や「平帝紀」には、漢代になるとふたたび使者を地方に遣わして民情を視察させたと記していますが、そのときに方言語彙の調査や収集がおこなわれたという記事はみられません。

ところがここに、国家によるのではなく、ただ一人で、広大な中国で話されている方言を対象に、話し手を面接・調査し、それをまとめて記録した書物が、前漢の成帝（前三二〜七在位）のときに著わされたのです。この種の書物としては世界でもっとも古いものでしょう（⇩コラム㊲）。もともと儒学者である揚雄《ようゆう》（揚は楊とも）の著作と伝えられる『方言』十三巻がそれです。もっぱら経典に記された漢字と取りくんだ古代中国の儒学者のなかで、話しことば（方言）に挑んだ異端者

㊲方言の調査と記録

ギリシャでは紀元前三世紀の初めに、文献学の研究を主としたアレクサンドリア学派の人たちによって、叙事詩「イリアス」「オデュッセイア」の作者とされるホメロスのテキストのなかにみえる方言語彙集が多くつくられましたが、どれも文献から収集したもので、その方言の話し手から直接あつめたものではありません（高津春繁『言語学概論』一九五七、有精堂、を参照）。アメリカの言語学者ブルームフィールドの『言語』（一九五五、原文は英語）によれば、ヨーロッパでの方言辞書の誕生は十八世紀末であり、生きた方言を研究資料として重視するようになったのは十九世紀末のことです。

ともいうべき人の異色の書です。

この書は一般に『方言』と呼ばれていますが、その原題は『輶軒《ゆうけん》使者絶代語釈別国方言』というのだそうです。この十二字もの長い書名は古籍ではとても珍らしく、はたして揚雄自身が名づけたのか、かなり疑わしいのですけれども、それはともかくとして、この原題は、書物の内容を的確に示しています。まず第一に、「輶軒使者」の「輶軒」とは、民情の視察に出かけた使者が乗った軽車のことですので、この句は周・秦時代の方言収集の方法を告げています。そして第二に、「絶代語釈」は絶代語――漢代の方言に影をとどめている古代語のことです――について解釈していること、第三に、「別国方言」は漢代の話しことばにみられる地域差、つまり地域方言について記述していることを意味しています。ちなみに、この書を『隋書』「経籍志」は『方言』と呼び、『旧唐《くとう》書《じょ》』「経籍志」と『新唐書』「芸文志」は『別国方言』と呼んでいて、一様ではありません。

『方言』の著者――はたして揚雄か

いま、私たちが目にする『方言』という書をめぐっては、いくつかの謎があります（⇩コラム㊳）。そこでこれまで、『方言』は揚雄の書ではないと唱えたり、あるいは揚雄が著わしたと断定するのを躊躇《ためら》う人たちもいます。南宋の洪邁《こうまい》『容斎随筆《ようさいずいひつ》』は、『方言』は揚雄の書ではなく、のちの人の偽作であろうと述べています。また『四庫全書総目提要』（⇩コラム㉝）は、「いろいろ思索を

㊳『方言』をめぐる謎

一般に『方言』は揚雄の著述とされていますが、実はこの書にはいくつかの謎《なぞ》があります。一つ目は、同僚の劉歆《りゅうきん》に宛てた手紙（⇩コラム㊴）のなかで、揚雄は方言の書のことを『殊言《しゅげん》』といっており、『方言』とは呼んでいないのです。しかもその巻数は十三巻ではなく、十五巻と記していることです。

二番目の謎は、『方言』という書名が、前漢の当時存在していた書名を記載している『漢書』の「芸文志」（図書目録）にも、また揚雄の著書名を記す「揚雄伝」にもみられないことです。

三番目の謎は、許慎の『説文解字』（四一ページ参照）のどこにも『方言』という書名がでてこないことです。許慎は人の説を文献を引用しながら示しています。各地の方言についても述べていて、揚雄の名をあげてその説を引いているにもかかわらず、です。

四番目の謎は、後漢の王充《おうじゅう》（二七〜一〇一？）が、その著『論衡《ろんこう》』のなかで、揚雄の文章や彼が著わした『太玄経《たいげんきょう》』『法言』（一七四ページ参照）を誉めたたえているのに、『方言』についてはまったくふれられていないことです。

ところで、『方言』を揚雄の書であると最初に述べたのは、応劭の『風俗通義』（一六〇ページ参照）でした。応劭は後漢の霊帝の初め、一七〇年ごろに政治の場にでて、後漢末の献帝の建安年間（一九六〜二二〇）の初め、二〇〇年ごろに没したとされています。揚雄は天鳳五年（一八）、七十一歳で亡くなりました。とすれば、『方言』という書は揚雄がこの世を去ってから一八〇年ほど経てからはじめて行きわたったことになります。この一八〇年もの間、揚雄が著わした方言の調査書はどのような途をたどり、どのようにしてその姿を現したのか、これも謎です。

重ねたが、その真偽について絶対的な証拠は得られなかった。いまは従来のテキストと同じように、『方言』の著者として揚雄の名を記しておき、疑いを未来に残すことにする」としています。また王力『中国語言学史』（一九八一、山西人民出版社）は『方言』の著者を揚雄としながらも、「真の作者は、いまなお断定し難い」とし、また周祖謨『方言校箋及通検』（一九五六、科学出版社）は「『方言』が揚雄の著作であるかどうかを断定するのはとても難しい」と述べています。ただ、現行の『方言』が揚雄の作そのものではないとしても、揚雄が方言の調査・収集をおこない、その結果を一書としてまとめて残したことは確かであるといえるでしょう（⇩コラム㊴）。

内容と体裁

『方言』の十三巻は『爾雅』のように部門によって分けられてはいませんが、基本的には同じ種類の語彙ごとにまとめられています。その内容のおおよそは、巻一・二・三・六・七・十・十二・十三は単語や連語（二つ以上の単語が一つづきになったもの）を収め、巻四は衣服、巻五は器物・家具・農具など、巻八は鳥・獣など、巻九は車・船・兵器など、巻十一は昆虫について、それぞれ方言の語彙が載せられています。

その体裁は『爾雅』でみられるように、同義語をならべて、共通語でその意味を示すというものです。ただ、この『方言』が『爾雅』と大きく違う点は、『方言』で同義語としてならべられている語彙のそれぞれが、原則として、どの地域の方言かという説明がなされていることです。全部で六七〇余りを数える説明文の九〇パーセントはこのような体裁にしたがっています。一例を示します。

党・暁・哲、知也。楚謂之党、或曰暁、斉宋之間謂之哲（巻一）

（「党《とう》・暁《ぎょう》・哲《てつ》」はどれも「知る、知慧のあるさま」という意味である。楚地方ではこれを「党」あるいは「暁」といい、斉地方と宋地方ではこれを「哲」という）

㊴『方言』と揚雄の書

方言の書を揚雄が著わしたことは同僚の劉歆《りゅうきん》へ送った手紙「揚雄答劉歆書」によって明らかです。この手紙は、図書目録『七略《しちりゃく》』を編集中であった劉歆からの、方言書の内容を知りたい旨の手紙に対する返信です。揚雄はこのようにいっています。

各方言は複雑に入り混じっていて、さらに材料を捜し集めて疑問点を解決したいと考えているところですので、いましばらくご猶予をいただきたい。定稿を得てのちに必ずご覧にいれます。

この文面から、揚雄が方言の書を著わしていたことに疑いはないでしょう。ただ、それが現行の『方言』と同一のものかどうかについては疑問は残ります（⇩コラム㊳）。

この例についていえば、「知」が全国の共通語、「党・暁」が楚（いま湖北省近辺）の方言、「哲」が斉（いま山東省）・宋（いま河南省）の方言、ということになります。

また、語の解釈が『爾雅』に比べて、より分析的になっています。次はその一例です。

脜・飪・亨・爛・糦・首・酷、熟也（中略）自河以北、趙魏之間、火熟曰爛、気熟曰糦、久熟曰首、穀熟曰酷。熟、其通語也（巻七）

この説明文は「脜《じ》・飪《じん》…」は「熟《じゅく》」の意味である、と説明したうえで、さらに共通語の「熟」に焦点をあて、黄河以北の趙（いま山西省北部から河北省西部）や魏（いま河南省北部・山西省西南部）地方では、「火熟」（煮る）は「爛《らん》」、「気熟」（蒸す）は「糦《き》」、「久熟」（煮える）は「首《しゅ》」、「穀熟」（実る）は「酷《こく》」という、と記述しています。ただ語彙を並べるだけではなく、その意味や内容の違いも明らかにしているのです。

郭璞とその「方言注」

『方言』にくわえられた注釈の一つに、晋・郭璞（二七六～三二四）の「方言注」があります。郭璞は秀でた訓詁学者であり、先にふれた『爾雅』の注（一四八ページ参照）をはじめとして多くの

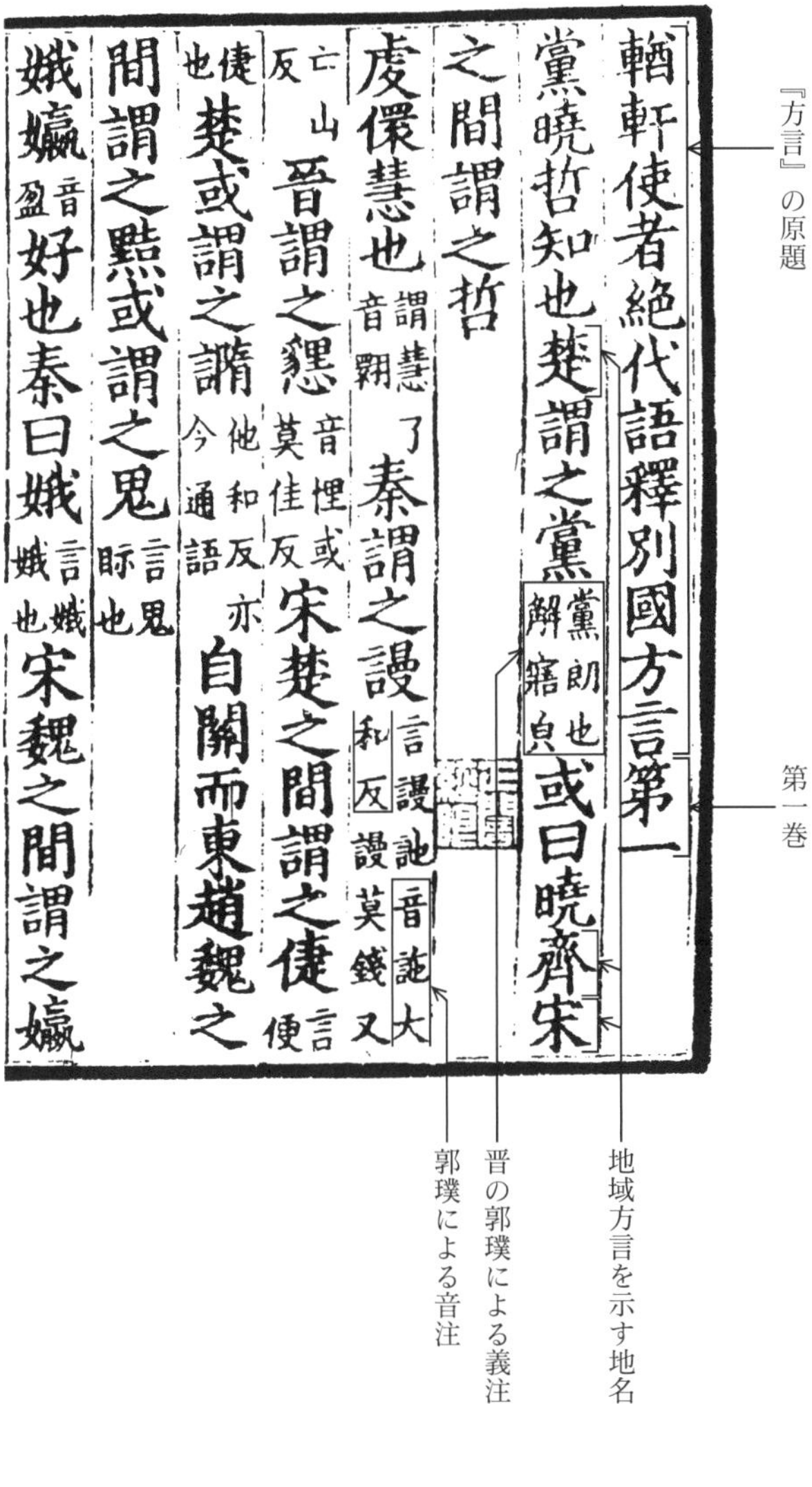

輶軒使者絶代語釋別國方言第一
黨曉哲知也楚謂之黨黨朗也解寤皃或曰曉齊宋之間謂之哲
虔儇慧也謂慧了音翾秦謂之謾言謾訑音訑大和反謾莫錢又亡山反晉謂之㦟音悝或莫佳反宋楚之間謂之倢言便倢也楚或謂之𧫞他和反亦今通語自關而東趙魏之間謂之黠或謂之鬼言鬼眎也
娥嬴音盈好也秦曰娥言娥娥也宋魏之間謂之嬴

書影8　『方言』

古籍に注釈をほどこし、また晋代の方言や音韻にも詳しい人でした。古代文字や珍らしい文字に興味をもち、陰陽《いんよう》──古代中国の易学の考え方で、すべての具体的な存在は、積極的な「陽」(男・日・春・奇数など)と消極的な「陰」(女・月・秋・偶数など)という二つの性質をもつ根元的なものの調和から成っていて、あらゆる変化はこの二つの消長の過程によるものと説明されます──や卜《ぼく》筮《ぜい》(占い)の術にも通じていました。はじめ東晋の元帝(三一七〜三二三在位)に仕えましたが、亡母の喪に服するために職をはなれ、そののち東晋の軍閥、王敦《おうとん》(二六六〜三二四)の軍事参議官となりました。これが郭璞の運命を大きく変えてしまったのです。

この王敦ははじめは元帝に忠実に仕え、征南大将軍に任命されるほどでしたが、しだいに帝位を奪う野心をいだくようになりました。そして兵をおこし、謀反をくわだてたとき、郭璞に卜筮を命じました。郭璞は「その謀反はかならず失敗し、寿命も長くありません」と直言しました。怒った王敦は、あろうことか郭璞を殺害してしまったのです。享年四十九歳のときです。

この郭璞は、『方言』に記載されている前漢の方言を晋代の方言と比較・対照し、音の注もまじえて注釈をほどこしました。それは、『方言』にみえる解釈の語が多義であるため、その意味が不明確であるもの、例えば「孑・蓋、餘也」(巻二)の「餘」については「この餘は〝遺余〟(余る)の意で、その音は昨文反(＝反切、七二ページ参照)である」と注し、一方、「烈・枿、餘也」(巻一)の「餘」については「この餘は〝残餘〟(切り株)の意で、その音は五割反である」のように、字音（漢字の読音）の違いをもあわせて示しています。そのほか特殊な語彙や文字にも注釈をくわえていて、とても詳細です。

さらに、「蛾・㜲、好也（中略）自関而東河済之間謂之媌」（巻一）（〔前略〕関より東、黄河と済水《さいすい》のあいだ〔いま山東省〕では「媌《びょう》」という）についての郭璞注「今関西人亦呼為媌、莫交反」（いま関西の人は「媌」という〔後略〕）から、前漢時代には関東（函谷関より東）の方言であった「媌」が、晋代ではその使用地域が関西（函谷関より西）にまで広がっていたことがわかります。

また「盂謂之榼（中略）椀謂之梋抉」（巻十三）に対する注「椀亦盂属。江東名盂為凱亦曰甌也」（〔前略〕江東では「盂《う》」のことを「凱《がい》」とも「甌《おう》」ともいう）から、「盂」（中央がまるくくぼんだ器）に対して、晋代の江東（長江下流の地域、いまの江蘇・浙江省あたり）の方言に「凱・甌」という呼び名のあったことがわかります。

そのうえ郭璞は、草木や虫魚・鳥獣の名などにはとくに実証を重んじています。例えば「鶡鴠《かんたん》」の注などは「鶏に似た鳥で五色、冬には体毛を失い、昼夜とも鳴く」などと具体的に説明しています。

このように郭璞の「方言注」は、揚雄『方言』の優れた注釈書であるとともに、前漢時代から魏・晋時代への語彙の変遷の過程を研究する資料ともなり、またその音注（反切）を整理することで晋代音の一端をうかがうこともできるでしょう。しかし、それらについての十分な研究は、管見ではまだないようです。

資料としての価値

『方言』は中国語の歴史をたどるうえで、貴重な書です。その価値は計りしれませんが、おおよそ次のようにまとめられるでしょう。

第一は、漢代の言葉の記録であることです。仮に、現存の『方言』が揚雄の手によって成ったものではないとしても、応劭『風俗通義』(一六〇ページ参照)は「揚雄方言」と述べていることや、郭璞の注(郭璞は『方言』を揚雄の著述としてあつかっています)があることなどから、もともと漢代の著作であることに間違いないと思われます。中国語の歴史のなかで漢は重要な時代ですが、わからないことが少なくありません。ことに話しことばの記録などほとんどない中国では、『方言』は貴重です。

第二は、漢代の方言の輪郭《アウトライン》を示していることです。『方言』は地域方言の語彙を記録していますが、それらは断片的ではなく、つねに分布の状況を視野にいれて記述しています。ですから、その分布状況を整理するならば、おおよその方言の分布が明らかとなります。その試みは、林語堂(一八九五〜一九七六)の「前漢方言区域考」(もと一九二七、のち『語言学論叢』一九三三、開明書店、所収)をはじめとして、これまでにもなされています。ただ、方言語彙にはとても複雑に入りくんだ現象が認められます。揚雄の調査は、一いちの方言語彙を対象とするもので、方言地点を調査の対象とするものではありませんでした。その結果、しばしば二か所以上の地名――例えば、秦と晋、趙と魏、斉と魯など――が合わさって挙げられています。このことは、それら二つ、あるいはそれ以上の地域の方言が同じであることを示しています。その一方で、秦と晋が時には別々に示されたり、魏が趙とではなく宋と結びつくこともあります。ですから、仮に**〈方言地図〉**(⇩コラム㊸)をつくるときに用いられる**〈等語線〉**を引いても「等語線の束《たば》」(⇩コラム㊵)を求めることは望めないでしょう。方言資料としての限界はあります。

第三は、古典を解読する手助けとなることです。『方言』には周・秦時代の語彙も記録されています。これらは古典を解読するのにとても役立ちます。清朝の考証学――儒学の教えを説いた経書

㊵等語線の束

〈等語線〉とは、音・語彙・文法などの特徴を共有する地域と、それを共有しない地域との境界を示す〈方言地図〉(⇩コラム㊸)上の線のことです。等語線が重なることは少ないですが、かなりの数がほぼ平行に並び、太い帯を形づくることがあります。これを等語線の〈束《たば》〉といい、束の太さに比例して両側の方言間の違いは大きいことになります。等語線は言語の特徴が地理的にどのように広がっていったのかや、言語の変化などを知るうえで重要な役割をはたしますが、『方言』でそれを望むことは難しいでしょう。

を中心に、古典を実証的に研究し、文字・音韻の探究や文献の解釈などをおこない、その後の古典研究の基礎を築いた学問です——にたずさわる学者たちが『方言』の校訂や注釈にしたがいましたが、その主な理由も『方言』によって古代語を理解することにありました。

第四は、漢代の社会や文化の情況を知ることができます。例えば、巻四に記されている衣服関係の語彙によって当時の衣類がどのようであったかがわかります。また巻五の、「蚕簿《さんぼ》」（蚕《かいこ》を入れて繭《まゆ》をつくらせる簾《すだれ》）という名称が各地の方言にみられることから、当時は南北いずれの農民も蚕を飼っていたことがわかり、巻三の語彙からは、そのころの奴隷制度や階級制度の実情をうかがい知ることができます。これらは中国の文化史研究の手助けとなるでしょう。

第五は、語彙の変遷の歴史をたどる資料となります。『方言』にみえる語彙をその後の文献や現代の共通語や方言などと対照することによって、それらの語彙が歩んだ歴史、例えば、消えてなくなった、意味・内容が変化したとか、用いられる範囲の移動（方言から共通語へ、あるいは共通語から方言へ）などを知ることができます。

第六は、音韻の歴史研究の手助けともなることです。『方言』は方言の音韻を調査の対象としてはいませんが、方言音にかかわる記載もみられます。揚雄が「転語」（「語之《の》転」とも）と呼ぶものがそうです。揚雄は方言の語彙のあいだに音の対応関係が認められる場合、つまり、もとは同じ語であったけれども、時間が過ぎるにしたがって用いられる地域も拡がるとともに、おたがいに違っ

た音の形をとるようになったと解される語、それを「転語」と呼んだのです。例えば、

⿰火果、火也。楚転語也、猶斉言⿰火尾火也（巻十）（⿰火果《カ》は火《カ》の楚方言での転語で、斉方言のそれは⿰火尾《ケ》となる）

ここで示された「火」「⿰火果」「⿰火尾」は声母（語頭の子音）が同じ——中古音（一〇三ページ参照）では〝暁〟母χです——で、上古音（一〇二ページ参照）ではどれも〝微部〟と呼ばれるグループに属していて、この三つは源を同じくする語〈同源語〉であると解されます。郭璞もこの事象に注目し、その注釈で「語転」「声之《の》転」「語勢の転」などと呼んでいますが、これらを整理すれば、前漢の方言音、さらには上古音の研究の一助となるでしょう。さらに、その郭璞の注には、先ほども紹介したように、反切が記されています。これらによって晋代の字音を探ることができるでしょう。

揚雄によって全国的な規模におよぶ方言語彙の調査書が著わされてからのち、近代になってヨーロッパの言語学が導入されるまで、中国で同じような書が編まれることはついにありませんでした。また揚雄の理解者も、清朝にいたるまでは郭璞のほか数名にすぎませんでした。おおよそ実用的な要求を重んじた中国の学問風土では、方言の調査や研究などは軽んじられ、その価値も認められなかったのでしょう。

ことに漢代は、儒学の教えを説いた経典の訓詁が学問の主流であった時代です。ほかならぬそのような時代に、儒学者であった揚雄を方言の調査に駆りたてたもの、それは何であったのでしょうか。そのことについて揚雄は一言も語っていません。

揚雄――その人と方言調査の動機

そこで、揚雄という人と、方言調査の動機について思いをめぐらせてみたいと思います。

揚雄は『漢書』巻五十七の「揚雄伝」などによると、宣帝の甘露《かんろ》元年（前五三）に蜀郡成都《せいと》（いま四川省に属しています）に生まれました。生家は貧しい小作農だったようです。若いころは辞賦――句末に韻をふむ散文的な文体です――に熱中したこともありましたが、のちに哲学の研究にうつり、『易経』にならって『太玄経《たいげんきょう》』という一種の占いの書を、そして『論語』にならって『法言』という思想書を著わしました。

そのような揚雄に、方言に対する興味をいだかせたと思われる人がいました。同郷の先輩でとても尊敬していた厳君平《げんくんぺい》と、遠縁にあたる林閭翁孺《りんりょおうじゅ》です。訓詁に通じていた二人は、また方言にも並なみならぬ関心があったらしく、厳君平には一〇〇〇語あまりの先秦時代の方言の収集があり、林閭は方言語彙の資料を編纂する要領――おそらく、周・秦時代に官吏が方言を収集・整理したときのマニュアルのようなものではないでしょうか――をもっていたといいます。なにかの機会にそのことを知った揚雄は、方言というものに興味を抱いたのではないかと思われます。ただ、そのときに自分も方言の調査をしようと心に決めたかどうかはわかりません。

三十歳をすぎたころ、揚雄は都の長安におもむきます。四川方言の話し手である揚雄は、都の言葉に驚いたのではないでしょうか。それはともかく、幸いなことに文才を認められて黄門侍郎《こうもんじろう》（天子の侍従職）に採用されますが、職についたその年に、学問に専念したいと三年間の休職を成帝に願いでて許されました。そして元延三年（前一〇）のころ、石渠閣《せききょかく》（宮中の書庫）で目にしたであろう周・秦時代の方言の資料（一六〇ページ参照）や、おそらく厳君平や林閭翁孺から譲りうけたのではないかと推察される方言の資料などをもとに、なにが決断させたのか、方言語彙の調査と収集をはじめたのでした。四十歳をすこし過ぎたころのことです。

揚雄の調査方法は、周・秦時代の使者のように各地方を訪れるのではなく、全国から都に来ていた役人や兵士など、出身地・年齢・職業といった社会的な条件が違う人びとのもとを訪れ、面接調査によって方言の語彙を記録するというものでした。帰宅してからは調査記録の整理・編集をおこない、二十七年の歳月を費やして方言の書をまとめたのです。このとき揚雄は七十歳、世を去る一年前の天鳳四年（一七）のことでした。

このように、西暦でいえばその前後のころ、世の流れに逆らいながらも、生きた方言の調査・収集をなしつづけさせたもの、それはいったい何だったのでしょうか。ただの知的な好奇心でしょうか。方言に残されている古代語の探究が古い書籍の訓詁に役だつと考えたからでしょうか。それとも、郷土の師であった厳君平や遠縁の林閭翁孺がのこした仕事をうけつぎ完成させることが、自分の使命と考えてのことでしょうか。

その動機や三十年ちかくも彼を方言調査にたずさわらせた原動力を知りたいと思いますが、それは今も謎につつまれています。

方言調査の復活

揚雄の『方言』ののち、中国の地域方言の調査・研究は近代になるまで、ついにおこなわれることはありませんでした。復活の先駆者となったのは、スウェーデンの言語・考古学者カールグレン（二一〇ページ参照）でした。彼は一九一〇年から一二年にかけて中国に滞在し、陝西・甘粛・河南など北方中国の諸方言の調査と記述に従事し、その結果を「方言字典」（一九二六）としてまとめました。『中国音韻学研究』（二一〇ページ参照）の第四巻がそれです。近代言語学と音声学の知識にもとづいた体系的な調査でしたが、それはあくまでも中古音（一〇三ページ参照）の復元（再構築）を目指してなされたもので、字音（漢字の読み方）の記録だけにとどまっています。また、その字音も声母と韻母だけで声調の記録を欠いているのが惜しまれます。

一方、中国人による方言の調査もおこなわれるようになりました。そのはじまりは、一九二四年に北京大学研究所国学部門に設けられた「方言調査会」にもとめられるでしょう。これは一九一八年、同所に置かれた「歌謡研究会」が口頭の文学である歌謡を収集するうえで、方言の調査が必要であるとの認識から生まれたものです。その成果は『歌謡』『国語周刊』などの研究誌に発表されましたが、どれもただ一つの方言の個別的な現象や問題点の簡単な紹介や記述にとどまっていて、材料も少なく、分析も十分ではありませんでした。ほぼ同じころ、北京大学と行動をともにして広州（広東省）の中山大学語言歴史研究所も方言の調査にとりかかりましたが、ここも十分な成果をあげることはできませんでした。

ほどなく、中国の研究者による本格的な方言調査がおこなわれはじめ、調査報告書も刊行されるようになりました。その最初が言語学者で音声学者でもあった趙元任《ちょうげんじん》（一八九二～一九八一）の

㊶国際音声字母

十九世紀の末、音声学者のイェスペルセンやスウィートたちが中心となって「国際音声学協会」が設立されました。そのころはまだ音声記号（言語の音声を正確に記述するために用いられる特別な記号）も研究者によってさまざまなものがおこなわれていました。そこで、このような好ましくない状態を解消するために、あらゆる言語音を記述するのに、だれもが共通して使える記号として新しく制定されたのが、ローマ字をもとにした「国際音声字母」（International Phonetic Alphabet 略称はＩＰＡ《アイピーエイ》）です。こんにちでは「音声記号」といえば、このＩＰＡをさすのが一般ですが、国によっては独自の記号が用いられることもあります。

『現代呉語的研究』（清華学校研究院叢書第四種）です。これは一九二七年十月に清華学校研究院が長江下流のいわゆる呉語（江蘇省南部と浙江省の方言）の調査をしたとき、趙元任が中心となって三十三地点を選び、約二七〇〇の例字を用いて各地点の声母・韻母・声調を「国際音声字母」（⇩コラム㊶）によって記録し、さらに単語や助詞についても調べて、短い語句をも記録した報告書で、その後の方言調査の模範ともなりました。

歴史語言研究所による方言調査

この趙元任は、一九二八年に新しい言語研究をも目指して中央研究院歴史語言研究所（⇩コラム㊷、以下「史語研」と略称します）が創設されると、招かれて「言語班」の長となりました。これを機に趙氏は数々の方言調査を計画し、一九三五年までに四回の調査をおこないました。

その一回目は、一九二八年から二九年にかけての広東省と広西省の粤語《えつ》（広東語）の調査（二十二か所）、二回目は一九三〇年の河北省南部、大名府一帯の調査（六か所）、三回目は一九三三年の白滌州《はくてきしゅう》による陝西省南部の、いわゆる関中地方の調査（四十二県）、四回目は一九三四年の羅常培《らじょうばい》による安徽省南部の旧「徽州府」一帯の調査（四十六か所）です。

以上の四回にわたる調査には、呉語の調査のときと大きく異なる点がありました。それは関中での調査のほかは、それぞれの地点で集めた材料のうち、重要と思われるものはそのまま録音して保

㊷中央研究院歴史語言研究所

一九二八年、国家によって新しくつくられた機関です。そこでは歴史学・考古学などと共に、近代的な言語学の訓練をうけた少数の研究者によって構成された「言語班」が設けられました。研究者たちは計画的に中国の言語――漢語（漢民族の言語）、シナ・チベット語族の言語、アルタイ系の言語、歴史上中国と密接な関係のあった言語、です――について研究をすすめ、中国言語学界の主流として優れた人材と輝かしい研究成果を生みだしました。ちなみに、この言語班が最初におこなった仕事は、カールグレンの『中国音韻学研究』（二一〇ページ参照。原文はフランス語）の翻訳（訳者は、趙元任・羅常培・李方桂《りほうけい》という著名な学者）でした。彼らはこの翻訳によって『切韻』の音韻体系の復元の基礎となった比較文法の理論と方法を学ぼうとしたのでした。

㊸方言地図

どの言語（方言）もそれぞれの特徴をそなえています。その特徴の、ある時代の地理的な分布（共時的な状態）を明らかにし、そこから、それぞれの特徴の歴史的な移り変わり（通時的な変遷）を読みとろうとする研究分野に〈**言語地理学**〉があります。その研究の拠りどころとなるのが〈方言地図〉（言語地図とも）です。

言語地理学は過去の文献資料にもとづいておこなうことも不可能ではありませんが、豊富でまとまった資料にもとづく研究はやはり現代語においてです。その場合、郵便などを用いておこなわれる方法――「通信調査」といいます――も可能ですが、あくまでも中心となるのは現地におもむいて話し手（言語資料提供者《インフォーマント》）に会って調査をおこない、データを集めるやり方です。そのようにして集めた資料を地図の上に調査した地点ごとに記入していくと〈方言地図〉ができあがります。

存できるように、新しく〈音檔《インタン》〉（音の保存資料）と呼ばれる録音盤がつくられたことです。

一九三五年、史語研は中国全土の方言調査の計画と方針を新しく定めました。それは、少数の人員によって数年のあいだに全国の方言のおおよその調査をおこない、代表的な方言については〈音檔〉をつくり、方言地図（⇩コラム㊸）を作製しようというものでした。この計画と方針のもと、一九三七年におこった日中戦争という厳しい状況を乗りこえながら、次の六回におよぶ調査がおこなわれたのです。

第一回は一九三五年春の江西省五十七か所の調査で、そのうち三十五か所の録音盤（音檔）がつくられました。第二回は一九三五年の湖南省の調査で、記録された方言は一〇〇か所以上におよび、ほとんど全域の録音盤がつくられました。報告書に、楊時逢『湖南方言調査報告』上・下冊（史語研専刊之六十六、一九七四）があります。第三回は一九三六年の湖北省の調査で、記録された方言は六十四か所、全地域の録音盤がつくられ、この調査の結果は『湖北方言調査報告』（⇩コラム㊹）としてまとめられています。第四回は一九四〇年の雲南省九十八県の調査で、記録された方言は一二七か所、すべての録音盤があります。報告書に、楊時逢『雲南方言調査報告（漢語部分）』上・下冊（史語研専刊之五十六、一九六九）があります。第五回は一九四一年秋の四川省の調査で、記録された方言は一一九か所、すべての録音盤があります。報告書に、楊時逢『四川方言調査報告』（史語研専刊、一九八四）があります。第六回は一九四五年春の補足的な調査で、記録された方言は四十か所余り、録音はされませんでした。

以上が史語研によって進められた規模の大きな方言調査ですが、そのほかに、一地点の方言を対象とする調査も史語研では早くからおこなわれていました。報告書として発表された主なものに、次のようなものがあります。

❹❹『湖北方言調査報告』

原稿は一九三八年には完成していたといわれますが、商務印書館から出版されたのは一九四八年でした。この報告書は趙元任とその部下たちとの共著で、湖北省七十一県のうち六十四県からそれぞれ一地点を採り、中古音（二〇三ページ参照）の体系を基礎として六〇〇余の漢字の発音・文章の朗読・自由会話などを記述、録音したものです。全体は、一：総説、二：分地報告、三：綜合報告の三部に分かれています。「総説」は、中国語の音声学的および音韻学的な検討・調査方法・調査字などの説明、「分地報告」は調査の結果を一地点ごとに整理して示します。それは⑴声母・韻母・声調の表と記述、⑵中古音との比較表、⑶同音字表、⑷音韻の特徴、⑸会話記録、の五項目から成っています。「綜合報告」は、朗読の記録・特字（中古音からの史的変化が例外的な字）・常用語彙の対照表・湖北方言の特徴とその地域区分・湖北方言地図とで構成されています。方言地図（⇩コラム❹❸）は、音韻・特字・語彙の特徴を示した六十四枚と総合地図一枚をふくむ大規模なものです。ここで示された方法や形式などは、その後の方言調査の基本となりました。

・陶燠民《とういくみん》「閩音《びんおん》研究」（『史語研集刊』第一本第四分、一九三〇、〈再版〉一九五〇、科学出版社）
福建省閩県城内の福州方言音の研究です。
・羅常培『厦門《アモイ》音系』（史語研専刊四種之甲、一九三〇、〈再版〉一九五六、科学出版社）
福建省南部のアモイ方言の研究です。
・羅常培『臨川《りんせん》音系』（史語研専刊甲種之十七、一九四〇、〈再版〉一九五六、科学出版社）
江西省の臨川県の方言の研究です。
・趙元任『鍾祥《しょうしょう》方言記』（史語研専刊甲種之十五、一九三九、〈再版〉一九五六、科学出版社）
湖北省中部の鍾祥県の方言の研究です。
・董同龢《とうどうわ》「華陽涼水井客家《ハッカ》話記音」（『史語研集刊』第十九本、一九四八、〈再版〉一九五六、科学出版社）
涼水井は四川省成都城外の双流県の地名で、その地で用いられている特殊な客家方言の話しことばについての報告です。
・羅常培『唐五代西北方音』（史語研単刊甲種之十二、一九三三、〈再版〉一九六一、科学出版社）
敦煌の石窟から出土した中国語とチベット語の対音資料（一〇一ページ参照）を主な材料とし、それらが表わす音を『切韻』（八〇ページ参照）の体系と比較することによって、唐・五代の西北方言音を推定したものです。

日本の研究者による現代中国の方言調査・研究も進められていますが、それらについては省略します。

(3)『釈名』――語源を探究した書

声訓による語源の探究

はじめに紹介した『爾雅』から四〇〇年ほどすぎた、後漢の末から魏にかけてのころです。〈声《せい》訓《くん》〉(音訓とも)と呼ばれる訓詁――ある文字(語)の意味を解釈するのに、例えば「政《セイ》は正《セイ》なり」(『論語』)、「仁《ジン》は人《ジン》なり」(『礼記』)などのように、注される文字(語)と同じ、あるいは似た音をもつ他の文字(語)によっておこなう方法です――によって語源、つまり物品や事がらなどが、その名前(呼び名)で呼ばれるようになった理由――日本語を例にとれば、ワンワンと鳴く動物をなぜ「イヌ」と呼ぶのかという命名の由来です――を探し求めようとする書物が、劉熙《りゅうき》(正確な生没年は不明)という人によって著わされました(⇩コラム㊺)。書名を『釈名《しゃくみょう》』といいます。劉熙はその「自序」で次のように述べています。

名前にはそれぞれ固有の意味がある。人びとは、つね日ごろそれらを呼び慣わしているが、その名前ができた理由を知らないでいる。そこで私は、天地から日ごろ用いている道具にいたるい

ろいろな名前を集め、それらの名前があたえられた理由を説き明かすことにした。名づけて『釈名』という。(大意)

語源探究のはじまり

語源を探ろうとする試みは、ギリシャ哲学ではその初期からなされていました。スイスの言語学者ソシュールが説いたように、単語(ソシュールによれば「言語記号」)は意味(「概念」)とそれに対応する音声(「聴覚映像」)とが結び合わさることで成り立っています。言語がもっている真の意味を追い求めようとした古代ギリシャの哲学者たちは、この「意味と音声との結びつき」について思索をめぐらしたのです。

名前と具体的な事がらとの関係について説いたのは、ヘラクレイトス(前五三五ごろ~四七五ごろ)が最も古いといわれますが、それを受けついだプラトン(前四二七~三四七)は、対話篇『クロチュロス』を著わし、事がらとその名前との関係は自然であり必然的である、つまり、ワンワンと鳴く動物が「イヌ」と呼ばれるのは自然であり必然的なのだ、と主張しました。これをピュセイ説とか自然説などといいます。この自然説に立つグループは、単語の真の意味は、その単語の音の形のなかにあると信じ、この研究を**〈語源学〉**(etymology)と呼びました。

これに対し、プラトンの高弟であるアリストテレス(前三八四~三二二)は、両者の関係はそのときどきの思いつきのようなもので、そこには自然で論理的なつながりなどなく、ただ社会的な慣習の結果にすぎないとしました。これをテーゼ説とか慣習説などといいます。

プラトンのころ、偶然にもプラトンと同じような自然説的な立場から、ある事物がどうしてそのような名前で呼ばれるようになったのか、つまり命名の由来を説こうとした思想家が中国にもいました。孟子（前三七二～二八九ごろ）です。孟子の説はギリシャの語源学のような目的にもとづくものではありませんし、またその数も多くはないのですが、孔子（前五五二～四七九）を継承し、「政、正也」のように声訓によって命名の由来を説いたのでした。

この声訓の方法は戦国時代の末ごろにおこり、漢代にはいって盛んにおこなわれるようになりました。儒教の経典の注釈や緯《い》書（未来のことを予言した書）、子・史部の書――「子」は儒教以外の学問の本、「史」は地理・歴史などの本をいいます――などで多く用いられましたが、声訓の対象となったのは、もっぱら天文・暦・陰陽五行など、神秘的な色彩をおびた名詞などでした。

このような風潮のもとで、声訓の方法を一般の語彙の解釈にも適用して著わされたのが劉熙の『釈名』八巻二十七篇です。劉熙は後漢の末から魏にかけての乱世に生きた人と推測されます。ですからこの書の誕生の背景には、戦国時代からの数百年にもおよぶ声訓の積みかさねがあります。しかし『釈名』は、それらの声訓のただの集大成ではなく、その対象も目的もまったく異なる、語源学の性格をそなえた最初の書です。

内容と体裁

『釈名』が二十七篇で解釈する品物や事がらなどは一五〇二項目の多くにおよんでいます。その二十七篇の内訳は次のとおりです。

巻一：釈天・釈地・釈山・釈水・釈丘・釈道
巻二：釈州国・釈形体
巻三：釈姿容・釈長幼・釈親属
巻四：釈言語・釈飲食・釈綵帛・釈首飾
巻五：釈衣服・釈宮室
巻六：釈牀帳・釈書契・釈典芸
巻七：釈用器・釈楽器・釈兵・釈車・釈船
巻八：釈疾病・釈喪制

その内容はどのようなものであるか、巻一の「釈天」にみえる二つの例をあげます。

日、実也。光明盛実也。

「日」とは太陽のことです。「太陽のことを〝日《ジツ》〟と名づけるのは、それが〝実《ジツ》〟だからである」と、まずその命名の由来を説きます。そして次に、その「実」である理由が「光が輝いて盛んに充実しているから〝実〟なのだ」のように解説がされています。

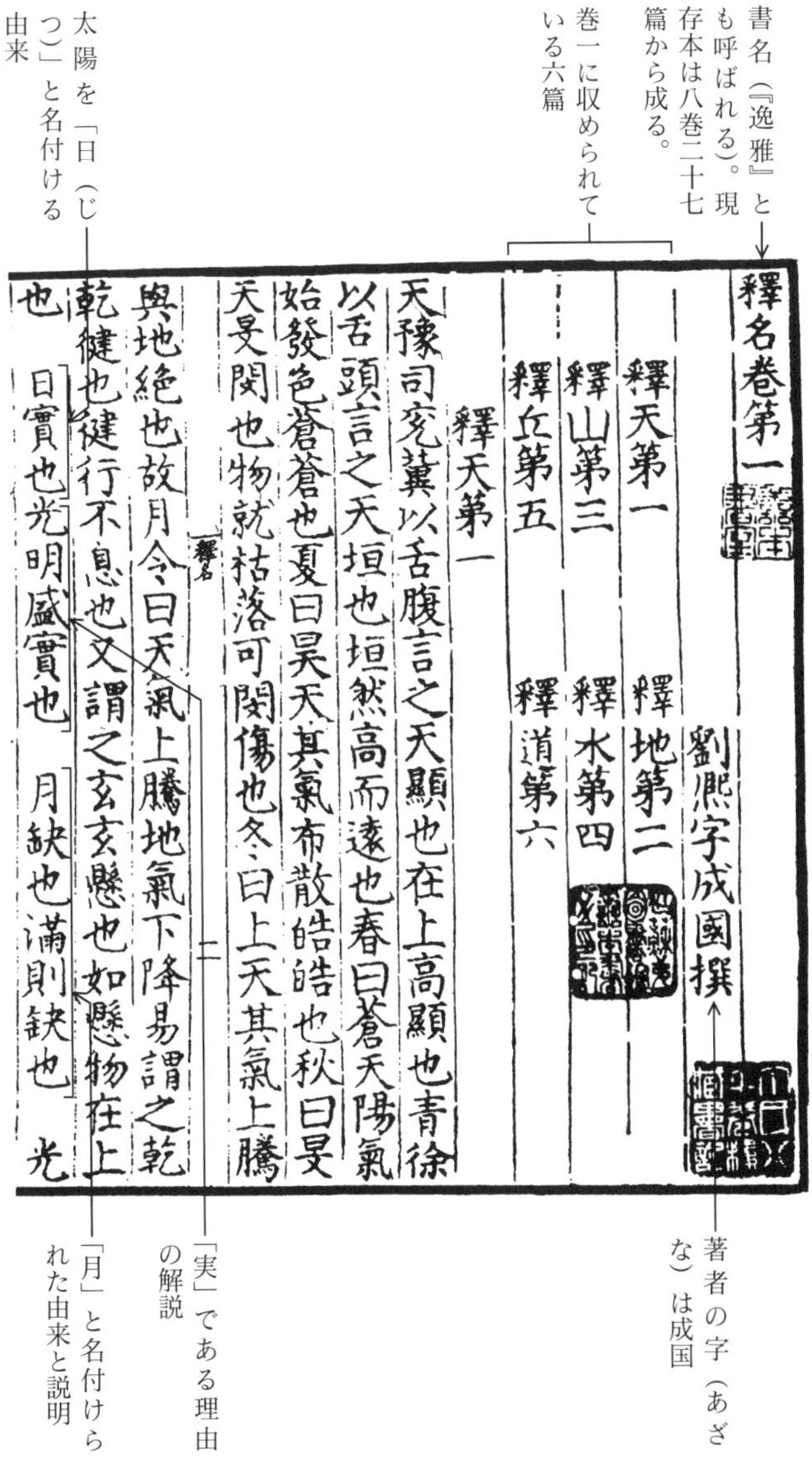
釋名巻第一

劉熙字成國撰

釋天第一　釋地第二

釋山第三　釋水第四

釋丘第五　釋道第六

釋名　二

釋天第一

天豫司兖冀以舌腹言之天顯也在上高顯也青徐以舌頭言之天坦也坦然高而遠也春曰蒼天陽氣始發色蒼蒼也夏曰昊天其氣布散皓皓也秋曰旻天旻閔也物就枯落可閔傷也冬曰上天其氣上騰與地絶也故月令曰天氣上騰地氣下降易謂之乾乾健也健行不息也又謂之玄玄懸也如懸物在上也　日實也光明盛實也　月缺也滿則缺也　光

書影9　『釈名』

月、缺也。満則缺也。

「〝月《ゲツ》〟はなぜそのように名づけられたかというと〝缺《ケツ》〟だからである。月は満つればまた缺《か》（＝欠）けるからである」

このような形式で、すべての文字（語）の語源（命名の由来）が原則として説かれています。

さて、第一章で引用した魯迅の『門外文談』に「海」の字がみえますが（一五ページ参照）、「海」について、『釈名』はどのように説明しているでしょうか。「海」は巻一の「釈水」で次のように示されています。

海、晦也。主承穢濁、其色黒而晦也。

「海のことを〝海《カイ》〟と名づけるのは、それが〝晦《カイ》〟だからである。海は多くの川から流れこんでくる汚いものを引きうけるために、黒くて晦《くら》い色をしている。だから〝海《カイ》〟と名づけられたのである」

『釈名』を著わした劉熙は北海（山東省中部）出身の人でした。彼の知る玄海や渤海《ぼっかい》などは暗い色の海だったのでしょうか。それとも、海は暗いと説いた劉熙の心情には、なにか特別の思いがあったのでしょうか（二〇四ページ参照）。

資料としての価値

劉熙が従った声訓という方法は、こんにちからみれば批判はまぬがれないでしょう。しかし、中国語の語彙や風俗・文化の歴史を探るうえで貴重な資料となります。資料としての価値をまとめてみます。

第一に、いまではその実体がどのようであったかわからない古代の器物や調度品、それに制度や

㊺『釈名』別伝――著者をめぐって

『釈名』の著者は劉熙、これがこんにちの定説です。ところが、『釈名』という同名の書が別人によって著わされているという内容の記事が、南朝・宋の范曄《はんよう》が編んだ『後漢書』にみえるのです。その「文苑《ぶんえん》伝」は、劉熙ならぬ劉珍《りゅうちん》という人物が「『釈名』三十篇を撰し、以て万物の称号を弁じた」と述べています。劉珍は後漢の安帝（一〇七～一二五在位）のときの人で、順帝の永建元年（一二六）に没したといわれます。ただ、この人による『釈名』という書物はいまに伝わっていません。そのうえ、この書について記載しているのは『後漢書』だけで、他に引用する書もありません。そこでこの記事について、次のような推測が生まれました。その一つは、清・銭大昕《せんたいきん》「跋《ばつ》釈名」、郝懿行《かくいこう》「劉熙釈名考」のように、『釈名』の著者を劉珍としたのは范曄の誤りであろうとするものです。これによれば、劉珍の『釈名』はもともと存在しなかったことになります。これに対し、畢沅《ひつげん》『釈名疏証《そしょう》』のように、まず劉珍が『釈名』を著わし、劉熙はそのあとをうけて同書を完成させたのだ、とする説もあります。劉珍の『釈名』をめぐる謎は、なお残されています。

社会生活、風俗習慣などについての記述がみられることです。例えば、戦国時代の末に屈原《くつげん》たちの詩を集めた『楚辞』（二世紀に成立）に「薜茘拍兮蕙綢」という句がみえますが、これに対して後漢の王逸《おういつ》（生没年不明）は「拍とは搏壁《はくへき》のことである」と注しています。しかし、このように注釈されても「搏壁」とはどのようなものか、その実体はわかりません。ところが『釈名』には「搏壁、以蓆搏着壁也」（「釈牀帳」）とあり、これによって「搏壁」が「蓆《むしろ》（いぐさ・がま・わら・竹などで編んだ敷物）を壁にはりつけたもの」だということを知ることができます。

第二に、後漢時代の訓詁・同義語（二〇三ページ参照）・反義語などの辞典として有用です。例えば、「釈山」にみえる「山傍曰陂、山背曰岡、山小高曰岑」（山の脇《わき》を陂《は》といい、背を岡《こう》といい、小さくて高いのを岑《しん》という）のような訓詁や、「釈言語」にみられる「言語・名号・威厳・委曲・艱難」などの連文（意味的に同じ内容をもつ二字（語）から成る熟語）や、相反する意味をもつ字（語）である反義語を組みあわせた「巧拙・善悪・是非・貴賤・吉凶」などは、語彙の歴史を研究するうえでの資料となります。

第三に、漢代の音韻研究の資料となります。声訓は説明される字（語）と同じか、似た音をもつ字（語）による解釈ですので、その関係から、そのころの音韻の一端をうかがい知ることができます。声母についていえば、章炳麟は「古音娘日二紐帰泥説」（一二一ページ参照）を書くにあたって、『釈名』にみえる声訓を引用して自説を展開しています。そのほか、〈軽唇音〉と〈重唇音〉の別（一一五ページ参照）が、そのころはまだなかったことなどの傍証例も得られます。

継承と展開

先ほど紹介したソシュールは、アリストテレスと同様、〈意味〉とそれを示す〈音声〉との結びつきには、自然で論理的・必然的な関係などはなく、社会的な慣習にすぎないと述べています。ところが、劉熙が従った声訓という方法は、意味と音声とのあいだには必然的な関係があるとの立場から語《ことば》の命名の由来を説こうとするものです。ですから、その解釈はともすれば無理な「こじつけ」となってしまいます。例えば、

・「室《シツ》」（部屋）は「実《ジツ》」である。人や物がそのなかに実満して（満ちて）いるからである。（「釈

46『釈名』の日本版

『釈名』にならって、日本語の語彙を気象・時節・地理など二十三部門に分類し、それぞれの語源を説いた書が著わされました。その名も『日本釈名』三巻（一七〇〇）、著者は『女大学』などで知られる貝原篤信《あつのぶ》（号は益軒《えきけん》、一六三〇～一七一四）です。日本語の語源について説いたものはこれより前にもありましたが、「凡例」で語源研究にあたっての原則をはっきり示して説いた書はこれが初めてです。ただ、その語源の解釈のなかには、例えば「夏《なつ》、あつ也。あとな通ず、夏はあつし」（上巻）にみられるような、こじつけとしか思えないようなものも少なくありません。

宮室」）

・「錦《キン》」は「金《キン》」である。これをつくるには努力がいるので、その価値は金のようだからである。故に字をつくるにあたって帛（きぬ）と金を合わせたのである。（「釈綵帛」）

・「襟《キン》」（えり）は「禁《キン》」である。前で交《ま》じあわさって風の寒さを禁禦する（ふせぐ）からである。（「釈衣服」）

これらの例をみれば、声訓が方法として科学的な根拠にとぼしいとの批判はまぬがれがたいでしょう。ところがこの声訓の方法は、のちの世の語《ことば》の義《いみ》の研究に大きな影響をおよぼしたのです。

【右文説から因声求義へ】

それはまず、劉熙から八〇〇年ほどすぎた十一、二世紀の宋代になって〈右文説《ゆうぶんせつ》〉となって蘇りました。その説というのは、意味をになう〈義符〉と発音を示す〈声符〉とから成っている〈形声文字〉（四二ページ参照）の、その声符が語《ことば》の義《いみ》をになっていると主張するものです。『釈名』の、右で挙げた例の「襟は禁である」（「禁」が声符）や、そのほか「酒は酉である」「浮は孚である」などがその先駆けとなっていますが、宋代になると学者たちは帰納的な方法でそれらを整理し、この現象を一つの論として唱えたのでした。

沈括《しんかつ》（一〇三一〜九五）の『夢渓筆談《むけいひつだん》』という随筆集に引用されている王聖美（生没年不明）の『字解』にみえる「淺」（浅、水が少ない）「錢」（銭、金が小さい）「殘」（残、小さい歹《がつ》、砕けた骨）「賤」（賎、小さい貝）という語群を例にとれば、それらの基本となる意味は、声符の「戔《セン》」（小さい）で示されているというのです。声符となる部分の多くは形声文字の右側に置かれています。そこで、これを〈右文説〉というのです。

清朝になると、黄承吉《こうしょうきつ》（一七七一〜一八四二）が「字義起於右傍之説」（字の義《いみ》は〔字の〕右側より起こるの説）（『夢陔堂文集《むがいどうぶんしゅう》』巻二）という論文で〈右文説〉を展開しましたが、ことに安徽や揚州の学者たちはこの考えを積極的に推しすすめ、新しい視点にたった論文が著わされるようになりました。

ことに注目されるのは、王念孫《おうねんそん》（一七四四〜一八三二）のように、もはや形声文字の義符にとらわれることなく、広く同類の音をもつ語を総合し、それによって古代語の義《いみ》を求める――〈因声求義《いんせいきゅうぎ》〉（音によって義《いみ》を求める）といいます――という方法が編みだされたことです。王氏が著わした『広雅疏証《そしょう》』十巻（一七九六）は、ほとんどこの方法を活用しています。例えば、巻六下の「子也」の条では、「兒」を声符とし、どれもが「小さい」を基本的な義《いみ》とする「倪《ゲイ》」（小物・小さい子供）「婗《ゲイ》」（乳児）「麑《ゲイ》」（小鹿）「蜺《ゲイ》」（小形の蟬）などを挙げていますが、これはただ一つ一つの字（語）の解釈にとどまるのではなく、源を同じくする語《ことば》（同源語）の群《グループ》を示そうとしたのではないでしょうか。

【単語家族説の登場】

一九三三年、この古い伝統をもつ研究法にヨーロッパで生まれた言語学の方法をとりいれたカールグレン（一一〇ページ参照）は“Word Families in

Chinese"(「中国語の単語家族」)を著わしました。〈単語家族〉とは、お互いに似た音《おん》の形と共通した基本的な義《いみ》をもっている単語のグループのことです。

さらにカールグレンが示した方法を発展させ、また中国や日本で進歩をとげた中国の古代音や字形の研究成果などを活用して、藤堂明保氏は「上古漢語の単語群の研究」(学位論文)を著わしました。この論文は公刊されませんでしたが、その内容を増補し、解説をやさしく改めた書に『漢字の語源研究』(一九六三、学燈社)があります。藤堂氏は「音の似たものは、原則として共通のイメージを浮かびあがらせる」という基本的な視点から、いわゆる単語群(単語家族と同じ)のとりまとめを試みたのです。例えば、「澄みきっている」という基本的な意味をもつ(と仮定する)「青《セイ》・清《セイ》・晴《セイ》」を語根として、「晶《セイ》」「星《セイ》」などの単語が派生し、そしてそれぞれの単語ごとに漢字がつくられ、あてはめられたのだと解釈し、それを「セイの単語群」と呼んだのです。ちなみに、藤堂氏によれば、先にあげた『釈名』にみられる「海」と「晦」は「悔《カイ》」(心が暗い気持ちになる)や「黒《コク》」「灰《カイ》」などと同系の語《ことば》とされます。中国では、王力『同源字典』(一九八二、商務印書館)がありますが、その後の研究については寡聞にして知りません。

『釈名』につづく語源研究は長い年月にわたって受けつがれることはなかったのですが、劉熙がこの世を去ってからおよそ一八〇〇年ほどを経て、新しい視点のもとで改めて日の目を見ることになりました。しかしながら、たしかに語と語とのあいだに音《おん》の形が似ている例はありますが(一九九ページ参照）、その多くを一つの群《グループ》としてまとめる科学性については反対論もあり、なお検討されなければならない問題も残されているのではないでしょうか。

2 語彙の諸相

語彙研究へのアプローチ

前節で紹介した三種の義書にみられる語彙は、その数も内容も限られていて、それらによって中国語の語彙について広く考えることはとても望めません。そこで、現代の語彙の姿をも視野におさめながら、語彙というものの全般について一応の整理をしてみます。

一言、付けくわえます。言語学という学問領域では、音韻や文法などと同じように、一つの言語の語彙の全体を一つの体系《システム》としてとらえようとします。しかし語彙は、いつも増減しています。新しい語が生まれるかと思えば、他方では必要のなくなった語などは用いられなくなっていきます。語彙の数はまことに多く、しかもそれらには、一つの語がいくつかの意味・内容をもっている**〈多義語〉**や意味が似ている**〈類義語〉**、それぞれの語の表わす意味・内容がおなじ**〈同義語〉**、もともとは外国語であったものが国語のなかに採りいれられた〈借用語〉など（いずれも後述）があり、また地域によってその音《おん》の形や意味・内容が異なる場合もあるので、それらを一まとめにして全体の構造を理解しようとしてもなかなか難しいのです。現在のところ、言語学であつかう部門として〈語彙論〉がありますが、理論的にはまだ十分に解き明かされているとはいえません。そのようなわけで、本書でも語彙については一応の整理にとどまらざるをえないのです。

以下、それらの概略を述べます。

単音節語から多音節語へ

中国語の語（word）は単音節でなりたっている〈単音節語〉を基本とします（一〇ページ参照）。しかし現代語では二音節（二文字で表記）や三音節（三文字で表記）など、いわゆる〈多音節語〉がほとんどです。単音節語から多音節語への移行、例えば、朋→朋友、木→木頭、月→月亮など、これが中国語の語彙が歩んだ歴史の一つです。

第一章で引いた魯迅の『門外文談』の引用文中にみられる「因為」（…なので、…のために）も、唐末・五代のころに著わされ、早いころの白話（話しことば）を知ることができるとされる『祖堂集』（中国初期の禅宗史伝の一つ）などでは、例えば「古人為明異中異、所以重洗面」（古人は異中の異を明かにするために、それで重ねて顔を洗ったのだ）（太田辰夫『中国語史通考』一九八八、白帝社、に拠る。傍点は引用者）のように「為」だけで用いられています。

では、なぜそのような変化がおこったのでしょうか。これは、コミュニケーションをより円滑にするために自然にすすめられた智慧のなせる業《わざ》といえましょう。調査によると、宋代の初めに編まれた韻書の『広韻』（八二ページ参照）の音節の数は三八七七ですが、現代の北京方言の音節の数は約一三〇〇でおよそ三分の一ほどに減少しています。このことは、古代ではお互いに違った音をもっていたのに、現在では同じ音になってしまった語のあることを意味します。例えば、「木・目・暮・幕」などは中古音（一〇三ページ参照）ではそれぞれmuk・mi̯uk・mo^{去}・mâkのような異なった音の形をもっていましたが、現代の普通話《プートンホワ》ではいずれもmú（拼音表記）という同じ音になっています。つまりmúという音節が荷う意味の量が「キ・メ・クレ・マク」のように多くなっているのです。ですから、すべての語が単音節であるならば、同じ音の語が多くなり、その分だけ意味が不鮮明となり、用いられる文脈によって一応は助けられるものの、コミュニケーションに支障をきたす恐れも生じかねません。しかし、もしそれらが二音節であれば、単純に計算すれば一三〇〇の二乗だけ異なった音の組み合わせが得られることになり、それだけ同音のためにおこる混乱を減らすことができます。このような事情から、中国語の語彙の多音節化が時代の流れとともに進められたと考えられます。

ただ一言つけくわえると、多音節の語が多くなったといっても、それらのほとんどが二音節だということです。中国語の音節のそれぞれには声調という高低アクセントがおおいかぶさっているので、一つの語の音節の数が多くなると発音しにくくなるという事情もあったのでしょうか、語の音節の数をなるべく少なくしようとする傾向が認められます。

人間の習性として、ある事柄を伝えようとするとき、その目的がはたせるならば、できるだけエネルギーを費やさず、最小限の労力で効率をあげようとする傾向があります。語の意味・内容を明らかにし、同時に発音に必要とされる労力をできるだけ少なくするという二つの要件を満たすために、二音節語がきわだって多くなったと考えられます。それに倣《なら》ったのでしょうか、日本でつくられた多くの翻訳語も「思想・意識・資本・政治」などのように、「倶楽部《クラブ》」（＜club）、「虎列剌《コレラ》」（＜cholera）などの音訳語のほかは、主に漢字二文字で写されています。

なお、同音による衝突を避けるための工夫の一つに破読《はどく》（二〇二ページ参照）もあります。

音の形の類似性

ある語と語とのあいだで、音《おん》の形が似ていることがあります。例えば、日本語のタケ（人間などの背の高さ・丈）は人のタカ（高）サをいい、タカサはタカ（高）イと関係があります。英語のthieve [θíːv]（盗む）は thief [θíːf]（盗っ人）、theft [θéft]（盗み）と関連が認められます。このような関係にある語のほとんどは〈同源語〉——みなもと・語源（一つの単語が、その形になる元になった初めての形）が同じ語――です。現代中国語（普通話）をみますと、例えばjiàn（みえる）とxiàn（あらわれる）、zhòng（おもい）とchóng（かさなる）、dù（長さを計る単位）とduó（計る）など、似た音と意味・内容を共有する語があります。これらは漢字で書くと上から順に「見・重・度」ですが、このように二つの語を同じ漢字で表記したことは、二つの語の意味・内容のあいだに密接な関係があることを承知していたからでしょう。

一般に、意味の似ている語が同じような音で発話される傾向はどの言語にもみられるようです。これは、連想――ある一つの物事を見聞きしたり考えたりした時、その事になんらかの点で関連する他の物事や考えが思い浮かぶこと（『新明解国語辞典』）――によって記憶しやすくしようとする人間の心理がもたらす結果のようです。

漢字の形声文字についてみてみます。この種の文字はすでに述べたように（四二ページ参照）、〈義符〉と〈声符〉という二つの要素によって形づくられていて、漢字の八〇～九〇パーセントを占めていますが、この義符について河野六郎氏は次のように述べています。

> この義符の添加で最も注意すべきは語の意味分化を明確にすることである。例えば、AC.（中古音）tsïę^{1}という語は互いに関係のある種々なる意味を持つ。「枝」、「分家」、「手足」等いづれも分岐という契機を共有してゐる。この語は恐らく始め「支」という文字を以て示されたが、後

その分化した意味に対してそれぞれの義符が添加された。即ち、「枝」に対しては義符木を加え、「手足」に対しては義符月（肉）が添えられて、支に対し枝・肢の如き文字が作られた。この支・枝・肢は三つの字であるが、語としてはAC. tsie̯[1]といふ一語である。即ち語の多義性を文字の分化によって或る程度救ってゐるのである。

（「諧声文字論」『文字論』一九九四、三省堂、所収、一部補筆）

この論文で河野氏は、「義符の付加は意味論的に甚だ興味があり」「この〔義符の〕意味範疇は全く意味についての範疇であって、語の形態に現れているのではないが古代の中国人が森羅万象に対してその観念を幾種かの範疇に類別した結果」であると説いて、どちらかといえば、形声文字における義符について多く述べていますが、ここでは、語の音が同義の形声文字に共通する面のあることの指摘に着目したいと思います。事実、形声文字の大半は、音声的親縁関係のうえに成立していることは無視できないでしょう。

しかし、一言つけくわえますと、声符が同じだからといって、それらのあいだに必ず関連性があるとは限りません。例えば、「裘」と「求」は声符は同じですが、「裘」字の声符「求」は「もとめる」の意の語で、たまたま同音語の「皮ごろも」を表記するために借用されたものであって、語源的には無縁です（〈仮借〉⇩コラム⓬）。

意味表示の転用

ある言語の話し手が話をする、あるいは文を書こうとするとき、伝えるべきことがらを表わす語が見当たらないときや、そうかといって新しい語をつくることができない場面などに出会った人びとは、すでに習得している語の意味を利用して他の意味・内容を表わそうとする方法を自然に身につけたようです。これが〈意味表示の転用〉、つまりある語をもともとの意味とは違った意味を表わすために用いることです。例えば、魯迅の『門外文談』の引用文中にみえる「頭」は、本来は「アタマ」の意味ですが、その部分が身体のいちばん上にあるという関係を仲立ちとして、現代語(普通話)では事物の先や始まり、例えば「筆頭」(筆の先)「話頭」(話の糸口)や「頭《かしら》・ボス」などの意味に転用するようになっています。日本語のイヌという語は、普通はワンワンと鳴く動物を意味しますが、この動物は臭《にお》いを感じる鼻の働きが発達していて目指すものを嗅《か》ぎだす性質をもっています。この特徴を仲立ちとして、イヌという語を「あいつは敵のイヌだ」のように「スパイ」の意味に用います。意味表示の転用です。

次に挙げる中国語の例は、語の音の形は同じですが、声調を変えることによって意味表示の転用をはかる〈破読《はどく》〉と呼ばれる方法です。文法(語法)ともかかわる事がらですが、ここで紹介することにします。『門外文談』の引用文中の「揮扇」の「扇」がその一例となります。この場合、「扇」は「うちわ」(名詞)の意で普通話ではshàn と第四声で発音されますが、第一声で発音すると「あおぐ」（動詞）の意となります。これが破読といわれるもので、この方法は古代から用いられていました。唐代の陸徳明『経典釈文《けいてんしゃくもん》』や宋代の賈昌朝《かしょうちょう》『羣経音辨《ぐんけいおんべん》』などに多くみられます。例えば「枕」zhěn は普通話では「枕《まくら》」（名詞）と「枕に頭をのせる」（動詞）の二つの意味をもつ語ですが、『羣経音辨』によれば、古代では動詞は去声（いまの四声）で発音されていました。その後、接尾辞――単語のあとについて新しい単語をつくり、また品詞を変える要素です――の「頭」をつけ、名詞の「枕《まくら》」は「枕頭」として用いられるようになり、動詞との区別をはっきりとさせるようになったのです。そこで、語の機能の違いを声調で区別する必要はなくなり、一つにまとめられたのだと考えられます。破読は現代語では少なくなりました。それは、接尾辞や接頭語――単語の前について、調子を整え、意味をつけ加えて新しい単語をつくる要素です――の発達や多音節化（一〇ページ参照）が、声調による意味の区別にとってかわったためでしょう。

ちなみに、普通話にいまもある例をあげますと、「好」hǎo（良い）・hào（好き）、「雨」yǔ（雨《あめ》）・yù（雨が降る）、「遠」yuǎn（とおい）・yuàn（とおざける）、「語」yǔ（ことば）・yù（ことばを話す）、「衣」yī（服）・yì（服を着る）、「妻」qī（女房・家内）・qì（娘を嫁《とつ》がせる）などがあります。

同義語

〈同義語〉とは「〈もと起原が違うので、ニュアンスの相違はあっても〉それぞれの言葉の表わす内容が全く同じ、一群の語。また、その関係にある語」(『新明解国語辞典』、傍点は引用者)のことです。前節でとりあげた『爾雅』に「宮はこれを室といい、室はこれを宮という」(「釈宮」)とあるのが、その例となるでしょう。『爾雅』の編者は「宮」と「室」を同義語としています。また『爾雅』の「釈詁」には「初・哉・首・基・肇・祖・元・胎・俶・落・権輿、始也」の例があります。これは「初」から「権輿」までの十一語が、古籍のある文脈で「始」の意味で用いられている、つまりそれらは同義語であることを示しています。

ここで、いわゆる同義語と呼ばれる語彙について考えてみます。日本語では「母親」を「ハハ・ハハウエ・ハハオヤ・オカアサン・オフクロ」、「父親」を「チチ・チチウエ・チチオヤ・オトウサン・オヤジ・チャン」などと、その時と場合によって使いわけています。しかしこれらは、どの言い方をしても、指し示される意味は同じです。ハハといってもオフクロといっても「母親」に変わりはありません。これを〈明示的意味〉とか〈ディノテーション〉(denotation)などといいます。

しかし、これらの語彙の用いられ方には、ある種の感情的な意味(親しみ、馴々《なれなれ》しさ、改まった感じ、など)がともないます。これを〈副次的意味〉〈情的意味〉とか〈コノテーション〉(connotation)などといいます。『釈名』のところで「海は晦である」の例をあげました(一八八ページ参照)が、そこで述べたように、編者の劉熙は、あるいは「海」に対する副次的な意味を表わすために「晦」(暗い)という語によってその解釈を示したのではないでしょうか。この項目のはじめに引用した同義語についての辞書の記述にみえる「ニュアンス」はコノテーションに置きかえられましょう。「ニュアンスの相違」に傍点をつけたのはこのためです。このような「意味」をも視野にいれるならば、語彙の世界に、まったくの同義語などはない、といえるのではないでしょうか。

語彙の収集や研究は、これまではおおむね辞書の編集者に委ねられてきたといえるでしょうが、従来の辞書の記述にはこの点に対する配慮を欠いている例も少なくありません。しかし微妙なニュアンスの違いを追究することによって、それぞれの語の性格を明らかにすることができるのですから、同義語の研究は語彙研究の基礎的な分野であると思われます。理想をいえば、例えば『爾雅』にみえるような「初は始の意味である」といった同義語に置きかえるかたちではなく、定義の方式によって、しかも副次的な意味をも記されることが望ましいのです。なお、次項の〈類義語〉もあわせてご一読ください。

以下は余談です。コノテーションを十分に活用した語彙の用いられ方の一つとして、四季の感じを表わすために、歌や句に詠みこむように定められた言葉とされる「季語」があげられようかと思います。一例をあげます。『万葉集』のおわりに「雪」という季語を用いた大伴《おおとものやかもち》家持の歌が載っています。

新しき年の初めの初春《はつはる》の今日降る雪のいやしけ吉事《よごと》

この和歌は天皇に代わって因幡《いなば》の国司（諸国に置かれた地方官）として国郡の司《つかさ》（役人）たちに新年の祝賀のことばを述べた歌ですが、俳人の宮坂静生氏は次のように述べています。

雪はよき御代への称美であり、かつ稔《みの》りの秋を予祝する瑞兆《ずいちょう》〔めでたい前兆〕として称えられている。雪が単に季節の景物ではなく、よきことを称える象徴であったり、予め称えることで、稔りを確実なものにする兆しと考えたりすることは、そこに、古くからの長い間の伝承が記憶されている証ではないか。

（『季語の誕生』岩波新書、二〇〇九、岩波書店、一部補筆）

ここでは、雪がただの「冬に空から舞いおりる白く冷たい結晶」ではなく、そこには豊かな副次的意味がこめられ用いられているのです。

類義語

語の意味・内容が似ている、例えば「まざる」と「まじる」、「うめる」と「うずめる」、「つくる」と「こしらえる」、「美しい」と「きれい」のような語が〈**類義語**〉と呼ばれます。実際は前項の〈同義語〉との境界はそれほど明確ではありません。英語のsynonymが同義語、類義語のいずれにも置きかえられていることからも明らかですが、「同じ」と「似ている」ということから本書では一応、別の項目としました。

『門外文談』の引用文中に「屋子」があります。この「部屋」を意味する単語には「房子」もありますが、両者にはどのような違いがあるのでしょうか。ただ方言の違い――「房子」は南方の方言といわれます――というだけで、それぞれがもつディノテーションやコノテーションは同じなのでしょうか。同義語の項目のところで述べたように、一つの言語のなかで、まったく同じ意味・内容をもつ語が二つ、あるいはそれ以上あるということは、厳密にいえば、ないと考えられます。その違いを明らかにすることが語彙の研究には肝要かと思いますが、類義語と呼ばれる語彙についてもそれぞれの違い（意味・内容、用法やその範囲、対象、コノテーションなど）が明示されることが望まれます。いわゆる『類義語辞典』などではその配慮もなされていますが、一般の辞書にもこの点に対する心配りが必要かと思います。

ただ、改善の兆しもみられます。日本語についての一例をあげます。それは、近ごろ十年ぶりに改訂されたという『岩波 国語辞典』の第七版（二〇〇九）にみられる記述です。そこでは「ひとつひとつの言葉の意味の核心をどう把握し、他の語との差をいかに的確に示すかを追求してきた」が「このたびさらに語義解説に磨きをかけ」た（広告文の一部）といいます。その内容をみると、例えば「やかましい」と「うるさい」の二語の違いは

「やかましい」①不快に感ずるほど声・音が大きい。…

「うるさい」①わずらわしい（感じだ）。面倒で、または、しつこくされて、やりきれない。…
▽「やかましい」が外界の状態を言うのに対し、そのやかましさが原因で生ずる心の状態を主とする。…（以上、一部省略）

このように記述されています。辞書の記述として望ましい体裁の一つだと思います。

しかし残念ながら、古代中国で編まれた辞書にそこまで期待することはできません。そこまで望むのは酷というべきでしょう。現代にいたっても、中国語の語彙の研究にはさらに深められなければならない課題が残されているほどですから。これからの追究に期待したいと思います。

語の多義性

どの言語でも、どれほど多くの語彙があるとしても、それらによって森羅万象《しんらばんしょう》のすべてを表わすには、おのずから限界があります。そのため、先に述べたように〈意味表示の転用〉がおこなわれ、一語でいくつかの意味・内容を表わすようになる、つまり一語が多くの意味をもつようになるのは自然の勢いです。『爾雅』にみえる訓詁に「班とは賦のことである」とあるけれども、その「賦」には「はかる」「おさめる」「くばる」の意味があって、どの意味で解釈しているのか不明確であるという例をあげましたが（一五五ページ参照）、これが語の多義性ということで、多義性をもつ語を〈多義語〉と呼びます。多義語にはどうしても紛らわしさがともないます。その紛らわしさは、その語が用いられる文脈によって多く避けられますが、辞書の記述などでは、その語の意味・内容を、このようであるとはっきり定義する方式によるのが望ましいでしょう。『爾雅』にみえる「寡《か》」と「鰥《かん》」を例とします。「寡」は多義語で、『爾雅』によれば「すくない・すくなくする・少人数・やもめ」などの意味をもっており、「鰥」は「まるく太った大魚の名、年をとって妻のない男」などの意味があるとされます。その多義による曖昧さも「老而無妻曰鰥、老而無夫曰寡」（年をとって妻のない男を「鰥」といい、夫のない女を「寡」という—『孟子』「梁恵王・下」）のように、定義式に注釈してくれれば解消されます。『爾雅』十九篇のうち、はじめの三篇をのぞくと、いずれもこのような定義によって、不十分さは否めませんが、語の意味・内容が示されています。例えば、水流の大きさに従って変わる呼び名について「水の川に注ぐのは谿《けい》といい、谿に注ぐのは谷《こく》といい、谷に注ぐのは溝《こう》といい、溝に注ぐのは澮《かい》といい、澮に注ぐのは瀆《とく》という」（「釈水」）と解説し、また稲の害虫について「苗の芯を食べるのは螟《めい》、葉を食べるのは螣《とく》、節を食べるのは賊《ぞく》、根を食べるのは蟊《ぶ》である」（「釈虫」）などがそうです。

一語一義の場合を〈多義性〉に対して〈一義性〉といいますが、科学などの術語——これらは正確な記述が求められるので、一義的でなければなりません——を除いて、普通の言語では一義性の語は少数です。

語彙の借用——外来語の導入

借用とは、ある言語（方言）の話し手が、他の言語（方言）から、それまで自分の言語（方言）になかった語彙や文法・音韻などを、思想や文化・文物などとともに採りいれることです。ことに語彙は、文法や音韻などよりも、はるかに社会や文化などの時代的な変化をうけるものですが、それらは〈借用語〉と呼ばれます。

三〇〇〇年にもおよぶ歴史をもつ中国は、激動の時代をたびたびくぐりぬけてきました。しかし、十九世紀の末ごろになってからの数十年は、中国の歴史のなかでも社会の変動がもっとも激しかった時代といわれます。言語《ことば》の世界、とくに語彙についても同様で、それまでにはみられなかったような急速な展開と発展をみせました。それは、近代日本の基礎を築いた明治維新のときとおなじように、ヨーロッパ文明との接触からはじまります。ヨーロッパの新しい科学知識をもたらす書籍は明《みん》代から紹介されてはいましたが、一八四〇年から四二年にかけての阿片《アヘン》戦争——清朝が阿片の輸出入を禁止したことからイギリスと清国とのあいだにおこった戦争です——ののち、いわゆる洋務運動——西洋の近代的な技術を採りいれ、軍事工業を建設しようとして清朝がとった近代化政策です——の時代にはいると、ヨーロッパの科学技術を導入するために、なによりも多くのヨーロッパの書籍の翻訳が求められました。

その結果、「賽因斯《サイエンス》（science）・摩登《モダン》（modern）・沙発《ソファー》（sofa）」や、「玄学（形而上学）・天演（進化）・計学（経済学）」、それに日本語から借用した、「思想・意識・政治・文明・哲学」などなどの新しい言葉、つまり借用語が中国語のなかに採りいれられるようになりましたが、現代語の語彙に大きな影響をおよぼすのは一八九〇年代以後のことです。一八九五年、日清戦争で敗北した中国の人びとの、ヨーロッパの近代文明に対する関心は一段と広まるとともに、儒教的で封建的な制度や古い文化に反対し、新しい文化の樹立を推し進める活動がおこりました。そしてそれが、いわゆる五・四運動――一九一九年五月四日、北京大学でおこった学生デモ隊と軍隊・警察とが衝突した事件をきっかけとして、中国の民衆が反封建・反帝国主義を唱えた運動です――の原動力となったのです。この五・四運動からのちの語彙の発展はとくに目覚ましいものでした。

音訳語と意訳語

新しく生まれた語彙のほとんどは外国語からの借用によるものでしたが、その受けいれ方にはおおむね三つの方法がありました。

第一は、右であげた「賽因斯《サイエンス》」のように、外国語をそのまま音訳する――音訳された語を〈音訳語〉といいます――方法です。この音訳は五・四運動の時期のころ多く用いられました。それには大別して次の三種があります。

(1) 漢字にそなわっている義《いみ》には関係なく、外国語の音に近い漢字を用いて、つまり漢字を表音文字として原音を写しとろうとするもの、例えば、「印貼利根追亜《インテリゲンチヤ》」(拼音：yìntiēlìgēnzhuīyà＜intelligentzia)「生的悶特《センチメンタル》」(shēngdìmēntè＜sentimental)「骨絡特斯克《グロテスク》」(gǔluòtèsīkè＜grotesque)「意徳沃羅基《イデオロギー》」(yìdéwòluójī＜ideology) などです。

(2) 音訳語でありながら、用いられる漢字は同時に義《いみ》をも表わしている、つまり意訳（後述）をもかねているもの、例えば、「維他命《ビタミン》」(wéitāmìng＜vitamin)「引得《インデックス》」(yǐndé＜index) などです。

(3) 音訳語に意訳の語を加えたもので、そのつくり方は声符と義符をあわせもつ形声文字のようです。例えば、「卡片《カード》」(＜card)——「卡」は kǎ の音をもつ字、つまり声符で、「片」piàn は「平らで薄い物」の義《いみ》をもつ字、つまり義符です——や「拖拉機《トラクター》」(tuōlājī＜tractor)「巴蕾舞《バレー》」(bālěi-wǔ＜ballet) などがあります。

これらの音訳語、ことに(1)の類は、しだいに用いられなくなっていきます。さらに、音訳語として生き残ることのできたのは、「打《ダース》」(dá＜dozen) や「米《メートル》」(mǐ＜meter) などの一音節（一文字）語や、せいぜい「雷達《レーダー》」(léidá＜radar) や「維他命《ビタミン》」のような二、三音節（二、三文字）までのものでした。第一章で紹介したように、漢字は「一字一語」を原則とする文字です（二四ページ参照）。二字以上で形づくられる語は、それぞれの語の義《いみ》が合わさったものとして理解されます。本来そなわっている義《いみ》を漢字から取りのぞき、ただその音だけで語を表記することなどは、中国の人びとにとって馴染《なじ》めるものではなかったと思われます。ことに「印貼利根追亜」のような六文字もの意味のない漢字の羅列などは、中国語のなかにおさまるはずのないものだったのです。それはやがて「知識分子」という中国語に、そしてセンチメンタルは「感情的」、グロテスクは「奇怪的」、イデオロギーは「思想体系」などにとってかわられました。漢字で表記される中国語という言語に採りいれられた、音訳語の宿命ともいうべきものでしょう。

日本語のように、中国生まれの語彙をそのまま「漢語」として、漢字の音とともに受けいれ、その一方でヨーロッパ生まれの語彙は、漢字をもとにつくられた片仮名という表音文字で、「センチメンタル」「グロテスク」などのように原語をそのまま採りいれる言語《ことば》とは大きな違いがみてとれます。

第二の外来語彙の受けいれ方は、外国語の意味・内容を中国語に移しかえる、いわゆる意訳です。意訳された語を **〈意訳語〉** と呼びますが、この意訳語には大別して次の二種類があります。

(1) 外国語の意味・内容を忠実に生かすように訳したものです。例えば「籃球」(basketball) は「籃」(かご＜basket) と「球」(ボール＜ball) の二つの意味が合わさって一語を形づくっています。あたかも〈会意文字〉のようです (四二ページ参照)。同じようにしてつくられた語に「足球」(foot-ball)「馬力」(horse-power)「蜜月」(honey-moon) などがあります。

(2) 外国からもたらされた新しい事物に名づけたものです。これらを借用語と呼ぶのには異論もあるようですが、ひとまず意訳語としてここに示しておきます。「自行車」（自転車）「水庫」（ダム）「菌苗」（ワクチン）「火箭」（ロケット）などがその例です。

第三は、日本語からの借用です。同じく漢字で表記されていて違和感はなく、西洋文明を中国より一足早く導入し、翻訳をとおして日本語として定着した語彙をそのまま借用しました。「場合・故障・任務・観点」など少なくありませんが、五・四運動以前と比べるとその数はとても少なくなったようです。

満州語からの借用

西洋文明の洗礼をうける前にも、中国語は外国の言葉を借用するという経験はありました。仏教の東進とともに伝えられたサンスクリット（古代インドの言語）の音訳「阿弥陀」（＜Amitāyus）「釈迦」（＜śakya）や、西域のことばBudawを音訳したといわれる「葡萄」（pútao）、チベット語Lama（ラマ教の高僧）の音訳「喇嘛」（lǎma）などがその例です。しかしそれよりのちは、外国生まれの語彙を自国語に採りいれることにあまり積極的ではなかったと思われる漢民族ですが、満州族の清朝による三〇〇年におよぶ統治のもと、多くの満州族の人びとが北京に居住することになって北京の漢民族との交流も深まり、中国語に満州語が採りいれられるようになったのも、自然の勢いといえましょう。それらのうち、いくつかの例を紹介します。

(1)「挺」(拼音：tǐng)…『新華字典』によると、「很(とても)・極(もっとも・きわめて)・甚(たいへん・はなはだしい)・非常(たいへん・とても・非常に)」の意味を表わす語です。北京語だけではなく、華北方言や西北方言・東北方言などでも「挺好」(とても良い)などのように用いられているようです。この語は満州語のten(「とても」の意)に由来するといわれます。もともとは建州の女真《じょしん》族——満州東部の森林地帯の原住民ツングース族の一派です——の言葉でしたが、満州語の方言のなかには語末のnをngと発音したり、なかにはnとngの区別が明確でないところもあって、建州音のnは満州語の多くの方言でngと発音され、その結果、tenは満州語の口語にtengとして採りいれられました。そしてこのtengが「とても」という原語の意味とともに中国語に借用され、「挺」字がその表記にあてられたというのです。

(2)「哈喇」(拼音：hāla)…『新華字典』によると、「油を含んだ食物が日が経つにしたがって味が変わってしまう」の意を表わします。この語は「鼻にツンとくる(鼻に強い刺激をうける)」の意味をもつ満州語のhar(seme)に由来する借用語だといわれます。これが中国語に採りいれられ、北京語などで「那个油餅児擱了三天、那hara啦(haは一声で発音)」(あの油餅児〔小麦粉をこねて油で揚げたもの〕は三日前のもので、鼻にツンときて、とても食べられないよ)のように用いられるようになり、やがてhalaを表記する「哈喇」がその語にあてられるようになったようです。

(3)「邋遢」（拼音：lāta）…『新華字典』によると「不利落・不整斉」（だらしがない）の意を表わす語です。ことに清朝の中期よりのちには、小説やその他の文芸作品などに「邋遢鬼」（だらしのないやつ）のように用いられたといわれますが、これも満州語の latelata の lata を借用し、漢字で表記したものだそうです。

(4) 以上にあげたのは、いずれも漢字で表記された満州語からの借用語の例ですが、漢字で写されることのないまま日常の会話で用いられている、満州語に由来する語彙はかなり多いようです。これも北京語の特徴の一つでしょう。一例をあげます。北京の「土話《トゥーホワ》」（狭い地域で用いられている方言）で「打」（dǎ）の代わりに kei がよく使われるようですが、それを写す漢字はないようです。「打人」（人を殴る）は「kei 人」、「打架」（殴り合いのけんかをする）は「kei 架」といい、やがて「人を責める」「叱る」の意を表わすのにも、例えば「挨了一頓斥児」（ひどく叱られた）も「挨了一頓 kei」のように kei が用いられるようになっていきました。この kei は満州語の koikašambi（koi は kei と発音）「殴り合う」に由来するものです。

ヨーロッパに門戸を開いた中国では、一九二〇年代になると北京の話しことばに英語からの借用（音訳）語もとりこまれるようになりました。一文を紹介します。

嘿！你楼（楼楼）、那咪斯是誰？　盤児亮啊！
（おい！　見ろよ、あの娘《こ》はだれだい？　べっぴんさんだぜ！）

注釈を加えます。「嘿」（hēi）は呼びかけの「おい」でもともとの中国語ですが、「二階建て以上の建物」を意味する「楼」（lóu）は英語のlook（看る）の音訳であり、「ネコの鳴き声」などの意を表わす「咪」と「これ・この・ここ」の意を表わす「斯」とが合わさってつくられた「咪斯」（mīsī）は、英語のMiss（成年の女性）を借用（音訳）した語です。そして「盤児亮」（pánr liàng）は満州語からの借用語だそうです。満州語では「きれいな人」をkuwarlingといい、この語が中国語にとりこまれ、語頭のkがpにかわって「盤児亮」と表記されるようになったといわれます。辛亥《しんがい》革命――一九一一年（辛亥の年）十月十日、清朝を倒すためにおこった革命で、中華民国の建設のきっかけとなりました――ののちは、満州語の学習が禁止されたこともあって、北京でも中国語に採りいれられた満州語について知る人も少なくなったようです。（この項は、愛親覚羅瀛生『老北京与満族』二〇〇八、学苑出版社、を参考としました）

第四章

中国語の〈文法〉のはなし

1　中国語の基本的な文構造

中国語の文法は変化したか

言語は体系（system）を形づくり、その体系のなかで語句と語句とがつながって「文」をつくっています。この文をつくるときの法則《きまり》がいわゆる〈文法〉です。では、その文法研究の対象となる中国語という言語の文の構造（structure）――文を構成している要素、つまり語や句がどのように組み立てられているか、その組み立てられ方です――は、古代から現代にいたるまでにどのような変化をとげたのでしょうか。その問いに対する答えは「基本的な文構造は、殷代から現代にいたる三〇〇〇年という長い道程《みちのり》を歩みつづけながらも、ついに変わることはありませんでした」です。

もっとも、近・現代に近づくにつれて、文化や経済などの発展とともに、次つぎと新しい表現の方法が生みだされるようになりました。介詞（前置詞）を一例とするなら、古代では「於」「乎」

など少数しかありませんでしたが、中世よりのちになると多くの介詞が登場したこともあって、古代の「読書於家」という文は「在家里読書」のように変わりましたし、動詞のうしろについて方向や結果などを示す助動詞なども増え、基本となる文構造を補う表現法が採りいれられるようになりました。そのようにして形づくられたのがこんにちの中国語です。

基本的な文の構造

三〇〇〇年にわたって変わることのなかった文の構造は五つです。古代（周・秦・漢ころ）の具体例（出典は省略）を引いて次に示します。

①主述構造

「AがBする」「AはBである」の意を表わします。主語（A）は前に、述語（B）は後に置かれます。

(a) 燕人・叛（燕《えん》人が叛《そむ》く）…述語は動詞
(b) 伯夷・隘（伯夷《はくい》は隘《せま》し）…述語は形容詞
(c) 周公・弟也（周公は弟なり）…述語は名詞
(d) 待・久（待つこと久し）…主語は名詞化した動詞や形容詞

②**修飾構造**

AがBを修飾することを表わします。修飾語（A）は修飾される語（B）の前に置かれます。

(a) 白・石（白い石）…形容詞で修飾

(b) 甚・急（甚《はなは》だ急なり）…副詞で修飾

(c) 三・仕（三たび仕《つか》う）…数詞で修飾

(d) 是・人（是《こ》の人）…指示詞で修飾

③**並列構造**

AとBとが対等に並ぶものです。

(a) 斉桓・晋文（斉の桓公と晋の文公）
　富与貴（富と貴）
　…名詞の並列

(b) 恭而安（恭にして安なり）
　仁且智（仁にして、かつ智なり）
　…形容詞の並列

(c) 拝・起（拝して起《た》つ）
　酔而臥（酔いて臥《ふ》す）
　…動詞の並列

(d) 五十如六十（五十もしくは六十）…数詞の並列

④補足構造

Aという動作や行為のおよぶ事物をBで補うものです。動詞（A）は前に、補足の語（B）は後に置かれます。

(a) 好・戦（戦いを好む）…対象の補足

(b) 適・周（周に適《ゆ》く）
升於堂（堂に升《のぼ》る）…場所の補足

(c) 有・道（道が有る）
立・春（春が立つ）…有無や出没という現象にかかわる事物の補足

⑤認定構造

Aが否定・可否・当否などの認定を、Bがその内容を表わすものです。認定の助動詞（A）は前に、動詞（B）は後に置かれます。

(a) 不・行（行かず）
未・知（いまだ知らず）
非・馬（馬にあらず）
勿・視（視るなかれ）…否定の認定

(b) 如・露（露の如し）…類似の認定

(c)可・欺(欺《あざむ》くべし)…許可・可能性の認定
(d)当・知(まさに知るべし)…当然性の認定
(e)須・言(すべからく言うべし)…必要性の認定
(f)宜・行(よろしく行くべし)…適否の認定

以上です。どれほど複雑な表現でも、右であげた五つの基本構造の組み合わせから成っていると解されます。それだけではなく、いわゆる「熟語」というものも、このような基本構造の原理にしたがって並べられた二つの語が、広く用いられているうちに、いつしか固く結びついてしまったものとして説くことができます。例えば、

(1)主述構造から成っている熟語…地震(地が震《ふる》う)・雷鳴・日没・人造・国立など
(2)修飾構造から成っている熟語…老人(老いた人)・激動・速成・再会など
(3)並列構造から成っている熟語…人民(人と民と)・土地・上下・多少・往復など
(4)補足構造から成っている熟語…成功(功を成す)・失望・植林・乗車・降雨など
(5)認定構造から成っている熟語…不良(良くない)・非法・未知・当然など

このほか熟語には、例えば、「君子・弟子・貧者・儒家」などのように、接辞をつけてつくられたものもあります。(以上は、主に『中国文化叢書1 言語』一九六七、大修館書店、所収の、藤堂明保

「序説」に拠っています）

殷代・卜辞の構造

では、殷代の甲骨文で記された卜辞《ぼくじ》が、右で示した文の基本構造と合うかどうか調べてみます。ただ、①の主述構造と③の並列構造の二つはどの言語でもほぼ同じですので省略します。

②修飾構造…卜辞でも「A（修飾語）＋B（被修飾語）」の順序となります。例「小臣」（小さな・臣）「大雨」（大きな・雨）「三百羌」（三百の羌《きょう》（種族の名））「我西鄙国」（我が・西鄙《ひ》の・国）「我家旧老臣」（我が・家の・旧・老・臣）など。

④補足構造…補足する語は動詞の後に置かれ、また後世の中国語と同じように「于（於）」という介詞を用いています。例「伐邛方」（邛方《こうほう》（他部族の名）を・伐《う》つ）「用三百羌于祖丁」（三百羌を・祖丁に・用う（犠牲として供用する））など。

ただし、例外もあります。例えば「帝其又我、帝不我又」（帝、それ我を又《たす》（佑）くるか、帝、我を又けざるか）のように、補足語が代名詞や指示詞で、しかも否定がその上にある場合は「不又我」とはならずに「不我又」となるのです。この例外的な構文は、周よりのちの古典に、例えば「不我知」（我を知らず）「不己知」（己《おのれ》を知らず）「未之聞」（いまだ之《これ》を聞かず―以上『論語』）のように、しばしばみられます。

⑤認定構造…卜辞には、例えば「不雨」（雨ふらず）「弗允出」（允《まこと》に出《い》でず）「不亦出」（また出でず）のように、後世の中国語と同じく否定を表わす「不・弗・勿」が用いられていて、その語順も同じです。

また、例えば「去不去？」（行きますか）のように、「A不A」と尋ねる疑問の型式も卜辞では多く用いられています。

(1) 乙丑卜、貞、今夕雨不雨（乙丑《おっちゅう》に卜《ぼく》す、貞《き》く、今夕雨ふるや雨ふらざるや？）

(2) 丙寅卜、貞、今日雨不（丙寅《へいいん》に卜す、貞く、今日雨ふるや不《いな》や？）

(1)の型は、現代語の「你去不去？」と同じ、(2)は「你去麼？」の型に近いと説かれます。なぜなら、近世の「麼」は文末に置かれる「否」「未」などから変化したものだからです。『史記』「蘇秦《そしん》伝」にみえる「吾舌尚在否」（我が舌、なお在りや否《いな》や？）という疑問文は、この(2)の型を継いだものと解されます。ちなみに、卜辞では、後世に多く用いられる「可・当・須…」など認定を示す語はまだ用いられていないようです。

以上から明らかなように、ここではその一々は省略しましたが、数詞と名詞の並べ方（「一頭牛」ではなく「牛一頭」という言い方）や、補足語を動詞の前に置く言い方など、いくつかの例外はあるものの、殷代の文の構造の基本は、周代より後の中国語と同じと認められましょう。

2 文法研究の夜明け前

文法研究と中国語

文の構造の体系を明らかにしようとする文法研究（文法学）、それは中国の言語研究のなかで最も遅く芽生えた領域でした。インドでは、中国の戦国時代にあたる紀元前四、五世紀のころには、すでにパーニニ（生没年不明）によってサンスクリット（古代インドの言語）についての八篇から成る世界最古の文法書が著わされました。アメリカの言語学者ブルームフィールドは、この文典を「人智の最大の金字塔の一つ」であり、「こんにちに至るまで、いかなる言語も、これほど完全に記述されたものはない」（『言語』）と賞賛しています。また漢の恵帝から文帝にかけてのころ（前二世紀）のギリシャでは、ディオニュシオス・トラクス（前一七〇～九〇）がギリシャ語の文法書を著わしました。名詞・動詞など八品詞の別を設けたこの文法書は、中世から近世まで継承され、ひいてはヨーロッパの多くの言語の文法書をつくる基礎となったといわれます。

ところが、インドやギリシャと並ぶ古代文明を誇る中国での言語研究といえば、もっぱら漢字の「形・音・義」にかかわるものであって、文法に関する認識はほとんどなかったようです。独立した学問としての文法研究がはじまったのは、それから二〇〇〇年以上も過ぎてから編まれた『馬氏《ばし》文通《ぶんつう》』（二四〇ページ参照）からでした。ではなぜ、中国では文法研究がおこらなかったのでしょうか。それは、中国語という言語の特質に求められるでしょう。第一章のはじめに述べたように、中国語は孤立語で、それぞれの語（word）に名詞の「曲用」（性・格・単数・複数などによる語形の変化）や動詞の「活用」などの文法的な機能を示す標識《マーク》が含まれていないのです。このような言語では、語どうしの文法関係は主として語順によって表わされます。ですから、本来は文法学によって説かれるべき語の内部構造や、語と語との結びつきの型式などは考察の対象とされないまま、体系的な文法研究の誕生は、ヨーロッパの文法学の導入まで待たなければならなかったのです。

文法研究の前史——虚詞の探究

もっとも、中国古代の学者たちが、文法的な事がらについて、まったく関心がなかったというわけではありません。いわゆる〈虚詞《きょし》〉（虚字・助辞・助字・助語辞などとも）——その内容については諸説がありますが、文法の範疇《カテゴリー》という視点からみれば、名詞・代名詞・形容詞など実質的な意味をもつ語（これらは〈実詞〉〈実字〉などと呼ばれます）に対し、助詞など文の組み立てを助ける語、という共通の理解があると思われます――についての考察が、そのことを物語っています。

虚詞について述べた最初の文献は、漢代の『詩毛伝』――漢代初めの毛亨《もうきょう》・毛萇《ちょう》による『詩経』の注釈書です――や、孔安国による『古文尚書《しょうしょ》』（『書経』）の注といわれています。また、『説文解字』や『広雅』『文心雕龍《ぶんしんちょうりゅう》』――六朝時代、劉勰《りゅうきょう》（四六六〜五二一）の著で、中国最初の体系的な文学評論集です――など、多くの著作も虚詞について言及しています。

これらは、虚詞を文法上の機能をはたす語としてみるのではなく、あくまでも経書の訓詁（解釈）という視点からなされた考察であって、文をつくるうえでの法則である文法を述べたものとはいえません。しかし文法研究に先立つものとしての価値はあります。そこで、虚詞についてまとめて述べている二書をとりあげ、その内容の概略を紹介することにします。

『助字辨略《じょじべんりゃく》』

五巻。著者は清・劉淇《りゅうき》（生没年不明）、確山（いま河南省）の人です。この著述は、訓詁学という立場からおこなわれた〈助字〉、すなわち虚詞の研究書（一七一一序）です。先秦から宋・元までの経伝（聖人が著わした経書とその注釈）・諸子（古代の思想家の書）・詩詞・小説などから四七〇余の虚詞を採集し、それらを「重言・省文・語助・断辞・疑辞…」など三十種類に分類しています。虚詞をこのように分類して示したのは初めての試みで、その意味では評価されます。ただ残念ながら、その分類に曖昧《あいまい》さがあって混乱をまねいている点があります。

例えば、「重言」は同じ義《いみ》の虚詞を重ねた「庸安」「庸何」(「庸・安・何」はいずれも「どうして・なぜ」という反問を表わす語)などを収めています。これは、その型式にしたがった分類と理解されます。ところが、三十種の分類の一つである「僅辞《きんじ》」(程度副詞)「幾辞《きじ》」(時間副詞)などは、語の意味・内容によってまとめられています。また「発語辞」(句の頭につく語気詞)「語巳辞《ごしじ》」(句の末につく語気詞)などは、語気(そのときの気分や感情を表わします)によった分類です。さらには、「省文」(省略された字句)「倒文」(順序が逆になった語順)など、どうみても虚詞の分類とは認められないものもあります。

また、次のような点もみられます。助字(虚詞)とされる、それぞれの字(語)の下には多くの典拠を挙げ、「正訓・反訓・通訓・借訓・互訓・転訓」の六種の訓詁の方法によって解釈をくわえていますが、虚詞と実詞の別についての明確な区分がいまだなされていなかったのでしょうか、挙げている典拠のなかには、説き明かそうとする語の類別に混乱がみられます。例えば「之」を助字として説明するにあたって、劉淇はその典拠として次のような例を示しています。

(1)『詩経』「国風」の「葛之覃兮」(葛の延びるや)「公侯之事」(公侯の事)

(2)『詩経』「小雅」の「之屏之翰」(これやこれ、屏翰《へいかん》(主君を支える重臣))

(3)『論語』「公冶長篇《こうやちょう》」の「子路有聞、未之能行」（子路、聞けることあり、未だこれを行う能わざれば）

(4) 張曲江「歳初処分敕《ちょく》」の「天下黔黎、皆朕赤子、以誠告示、共或之帰」（天下の黔黎《けんれい》〔人民〕、みな朕が赤子《せきし》、誠を以て告示す。共に或いはこれに帰らんと）

(5) 韓退之「進士策問」の「抑所指各殊而学者不之能察也」（そもそも指すところ各々《おのおの》殊《こと》なり、学者これを察すること能《あた》わざるか）

参考のために添えた訓読からも明らかなように、これらの例のうち、(1)の『詩経』にみえる二つの「之」だけが文の組み立てを助ける虚詞（助字）であって、ほかの「之」は「指示代名詞」（「これ・あれ」など）と解されるべきでしょう。

㊼虚詞についての最初の書

虚詞について著わされた最初の書は、元・盧《ろ》以《い》緯《い》の『語助』（のち『助語辞』）一巻（韻長孺《いんちょうじゅ》序・一三二四）です。六十六の条目から成っていて、「也・矣・焉」など単音節（一文字）の虚詞と、「今夫・然則・至於」など二音節（二文字）の虚詞、合わせて一二〇語あまりについて字の義《いみ》の違いを分析していますが、それらは専ら作文の法を指導するためのものであって、虚詞を直接の研究対象とするものではありません。不備な点や体裁が整っていなかったこともあって、『助字辨略』や『経伝釈詞』などが世に問われてからは、しだいに人びとの注意をひかない書となりました。

以上、指摘したような不備な点もありますが、それまで虚詞について述べた書は多く修辞の視点に立つものであったのに対し、この書は訓詁の立場から考究を試みた最初のものです（⇩コラム㊼）。その意味で、虚詞の研究史において重要な書といえようかと思います。

『経伝《けいでん》釈詞《しゃくし》』十巻。著者は清・王引之《おういんし》（一七六六〜一八三四）、江蘇高郵（いま江蘇省高郵県）の人です。王念孫（一九三ページ参照）の子息で、嘉慶四年（一七九九）の進士（科挙の進士の試験に合格した人）です。郷試《きょうし》（科挙の、三年に一度おこなわれる第一次の試験）に失敗してのち郷里にもどり、『爾雅』『方言』『説文解字』などを学び、四年後に上京して父にその旨を報告しました。息子の進歩を知り、自分の学問を伝えることができると喜んだ念孫は、自説をはじめ漢代の訓詁などを教授したといいます。このようにして学問の方法を授けられた引之は、その晩年、日ごろ父から聞いたことを記録し、さらに自説をつけ加えた訓詁の書を著わしました。名著といわれる『経義述聞《けいぎじゅつぶん》』三十六巻（一八二七）です。

この書よりほぼ三十年ほど前の嘉慶三年（一七九八）、王引之は訓詁学の方法によって、経伝と周・秦・前漢の書にみえる虚詞を研究・解説した著作を公にしました。それが『経義述聞』と並び称される『経伝釈詞』です。

王引之は、おおむね次のように考えました。

おおよそ漢字には、虚詞として用いられるときと、実義を有するものとの別がある。古人の経書の注では、実義を有するものについては解釈があるが、虚詞として用いられているときは多く解釈がなく、また本来は虚詞であるのに、それを実義を以て解釈をくわえたため、文意が通ぜぬことも多い。

(『経伝釈詞』の「自序」、『経義述聞』巻三十二「語詞誤解以実義」の条を参照)

そして引之は、虚詞を「実義を以て解釈しない」ことを原則としてかかげ、経伝などによって虚詞を多く求め、帰納的にその意味を説いたのでした。

『経伝釈詞』は一六〇組、二五四の虚詞を〈七音〉〈三十六字母〉(九二ページ参照)によって分類・配列しています。このように、音韻の分類法によって虚詞を分類・配列しているのは、とても検索の便利さを図ったものとは考えられません。引之はその理由を述べていませんが、あるいは、「訓詁の旨は声音を本《もと》とする」「音近ければ義通ず」と説いた、師でもある父の念孫の教えが念頭にあり、虚詞の解釈にあたってもそれに則《のっと》ったからでしょうか。

『経伝釈詞』にみられる虚詞の種類は、この書に寄せた銭熙祚《せんきそ》の跋文《ばつぶん》(書物などのおわりに記す文)によると「常語・語助・嘆詞・発声・通用・別義」の六種類ですが、そのほかにも、例えば巻五の

「云」という字について説いたところでは「発語詞」とか「語中助詞」「語巳詞」などの呼び名もみられます。それらのうち、主なものについて紹介します。

常語　古書において、一般的な意味で常用されている虚詞をいいます。例えば、「與（与）」字の項目（巻三）では『礼記』「檀弓《だんぐう》」にみえる鄭玄《じょうげん》の注「與、及（と・および）也」を引用して「常語也」と説明しています。「與」については、ほかに「以」（もって）「為」（平声：する・去声：ために）「如」（ごとく）や「語助」としての用法も挙げていますが、そのなかで「及」が常用の意味だと解したのでしょう。

語助　特別の意味をもたずに、語句の調子を整えたり、疑問・自問の気持ちなどを表わす虚詞のことです。例えば、先ほどふれた「云」字の項目（巻五）では、「云、語中助詞也」として、『詩経』「雄雉《ゆうち》」の「道之云遠、曷云能来」を引用して、これは「道が遠くてどうして来られようか、といっているのである」と説いています。

また「有」字の項目（巻三）では、国名の虞《ぐ》・夏・殷・周などを「有虞・有夏・有殷・有周」という例などを挙げ、この「有」は「語助也」と述べ、さらに北を「有北」といい、梅を「有梅」というなどの例を多く示して、「経を説く者は、多くこれが属詞（＝虚詞）の例であることを悟らず、往々にして有る無しの〝有る〟の意味と解し、これを誤ってしまう」と説いています。

発声　発語（「さて」「それ」など、文章のはじめに用いて、相手の注意をひきつけたりする語）の虚詞です。例えば「洪」字の項目（巻三）では、「洪、発声也」として『書経』「大誥《だいこう》」の「洪、惟我幼沖人」（さて、これ、我れ幼沖の人）などを引用し、解釈する者は「皆これを〝大いに〟と訓じているが誤りである」と説いています。

発語詞　発語の語気詞（そのときの気分や感情が表わされている語）です。例えば「惟」字の項目（巻三）では「発語詞也」として、『春秋左氏伝』哀公六年に引かれている『夏書《かしょ》』の「惟彼陶唐」（それ、かの陶唐〈中国古代の伝説上の天子、帝堯《ぎょう》のこと。はじめ陶の国に封《ほう》じられたが、のち、唐の地に国を建てた、と伝えられています〉は）などを示し、「字或作〝唯〟或作〝維〟」（「唯」と書いたり「維」と書いたりする）と説いています。

『経伝釈詞』は、訓詁学の方法と豊富な資料によって虚詞の用法を実証し、先学の誤りを正して虚詞研究の新しい局面を開いた書といえましょう。清朝考証学の最後の大家といわれる章炳麟《しょうへいりん》は「粗略で雑駁《ざっぱく》なところも多い」（「王伯申（伯申は引之の字《あざな》）新定助詞辨」）と批判していますが、この著述は劉淇の『助字辨略』とともに、『馬氏文通』をはじめとするその後の文語文法の研究書の重要な資料とされています。

この王引之の研究を受けつごうとした清末の学者に、次に紹介する兪樾《ゆえつ》がいます。

3　文法研究の夜明け

兪樾の説く「文法」

日本語で「文法」と訳している英語のgrammarは、もとはギリシャ語の「文字」（gramma）を読み、書く術」に由来する語で、本来は「文字を正しく書く法」という意味だそうです。中国の文献をみると、清末の兪樾《ゆえつ》（一八二一〜一九〇六）が「文法」という語を用いています。兪樾は浙江徳清（いま浙江省徳清県）の人で、道光三十年（一八五〇）の進士です。王念孫・引之父子の学風を継いでいくつかの書を著わしましたが、そのうちの一つ、『古書疑義挙例』七巻は王引之の『経伝釈詞』を継承した著述です。ただ、引之の書がもっぱら虚詞を説いたのに対し、この書は虚詞だけではなく、文章の構造という視点から「文言《ぶんげん》」（白話《はくわ》〔口語〕に対する文語）の文章について論じることに意を注いでいる点が特徴です。全部で八十八条にわたって述べられていますが、そのうちの

「錯綜成文例《さくそう》」という条では「文法」という用語を用い、「古人の文は、その辞を錯綜（複雑に入り組む）させて、以て文法を現すものである」と述べています。

その錯綜の例として、漢の劉安（前一七九〜一二二）の『淮南子《えなんじ》』「主術篇」にみえる「夫疾風而波興、木茂而鳥集」（疾風が吹いて波がおこり、木が茂って鳥が集まる）という文を挙げ、「疾風」（はやく激しい風）は、現代の表現にしたがえば「修飾語＋被修飾語」（修飾構造）を示す一方、「木茂」（木が茂る）は「主語＋述語」（主述構造）の文であって、このように一文のなかに二つの構造が「錯綜」しているのは「古人文法之変」であると説いています。

もう一例を挙げます。これは「倒句例」という条にみえます。兪樾は「古人は多く倒句を以て文を成す者があり、これを順に読めば解を誤る」と述べて、孔子に学んだ左邱明《さきゅうめい》が『春秋』――春秋時代、孔子あるいはその教えをうけた魯の国の史官が編んだ編年体の歴史書です――の本文の内容をさらに詳しくした『春秋左氏伝』の昭公十九年にみえる「室于怒、市于色者」（室《しつ》に怒り、市《いち》に色《いろ》すとは）や、戦国時代の初め（前五世紀ごろ）の墨翟《ぼくてき》の著と伝えられる『墨子』「非楽篇上」の「野于飲食」（野に飲食す）を挙げています。これらの例では、介詞（前置詞）の「于」の目的語である「室」「市」「野」がその前に置かれ、動詞の「怒」「色」「飲・食」がそのうしろに位置していますが、普通は「飲食于野」などのようになります。これを「倒句」と呼んだのです。

以上の例からもわかるように、兪樾のいう「文法」とは、いわば「文章法」のことで、私たちがいう「文法」とは違う内容のものでした。それらの研究成果をふまえて、やがて体系的な「文法書」が中国で著わされることになります。『馬氏文通《ばしぶんつう》』です。

文法（書）の記述について

『馬氏文通』の話にはいる前に、いわゆる「文法」は一般にどのように記述されるのか、簡単に紹介しておきます。

世界中には多くの言語が用いられています。それぞれの言語がどのようであるか、その記述はおおむね二つの方法によっています。一つは〈語彙〉(vocabulary) です。これは一つの言語を構成している一つ一つの語・単語についての記述で、それぞれの語・単語の個性を描きだすものです。もう一つが「文法（書）」です。文法とは大雑把にいえば、語句と語句とがつながって文をつくるときの法則ですが、この文法を記述するには、まずその言語の単位を設定する必要があります。その単位が語です。そして単位となる語を、その共通してそなわっている文法的特徴（機能《はたらき》といってもよいかも知れません）によってグループ分けしたものが、名詞とか動詞、形容詞などと呼ばれる、いわゆる〈品詞〉(parts of speech) です。その品詞が文法的な機能に応じて示す、例えば語形の変化（日本語ならば、動詞・形容詞・形容動詞の語尾変化、印欧語の名詞の曲用や動詞の活用など）のような、形式的な側面をあつかう文法の部門を〈形態論〉(morphology《モルホロジー》) といいます。しかし語は、例えば英語のGo!や、現代中国語（普通語《プートンホワ》）の「来！」lái!のように一語で完結することもありますが、多くの場合はほかの語と結合して具体的な意味を示すものです。このような語と語との結合関係をあつかう部門を〈**統語論**〉(syntax《シンタックス》)といいます。このように一般的には、言語の文法の記述は形態論と統語論とからなっています。ただ私たちが目にする文法書などでは、この二つに、その言語の素材となっている「音《おん》」について述べる〈**音論**〉(phonology《フォノロジー》)をくわえて、三部門から構成されているものが多いようです。

ただ、ここで留意しなければならないのは、中国語のように孤立語という特質をそなえた言語では、語の〈**派生**〉(derivation)――ある語から別の語をつくりだす方法です。例えば、日本語の「アツ（暑）サ」は、形容詞の語幹アツに接尾辞のサをつけてつくられた、つまり形容詞から派生した名詞ですし、中国語の「第一」「椅子」「花児」はそれぞれ「第」「子」「児」という接頭辞・接尾辞をつけてつくられた派生語です――をのぞいて、形態論であつかう語形変化のような構造をもっていないので形態論を欠き、文法の記述はもっぱら統語論ということになります。

なお、品詞分類について一言つけ加えますと、右で述べたように、中国語は形態的な特徴をもっていないので、形態論的には品詞を設けることはできません。そうかといって、文法（書）を記述するのに品詞をまったく設けないわけにはいきません。この場合は、その語の意味によって語の特性をとらえて品詞を設けざるをえなくなるわけですが、その際には、統語的な関係を考慮しながらも、例えば英語・フランス語などほかの言語の品詞分類との対応ということも時には考慮しているといえましょう。次にみる『馬氏文通』が示す品詞分類の仕方はその一例となりましょう。

『馬氏文通』――文法書の誕生

【著者について】

著者は馬建忠《ばけんちゅう》（一八四五～一九〇〇）、江蘇省丹徒（いま江蘇省丹徒県）の人で、『文献通考』――古代から宋代にいたるまでの諸制度の沿革を記した一種の百科全書で、唐・宋時代の制度史研究にとってなくてはならない書とされています――の撰者である元《げん》の馬端臨《ばたんりん》の第二十世の子孫だそうです。洗礼名をマチアスというカトリック教徒でしたが、幼少のときから塾に通って伝統的な教育をうけ、科挙のための受験勉強もしたといいます。

一八五二年、馬氏は上海郊外にあるカトリック系の徐匯《じょわい》公学（のちの震旦《しんたん》大学）に入学し、ここで伝統的な文言のほか、人文・自然科学や、ラテン語・ギリシャ語・英語・フランス語の教育をうけました。一八七七年、三十二歳のときに政府留学生団の随員としてフランスに派遣されましたが、そのとき彼はすでにフランス語を流暢《りゅうちょう》に話せたといいます。一八八〇年の初めまでヨーロッパに滞在したのですが、主としてパリで勉強しました。一八七九年にはパリ法科大学から法学士の学位を受けたのですが、そのとき提出した三部から成る論文の第一部はラテン語で書いたといわれています。また一八九五年には、日本の下関でおこなわれた日清講和交渉のときに随員の一人として来日したこともあります。（以上は主に、坂野正高『中国近代化と馬建忠』一九八五、東京大学出版会、によっています。なお、馬氏がフランスへ赴いた年は一八七六年、あるいは一八七五年とする別説もあります）

【著述の背景】　全盛を誇っていた清朝も、十九世紀の半ばごろには衰えの兆しをみせはじめました。社会の各層に矛盾が生じて国内では反乱がおこり、国外からはヨーロッパの強国からの圧力が強まりました。一八四〇年にはイギリスとのあいだで阿片《アヘン》戦争がおこり、一八五六年にはアロー号事件（アロー戦争）――一八五六年に、広東港に停泊していたイギリス船籍のアロー号の臨検という問題からおこった、清朝とイギリス・フランスとの戦争です――に清朝は敗れ、一八六〇年、馬建忠が十五歳のときには、北京はイギリス・フランスによって攻略され、清朝は両国から、天津の開港とイギリスへ九竜半島の一画を譲りわたすという、屈辱的な条約（いわゆる北京条約）を迫られました。

ヨーロッパの強国の実力を目のあたりにした清朝政府や多くの知識人たちは、あらためて先進の諸外国への目を開き、中国を救うには外国に学ぶほかはないと認識するようになったのです。馬建忠もその一人でした。馬氏は、中国を富強にするためには西洋の先進技術を学ばねばならず、そのためには中国での古い教育や学習の方法の悪いところを直し、児童たちが儒教でいう聖人や賢人たちの著わした古典を、多くの時間をかけずに合理的な方法で学ぶことが必要だと考えました。そしてそれを実現するには、ヨーロッパの言語の法則を基準としながら、経書のなかに隠されている構造の法則、つまり中国語の確かな文語文法を築きあげなければならぬと考えるにいたったのです。

こうして馬氏は、二十年の歳月をかけて、先秦・両漢の古文——それらは『論語』『国語』『春秋左氏伝』『史記』『漢書』などで、漢代よりのちは唐代の韓愈《かんゆ》の文章を用いたにすぎません——から多くの材料を集めて分析し研究を重ね、一八九八年にヨーロッパでいうところのgrammar——馬氏は「葛郎瑪」（拼音《ピンイン》：gélángmǎ）と表記しています——の書である『馬氏文通』十巻を書きあげました。これには次兄で北京大学の学長を務めたこともある馬相伯《ばしょうはく》（一八四〇〜一九三九）の協力があったそうです。

語学の才能に恵まれた馬建忠は、フランスで西洋の学問を多く学びました。帰国してからも外国の書物によって万国史・地理・政治・暦算・幾何学・光学・音響学・電気学・哲学・物理学と、驚くほど多彩なことを学んだといいますが、そのなかに言語学の名はありません。馬氏がパリに滞在した十九世紀後半には「パリ言語学会」が創立され（一八六六）、その「紀要」——研究活動を内外に示すために定期的に刊行する出版物です——も発行されていました。このように言語学を学ぶ環境はととのえられていたと思われるのですが、馬氏はついにその理論を学ぶことはなかったようです。このことが、文法書を著わすのにマイナスとなった点のあることは否めないでしょう。馬氏がこの書を著わした趣旨は、中国語の文法を記述するのではなく、一つには西洋の文法なるものを紹介し、一つには中国の「文語」を読み書きするための参考書とすることにあったようです。

巻一では、この書であつかう〈品詞〉と〈統語論〉にかかわる用語について、馬建忠のくだした定義が示されています。いささか繁雑になりますが、挙げられている用語を紹介します。（　）内は今日の用語です。（主に、龔千炎著・鳥井克之訳『中国文法学史稿』一九九五、関西大学出版部、を参考としました）

【構成と内容】

実字（実詞）・虚字（虚詞）・名字（名詞）・代字（代詞）――代字は名詞だけではなく、動詞・形容詞・副詞などに代わる語も含まれているので「代名詞」とはしないで、ひとまず「代詞」としておきます――・動字（動詞）・静字（形容詞）・状字（副詞）・介字（前置詞）・連字（接続詞）・助字（語気助詞）・嘆字（感嘆詞）・句（文）・起詞（主語）・語詞（述語）・内動詞（自動詞）・外動詞（他動詞）・止詞（目的語）・次（格）・主次（主格）・賓次（目的格）・正次（中心格）・偏次（修飾格）・司次（前置詞的格）・読（節）

巻二から巻九までは**〈字類〉**（品詞）について論じていて、本書の核心となっています。巻六までは**〈実字〉**（名字・代字・動字・静字・状字）について、巻七から巻九までは**〈虚字〉**（介字・連字・助字・嘆字）について、文中での機能を述べています。

巻十は**〈句読《くとう》論〉**（統辞論）です。「例言」――書物の凡例《はんれい》（本のはじめに、その本を読むうえで参考になる事項を箇条書きにしたもの）として述べている言葉です――で、「本書の主眼はもっぱら〈句〉

と〈読〉を論ずる点にある」と述べていますが、句（文 sentence）と読（節 clause）を構成する成分は実詞と虚詞ですので、まず巻二〜巻九でそれらを説いたのです。ただし、馬氏も述べているように、句と読との境界線はあまり明確ではありません。読を単純に節とすることにも検討が必要かと思います。

馬氏は次のように述べます。

思うに、文章中の詞《ことば》には必ず置かれるべき定まった位置があり、詞と詞との関係は、その詞の種類によって決定される。故にまず詞の類別をおこない、その後で句と読の論述に進むことにする。

このようにして、巻十では文成分として七種類をあげてそれぞれに定義をくだし、それらがどのように結びついて句や読を構成しているかが述べられています。その七種類とは、

起詞（主語）・語詞（述語）・止詞（他動詞の目的語、直接目的語）・表詞（形容詞述語）・司詞（前置詞目的語）・加詞（前置詞構造、同格語）・転語（自動詞の目的語、間接目的語など）

これらのうち、起詞と語詞がもっとも重要な文の成分で、馬氏は「この二成分がなければ文は成立しない」と述べています。

以上が各巻の内容の概要ですが、この書の品詞分類表（品詞の下位区分を並記、本書では省略）を一覧すればただちにわかるように、そこには西洋文法をそっくりまねしたと思われる部分が少なくありません。ちなみに馬氏は「後序」で、「ラテン語やギリシャ語の文法によって中国の文語文を処理しても、その大綱に異なるところはない」として、それらを拠りどころとして中国の文語文法を構築する旨を明言しています。では、典型的な例を挙げてみます。

【西洋文法の模倣】

(1) 名字の下位分類（普通名詞・固有名詞・集合名詞・抽象名詞）、動字の下位分類（他動詞・受動態動詞・自動詞・繋詞・助動詞・無主語動詞）は、西洋文法をそのまま受けついだものでしょう。

(2) 代字の下位分類の一つに〈**接続代字**〉がありますが、これは西洋文法の関係代名詞（relative pronoun）――例えば英語の the man who came yesterday（昨日来た人）の who のように、関係名詞を導く代名詞――に相当します。馬氏は「其・所・者」を接続代字としています。

(3) 動字の下位分類の一つに〈**受動字**〉がありますが、これは西洋文法の受動態（passive voice）――A was struck by B.（AはBになぐられた）のように、他からある行為を受ける場合を表わす形式です――をまねて設けられたものでしょう。「為・見・被・於」などを受動字としてあげています。

(4) 動字の下位分類の一つに〈**助動字**〉がありますが、これは西洋文法の助動詞（auxiliary verb）

――例えば、英語の can, may, will などのように、他の動詞の補助的な役割をはたす語です――という概念を借りたものでしょう。助動字とされるのは「可・足・能・得」などです。

(5) これは品詞分類に直接かかわることではありませんが、馬氏は名字と代字の、文と節での語順の位置によって主次（主格）・賓次（目的格）・正次（中心格）・偏次（修飾格）などの別を設けていますが、これは西洋文法の「格」(case)――その言葉が文のなかで他の言葉に対してもつ関係です――のまねでしょう。

以上のように、西洋文法を模倣したところが少なくないのですが、その一方で馬建忠は、伝統的な訓詁学の成果も採りいれています。ですから『馬氏文通』はただの西洋文法の模倣書ではなく、西洋の文法と中国の訓詁学とを融合させた文法書といえるかも知れません。それはともかくとして、その後の中国の文法研究は、この『馬氏文通』をめぐる論議から出発してこんにちに至っています。『馬氏文通』は中国の文法研究において大きな指標となったのです。

中国の夜明けを前に

いささか堅苦しい話がつづいてしまいました。以下は余談です。

『馬氏文通』は中国の文法学の成立を告げる画期的なものでした。しかし著者の馬建忠は、その後半生を穏やかに過ごすことはできませんでした。留学を終えて帰国してからの馬建忠は、李《り》鴻《こう》章《しょう》（外交に貢献した清末の政治家）のもとで約十年のあいだ官界で活動をつづけたのですが、たびたび北京の保守的な官吏から激しく批難されたこともあって、一八九〇年代の初めには世間より離れ、上海でひっそり暮らすことにしたのです。そのころのことを馬氏は、「近ごろまた世間の人に罵《のの》り嫌われ、のけ者にされて家に引っこんでいる」（『擬設繙訳書院議』）と記しています。また一八九六年の秋に馬建忠と知り合った梁啓超《りょうけいちょう》（一八七三〜一九二九、学者・政治家で『清代学術概論』『中国近三百年学術史』などの著者）は、馬氏を「称《ほ》める者は一、これを謗《そし》る者は百であった」（『適可斎記言紀行』に寄せた序文）と記しています。急進的な思想の持ち主であった馬氏の苦しい心のうちが察せられます。そのような失意のなかにあっても、『馬氏文通』の執筆はつづけられていたようです。梁啓超はその『中国近三百年学術史』で、「馬建忠が『文通』の一条を書きあげるごとに先にみせてもらって大いに喜んだものである」と述べています。馬建忠は啓蒙思想家でもあった梁氏にその一条一条をみせることで、挫折感の克服に努めていたのではないでしょうか。その二年後に『馬氏文通』は完成をみました。

　『馬氏文通』は先ほどもふれたように、言語学的な関心にもとづいて著わされた文法書ではありませんでした。祖国の置かれた現状を嘆き悲しんだ馬建忠の、国を救うための一つの方策として編まれたものです。のちの人は、言語学の理論も学ばず、もっぱら西洋文法を模倣したために生じた欠点を指摘します。馬氏は「各国にはそれぞれのグラマー〔文法〕があるが、その大体の骨組みは似ている」（「例言」）とみなし、西洋文法を構造のまったく異なる中国の文語文に適用して体系化を図り、文法は「ひとたび成立すれば、千年経ても変化はなく、あったとしてもわずかである」（「序文」）として、先秦時代の『詩経』『書経』から唐代の韓愈までの一〇〇〇年以上にわたる言語資料を一まとめにして同様に扱い、また形式や構造を軽んじ、もっぱら意味によって品詞分類をおこなったことなどは、やはり批判の対象とならざるをえないでしょう。しかし、中国での文法学の夜明けどきにあっては、すでに体系化されている西洋文法にその模範を求め、まねしようとするのも、またやむをえなかったのではないでしょうか。

一九〇〇年、義和団事件——宗教的秘密結社の白蓮教《びゃくれん》の教徒たちが、排外思想にかられて各国の公使館を包囲した事件です——がおこったとき、馬建忠は上海で列国と交渉する李鴻章とともにいました。そのとき李鴻章のもとに、突然ロシア政府から七〇〇〇字もの長文の電報がとどきました。この電報が馬氏の生命を縮めることになったようです。馬氏はそれを一睡もせずに訳したそうです。そのための疲労からついに熱病にかかり、九月三日、五十五歳でこの世を去りました。『馬氏文通』を脱稿して二年後のことです。

〈こぼれ話〉文語——その歴史

【文語と口語】 言語《ことば》には、音声によって聴覚に訴える「話しことば」と、文字によって視覚に訴える「書きことば」があります。この「書きことば」（文字言語）が**〈文語〉**といわれ、一方の「話しことば」（音声言語）が**〈口語〉**と呼ばれるものです。しかし両者の区別は、ただ文字によって書かれるか否かだけではありません。なぜなら、口語が文字で書かれることもあるからです。いわゆる〈文語〉には、文化の流れとともに備わった、時代に応じた独特のスタイルがあります。

発生的には文語は口語を土台としていますが、古代社会では、文字という高い城壁に守られた文語は、その国の支配階級によって独占されることになります。口語は地域によっていろいろな方言に分かれますが、文語にはそのようなことはありません。多くの方言の上に立つ、変わることのない構造として、民族の団結をはかるのに大きな役割をはたします。広大な地域でさまざまな方言をかかえる中国大陸で、民族の統一を支えてきたのが**〈古典的文語〉**——私たちが「漢文」と呼んでいる文体です——でした。そして後世になって〈古典的文語〉は否定され、白話（báihuà「白」話す＋「話」ことば＝話しことば）を主体とした**〈白話的文語〉**が姿を現すことになります。

この〈古典的文語〉と〈白話的文語〉の違いは、外形的には文の型と語彙に現れます。その一例として、(A)〈古典的文語〉と、(B)〈白話的文語〉の先駆けとなる、白話をまじえた文語文(Aにみえる語句には傍線)をあげて参考に供します。

(A) 臣本布衣、躬耕于南陽、苟全性命于乱也

（諸葛亮〔一八一～二三四、三国時代・蜀の忠臣〕「出師表」）

(B) 臣本来是個布衣、在南陽親自耕田種地、在乱世中苟且保全性命

（『三国志全訳』一九四四、貴州人民出版社）

〔私はもと庶民、官位のない者。この乱世のなか、ひとまず南陽で自ら田畑を耕し、命を保っている〕

（金文京「東アジア比較文学の構想」『和漢比較文学』40、二〇〇八、から引用、一部補筆）

文字が数多く用いられるようになると、文字を用いての表現、つまり文語の形式も定まってきます。文字は消えることなく伝えられていきますから、それを用いての表現の形式が一定のものとなるのも自然です。その一方、口語は時とともに変化をつづけ、文語と口語とのあいだの距離は遠くなっていきます。ここに文語と口語との違いがはっきりと生じてきます。とくに

近代以前では、文語は伝統という強い力に支えられ、長い年月にわたってその姿を変えることなく用いつづけられました。そのために、口語との関係がまったく絶たれてしまうこともおこります。

【文語の変革】 中国の文字の歴史は、紀元前一五〇〇年にさかのぼる殷代の甲骨文（二一ページ参照）に始まりますが、この甲骨文や周代の金文（二三ページ参照）には文語が用いられていました。文献では『書経』――西周時代から戦国時代まで書きつがれた中国最古の歴史の記録です――の言語がその系統をひくものといわれます。この文語は、〈古典的文語〉に先立つ文語という意味で**〈前古典的文語〉**とでも呼ぶことができましょう。

しかしこの〈前古典的文語〉は、春秋・戦国時代におこったいろいろな新しい思想――儒家・道家・墨家・法家など、いわゆる「諸子百家」です――を表現するのには、もうふさわしいものではなくなっていたのです。そしてこの時代には、古い文語のほかに、そのころの口語から遠く離れることのない文語が誕生しました。孔子の言行を記録した『論語』はその代表的なものです。そして、ほかの諸子百家たちの学説もそのような新しい文語で書かれるようになり、やがて漢代になるとその文語が社会に定着しました。これが〈古典的文語〉です。この文語が中国の文語の標準となり、その後約二〇〇〇年もの寿命を保ちつづけたのです。

そしていよいよ、その古典的文語にかわって新しい文語が生まれるときがきました。古典的文語の陰にかくれながら発展してきた〈白話〉（口語）文が、中華民国の成立を経て、古典的文語に代わる正統な文語として認められたのです。これが〈白話的文語〉です。

右で紹介したように、中国では文語の変革が少なくとも二回おこったことになります。一回目は、新しい思想がつぎつぎと生まれた春秋・戦国時代における〈古典的文語〉の成立であり、二回目は中華民国の誕生とともに進められた近代化のなかで、〈白話的文語〉が正式の文語になったことです。

4　文法研究の創成

文語文法

『馬氏文通』は、厳密な意味で文法書とは呼べませんが、それまでは〈虚詞〉だけを訓詁の視点から説くのみであった中国で、初めての体系的な文法研究といえるもので、のちのちまで大きな影響をあたえました。一九三〇年代になって、一般言語学に基礎をおいた「記述文法」（⇩コラム㊽）が著わされるようになるまでは、ほとんどが馬氏の文法を批判し、補い正すことが文法研究の主流を占めていたといえようかと思います。その種の著述としては、五・四運動の前には来裕恂《らいゆうじゅん》『漢文典』（一九〇二）など十数種があります。五・四よりのちでは、馬建忠が西洋の文法をまねしたことに反対し、主に文法の理論を論じた陳承沢《ちんしょうたく》の『国文法草創』（一九二二）、『馬氏文通』を批判し修正をくわえ、いっそう精密なものとした楊樹達《ようじゅたつ》の『高等国文法』（一九三〇）や、研究資料は先秦の古文を主とはしながらも、方法は全面的にスウィート（H. Sweet、一八四五～一九一二、イギリスの音声・言語・英語学者）の『新英語文法』（一八九二・九八）に拠り、『馬氏文通』の修正を図った劉復《りゅうふく》の『中国文法通論』などがあります。

「国語」と口語文法

一九一二年、中華民国が成立すると、清朝の末から問題として取りあげられながら解決のついていなかった文字改革や国語統一、言文一致（書く文章のスタイルを話しことばに一致させる）運動が速やかに進展しました。また民国九年（一九二〇）一月には、教育部（日本の文部科学省に相当）は全国の国民学校に命令をだして、まず一、二年生のクラスの「文語文」（書きことばの文章）を「口語文」（話しことばの文章）に改め、初等小学校の四年間はもっぱら「口語文」を用いることとし、その科目を改めて〈国語〉と呼ぶことにしました。

このような時代の風潮に応《こた》えて、新しく〈国語〉、つまり口語を対象とする文法の研究がされるようになり、多くの口語文法書が著わされましたが、そのなかで「国語文法」の代表作ともいわれる著述が刊行されました。黎錦熙《れいきんき》の『新著国語文法』（一九二四）です。

黎錦熙『新著国語文法』

著者の黎錦熙（一八九〇〜一九七八）は湖南省湘潭《しょうたん》県の人です。一九一一年に湖南優級師範を卒業、一九一五年、教育部の教科書特約編纂員となりましたが、このころから国語運動と文字改革運動に積極的に参加するようになりました。一九一五年には銭玄同《せんげんどう》（一八八七〜一九三九）――「中国の今後の文字問題」（一九一八）という論文で、漢字は「二十世紀の新時代にはまったく通用できないもの」であるから、「漢字漢語はいっさい使わず、いっそエスペラント（ザメンホフが創案した国際語で、その文字の数は二十八）に改めよう」と主張した人です――や趙元任《ちょうげんじん》（一八九二〜一九八二）――中国の近代的言語学の創始者といわれます。アメリカのコーネル大学、ハーバード大学大学院で学び、帰国後は全国の方言調査をおこない（一七八ページ参照）、また近代中国の言語運動の中心であった「国語統一準備委員会」の中心人物となりました――たちと「国語ローマ字表音研究

㊽記述文法

文法とは、もともとは古典的な文語の文を書くための規則を記すもの、つまり、古典的文語の規範（正しき）を示す「規範（的な）文法」でした。一方、近代的な言語学では、実際に用いられている文の用法を観察し記述することを求めます。そこでは規範（的な）文法としては「正しい形や用法」も、またそこからはずれた「誤った用法」も、どちらも現実の文法の現象として同じようにあつかいます。このように現実におきる文法現象をそのまま描くのが記述文法です。

会」をつくりあげ、「国語ローマ字」の制定に努めました。一九二〇年から北京高等師範学校や北京女子師範大学、北京大学の国文科教授を務め、国語文法などを講義しましたが、この数年間の講義ノートをもとにして著わされたのが、二十章から成る『新著国語文法』です。

この著述は多くの口語資料を分析し、そこから口語を形づくっている構造の法則を帰納して編まれたものです。『馬氏文通』とそれにつづく書がすべて品詞を中心に文法を論じていたのに対し、黎氏はその伝統を改め、文の分析を基本とする文法を論じたのです。黎氏はその「引論」で、これまでの品詞を中心とする文法論はもっとも不自然な研究の進め方であって、はじめに文を研究し、次に文中のそれぞれの単語が置かれた場所とその機能《はたらき》を研究すべきであると述べています。まず文の「主要成分」である主語・述語、「連帯成分」である賓語（目的語）・補足語、そして「付加成分」である形容的付加語（連体修飾語）・副詞的付加語（連用修飾語）など、大きく六つの「成分」に分け、そののちに、単語が文中で担当する文の成分にもとづいて品詞を見定め、分類することを主張しました。

しかし、黎氏が品詞の分類として示した、名詞・代名詞・動詞・形容詞・副詞・介詞・連詞・嘆詞・助詞は、黎氏が多く拠ったといわれるネスフィールド（J. C. Nesfield）の『英文法』（一九一三）――この文法書は中国で英語学習の標準とされ、民国初年には多くの学校で教科書として用いられたそうです――にみえる noun, pronoun, verb などをそのまま受けつぎ、それに中国語特有の「助詞」を加えたものです。また、それぞれの品詞の下位区分も、おおよそネスフィールドに拠っています。代名詞を一例とします。黎氏はそれを、人称代名詞・指示代名詞・疑問代名詞・聯接代名詞に分けていますが、これは personal（人称）pronoun, demonstrative（指示）pronoun, interrogative（疑問）pronoun, relative（関係）pronoun に従ったものでしょう。

このように、いわば機械的に英文法をまねしたことや、また例えば名詞を十五種に、動詞を十四種に分けるなどこまごまとしていること、さらには伝統文法の悪い影響を受けていることなどに対する批判もあります。しかしこの書が、現代中国語の文法研究の基礎を確かなものとし、文法というものの知識を広めるのに大きな役割をはたしたことに疑いはないでしょう。

革新と発展

西洋文法に拠って著わされた『馬氏文通』と『新著国語文法』に批判はあったものの、結局のところ、その後の研究はどれもこの二書の影響から逃れることはできませんでした。ところが一九三〇年代も後半になると、欧米の優れた言語学者ソシュール（F. de Saussure）、イェスペルセン（O. Jespersen）、ヴァンドリエス（J. Vandryes）、ブルームフィールド（L. Bloomfield）たちの言語理論が中国に導き入れられ、ここに新しい視点に立って中国語の特徴を探究し、自国語の文法の体系を新しい理論によって検証しようとする機運が高まってきました。

一九三六年一月、王力《おうりき》（後述）は『中国文法初探』を発表して、それまでの研究方法に批判をくわえ、これからの最も重要な作業は、中国語文法の特徴の探究に努力することであると論じました。そして翌年の一月には論文「中国語文法中的繫詞」を著わして、繫詞――「…（主語）は…である（述語）」の「である」を示す動詞「是」（二七三ページ参照）――が古代の中国語ではかならずしも必要ではなく、名詞が単独で述語となることを論証し、中国語と印欧語との本質的な違いを指摘して学界に大きな波紋を投じました。

王力の論文が発表されて間もない一九三八年の十月には、陳望道《ちんぼうどう》（一八九〇～一九七七）たちが文法を改革するための新しい問題に関する論争を上海で始めました。科学的な方法で中国語の文法の体系を築こうとしておこなわれたこの論争は、一九四三年までの長い期間にわたってつづけられました。彼らの論争は、主にソシュール（一八五七～一九一三）――スイスの言語学者で、その理論は言語研究に大きな影響をあたえました。日本では、ソシュールの三人の弟子が講義をまとめた『一般言語学講義』（一九一六、一九七二〈改訂版〉、小林英夫訳注、岩波書店）が知られています――の学説を応用してなされましたが、それは言語理論の水準を向上させ、革新の機運をいっそう高めました。そして、それまでの研究方法をうち破り、新しい中国語文法の体系を築きあげようとする試みがいくつか発表されました。それらのなかで、中国の文法学史のうえで重要と思われるのは、以下に紹介する三氏の文法書です。

王力『中国現代語法』

著者は王力（一九〇〇〜八六）、広西省チワン族自治区博白県の人です。二十四歳で上海の南方大学に入学、翌年に国民大学に転入学しました。二十六歳のとき北京の清華大学国学研究院（大学院）に進学し、梁啓超、王国維、趙元任、陳寅恪《ちんいんかく》といった錚々《そうそう》たる教授陣のもとで中国語の古典文法を研究しましたが、一九二七年、フランスのパリ大学に留学して実験音声学の研究にしたがい、一九三一年に論文「博白方音実験録」で文学博士号を授けられ、一九三二年に帰国しました。帰国後は清華大学で一般言語学と中国音韻学を講義しましたが、一九三七年、日中戦争がはじまると北京を離れて南に移り、一九三八年には昆明の西南聯合大学（北京大学・清華大学・南開大学を併合した大学）で教えましたが、そこで担当した「中国文法研究」の講義ノートをもとにして著わされたのが『中国現代語法』です。これはのちに聞一多《ぶんいった》の意見をとりいれて、もっぱら文法の法則の説明に重きをおいた『中国現代語法』（一九四三、商務印書館）と、それを理論的に体系化した『中国語法理論』（一九四五、商務印書館）の二冊に分けて出版されました。

『中国現代語法』は王力の現代中国語の文法研究の最も重要な著作といえようかと思います。近代の長編小説『紅楼夢《こうろうむ》』（一七九〇ごろ）を主な材料として——王力はその「例言」で、例文は主として『紅楼夢』に求め、適当なものが得られない場合は自分で作ったり、あるいは『児女英雄伝《じじょえいゆうでん》』（道光年間（一八二一〜五〇）に成立）によって補ったと述べています——一つの文法体系を構築し

図17　王力

た書ですが、王力は「自序」でイェスペルセン（一八六〇～一九四三、デンマークの言語学者）の、歴史的な視点から英語の音声と形態、とくに統語論を記述した『近代英語文法』七巻（一九〇九－四九）を例にあげ、中国語の文法学者は、中国語の歴史のありのままの姿（実体）を知るための**〈中国語史学〉**（Chinese philology）と、その姿（実体）を処理する言語理論を習得するための**〈普通言語学〉**（general linguistics）の両方の素養が必要であると唱えました。

王力は文法の記述にあたっては、多く欧米の言語学者の基本となっている考え方を重視しています。例えば、その品詞論はイェスペルセンの「三ランク説」（three ranks）を応用しています。三ランク説というのは、品詞を分類するときにその形態ではなく、語と語の文中でのお互いの関係によって分類するものです。例えば英語の extremely hot weather という句では、weather（天気）が主な語ですからこれを「一次語」とし、weather がどのようであるかを示す hot（暑い）を「二次語」、そして hot がどのようであるかを示す extremely（とても）を「三次語」と呼びました。このように語を三つのランクに分けるのを「三ランク説」といいます。王力はこの説を応用して、文のなかで重要な位置をしめる名詞と代名詞を「首品」、それに次ぐ数詞・形容詞・動詞を「次品」、そして副詞を「末品」として示しています。

またブルームフィールド（一八八七〜一九四九）――アメリカの言語学者で、その著書『言語』（一九三三、三宅鴻・日野資純訳注、一九六三、大修館書店）は言語学の標準的な教科書となり、アメリカの言語学に大きな影響をあたえました――の「代入」（substitution）の理論――言葉を話すとき、その文のなかのある項目をほかの項目に代えても、その話の文法的な価値が変わらない場合、このような操作を「代入」（「置き換え」とも）といいます――に準拠して、王力は実詞（名詞・代名詞）に代えられる単語を「代詞」と呼び、人称の代詞、例えば一人称の「わたくし」の意を表わす「我・予・吾」などは**〈人称代詞〉**と呼ばれる、と定義しています。

さらにヴァンドリエス（一八七五〜一九六〇）――フランスの言語学者で、一般言語学について述べた代表的な著作に『言語と言語学的歴史学入門』（一九二一、藤岡勝二訳注、一九三八、刀江書院）があります――の、言語の構造は「意義素」（semantème）と「形態素」（morphème）――意義素とは、語のうちの概念を表わす部分、形態素とは文法要素を表わす部分のことです。例えば英語の boys の boy は意義素、-s は形態素です――から成るという理論にもとづいて、王力は中国語の単語を分類しています。

また王力は統語論を重視し、七種の文型をあげてその実際の姿を究明しようとしました。

以上、そのおおよそを紹介したように、王力のこの書は、一般言語学の理論を活用しながら中国語にそなわる独特の構造を記述し、中国語文法の特徴をはっきりと示し、その体系を説いたものです。ここで王力がとりあげた諸問題はその後の研究を導き、文法研究の基《もと》となりました。

呂叔湘『中国文法要略』

著者は呂叔湘《りょしゅくしょう》（一九〇四〜九八）、江蘇省丹陽県の人です。一九二六年に東南大学外国語学部を卒業、中学校の教師となりましたが、一九三六年から三七年にかけてイギリスのオックスフォード大学とロンドン大学に留学、帰国してからは雲南大学、清華大学などで教育・研究にたずさわりました。一九五二年に中国科学院の語言研究所の研究員となり、のち所長も務めました。一九五四年からは「中国文字改革委員会」の委員も兼任し、一九八〇年に「中国語言学会」の会長に選ばれ、一九八二年から語言研究所の名誉所長に任ぜられています。

呂氏は「中国話裏的主詞及其它」（一九四〇）を初めとして、中国語の文法研究にかかわる多くの著書や論文を発表していますが、そのなかでも『中国文法要略』（上巻・一九四二、中・下巻、一九四四）は、王力の『中国現代語法』とともに、「（二十世紀の）前半世紀の中国文法研究が到達した水準を反映」（朱徳熙『漢語語法叢書』の序文）するものといわれています。

呂氏によれば、この文法書は「当時の四川省教育科学館の嘱託をうけ、中等学校国語教育の教科書として」書かれたもので、「当時の中学校の〝国語〟では口語文と文語文のいずれも学ばねばならなかった」ので、その要請に応じて「口語文と文語文を比較・対照して著わした」（「重印題記」一九八四）といいます。上・下二巻として刊行された「修訂本」（一九五六、商務印書館）によって、本書の内容の概略を紹介します。

上巻（詞句論）全八章：第一章は単語の構造法とその種類を、第二章は品詞の活用、第三章は動詞述語文の主語と目的語を、第四章は二重目的語や前置詞を修飾語とする動詞述語文、第五章は形容詞述語文・名詞述語文・存在文、第六章は句と文との相互交換、第七章は二つ以上の句をふくむ文と複文、第八章は主に文型の変換の、それぞれについて説いています。

図18　呂叔湘

下巻の上（表達論・範疇）全九章：第九章は数量を表わす量詞・数詞・代詞・程度副詞など、第十章は人称代詞と指示代詞、第十一章は疑問代詞とその他の不定表現法、第十二章は位置と方向を示す指示代詞・疑問代詞・前置詞・方向動詞、第十三章は時間を表わす時間詞・疑問代詞・前置詞・方向動詞・動態動詞など、第十四章は副詞・助動詞、第十五章は確信を表わす語気助詞、第十六章は疑問文と疑問の語気助詞、第十七章は命令文と感嘆文およびそれらを表わす語気助詞の、それぞれについて説いています。

下巻の下（表達論・関係）全六章：第十八章は広い意味

での並列構文、第十九章は比較表現法、第二十章は時間関係を表わす複文、第二十一章は因果・目的関係を表わす複文、第二十二章は仮定・条件関係と推論を表わす複文、第二十三章は譲歩・逆説・無条件・連鎖関係を表わす複文の、それぞれについて説いています。

この書の特色は、その後半をしめる「表達論」にあると思います。これは、ある内容がどのような文法形式によって表わされるかを説くことを目的とし、その表現の型式を、口語と文語の資料を多く引用して比較をおこないながら論じたもので、その見方の基礎とする立場は、文法論というより、むしろ意味論や表現論に近いといえるかも知れません。その発想《アイデア》は、呂氏自身が「重印題記」（一九八四）でもふれているように、ブルーノ（F. Brunot）の『思考と言語』（一九二二）という書物によって刺激をうけたようですが、それにしてもこの書は、それまでの文法書が単語・句・文などの構造や形態の面から、それらが表わす文法的な意義を説くのとはまったく異なる試みを示した、異色の文法書として学史の上で特別の位置を占めるでしょう。

高名凱『漢語語法論』

著者は高名凱《こうめいがい》（一九一一〜六五）、福建省平潭《へいたん》県の人です。一九三五年に燕京大学の哲学科を卒業、引き続き同大学院に進み、一九三七年にはパリ大学大学院に留学して言語学を専攻しました。マスペロ（H. Maspero、一八八三〜一九四五）——フランスの中国学者で、一九〇八年から二〇年までベトナムのハノイの極東学院教授を務め、その間に中国とベトナムの言語・歴史などを研究、主著に『中国語』（一九三四）があります。カールグレン（一一〇ページ参照）とともに中国音韻学研究の基礎をきずいた人でもあります――の指導のもとで「中国語の前置詞の真価値」という論文を書き、一九五〇年に文学博士の学位を授けられて帰国したのちは、主に燕京大学の国語国文科で教え、のちに北京大学の教授を務めました。

高氏は王力、呂叔湘の文法のあとを追って、それらとはまったく違う文法の体系を示す『漢語語法論』を著わしました。この書は高氏が三十歳の一九四一年に執筆をはじめ、一九四六年に脱稿、一九四八年に開明書店から出版されました。その後、一九五七年には科学出版社からその修訂本が、一九八六年には商務印書館から『漢語語法叢書』の第十種として修訂本が再版されています。

この書は、虚詞と統語法《シンタックス》とが中心となっていますが、これはマスペロとヴァンドリエスの影響を深くうけてのことかと思われます。マスペロは、中国語は単音節語、孤立語で形態の変化がなく、また品詞の分類もないと考えていたので、中国語の文法は語句と語句との関係にもとづいて研究されるべきだと説き、さらに語順の研究が重要だと考えていました。そして中国語には二種類の文構造、すなわち「動詞文」と「名詞文」しかないと考えていたのです。またヴァンドリエスも、たとえ名詞と動詞とに形態的な区別はないとしても、「名詞文」と「動詞文」の区別はすべての言語にあると考えていました。二人のこのような考え方は、高名凱の文法理論に大きな影響をあたえたのでした。

本書は、一九五七年の修訂本によると、「緒論」と「構詞論」「範疇論」「造句論」「句型論」の五篇から成っています。その内容のおおよそを紹介します。

緒論：中国語の特徴について述べ、類型《タイプ》としては孤立語で形態の変化はないけれども、中国語には中国語なりの文法範疇《カテゴリー》のあることを説いています。

第一篇（構詞論）：三章にわたって品詞について論じています。第一章では、単語を「表知的詞」と「表情的詞」に分け、それぞれについて実詞と虚詞に分類し、虚詞については、それが表わす文法的な機能によって細かく分けて示しています。一方の実詞は品詞分類ができないとして、それらを名詞的機能をもつ単語と形容詞的機能をもつ単語、動詞的機能をもつ単語の三つに分けています。第二章では、声調の変化、有気音と無気音の区別、接辞がつくことによっておこる語形の変化を説きます。第三章では、二つ以上の単語によって構成される複合語を示し、統語法によって組み合わされた句とははっきり区別されなければならないと説いています。

第二篇（範疇論）：文法の形態（文法の成分）がどのようにして文法的範疇を表現するかについて、十章にわたって論じています。第一章は「近・遠指示詞」や方言のなかの「指示詞」、第二章は古代と現代の「人称代名詞」、第三章は数の体系や序数の表現法などを広く論じています。第四章は「物量詞」（個・隻・対など）、第五章は「動量詞」（下・次・趟など）を説き、第六章では「時間」(時制 tense) を表わす文法形式のないことを述べ、「体」(相 aspect) を表わす文法形式 (進行体・綿延〈=継続〉体・完成〈=完了〉体など) を説いています。第七章は「態」(voice) を表わす文法形式 (施動〈=能動〉態・受動態など) を、第八章は「欲求」を表わす「要・欲」、「願望」を表わす「要・是」、「未来の事がら」を表わす「将・欲」など、第九章では「可能・許可・意欲・応然・必然」を表わす語、第十章では一般に副詞と呼ばれる語の、それぞれについて述べています。

第三篇 (造句論):十一章にわたって文の構造や文型などについて論じています。高名凱は語句と語句のあいだに生じる基本的な関係として、以下の五つを示しています。

①「規定関係」(第一章)…「紅的花」(赤い花) のように一方が規定し、他方がそれによって規定される関係にあるもの。

②「引導関係」(第三章)…「進城」(町へ行く) のように一方が方向を示し、他方がそれによって導かれる過程を示す関係。

③「対注関係」(第五章)…「我王国維」(わたし王国維) のように同格を示すもの。

④「並列関係」(第六章)…口語文で、接続詞「和・跟・同」(…と) などによって結ばれ、両方が同等の文法価値をもつ関係を示すもの。

⑤「聯絡関係」(第七章)…「因…就」(…のために) のように二つの命題のあいだの「因果関係」や「如…則」(もしも…ならば) のように「条件関係」などを示すもの。

がそれらです。

このほか、第二章では語順などを、第四章では介詞（前置詞）について、そして第八章は中国語の文・主語・述語について定義をし、中国語の文を「名句」（名詞文）「形容句」（形容詞文）「動句」（動詞文）の三つに分けています。第九章は「繋詞」の「是」が動詞ではなく虚詞であると説き、第十章は主語と述語を備える「絶体句」とそれらが省略される「省略句」について、そして第十一章は主語と述語がそれぞれ二つ以上ある「複雑句」と、文中に主語・述語の形式を包んでいる「包孕句」、二つまたは二つ以上の文が結ばれて、お互いに呼応する「複合句」について論じています。

第四篇（句型論）：五章にわたり、古今の「否定文」と「否定詞」、「疑問文」と「疑問詞」、「命令文」と「命令詞」、「感嘆文」と「感嘆詞」など、感情を表現する文について述べています。

この書は、一般言語学の理論にしたがいながら、全編にわたって中国語と印欧語、標準語と方言、現代語と古代語との比較をおこない、王力や呂叔湘とは違った新しい文法の体系を築いています。その論のなかには、孤立語である中国語は単語のなかに形態的な要素を欠いているので実詞の分類はできないとしたり、「是」を動詞としないことなど、印欧語の文法理論に多く拠っているために生じた欠点なども指摘されていますが、文の基本的な構造を明らかにし、中国での文法研究を推し進めた著述として、王力や呂叔湘の書とともに「革新と発展」という一つの段階を代表する文法書といえようかと思います。

文法研究の新時代

以上、そのおおよそを見たように、『馬氏文通』からのち、中国の文法研究は主としてヨーロッパの言語学の影響を受けながら進展してきました。ところが一九四〇年代をむかえると様相は大きく変わり、アメリカの構造言語学——一定の時代の言語の様相を、音声資料のテキストを記述・分析して体系的にとらえ、その構造を明らかにしようとする。記述言語学ともいう——の影響が強くなっていきました。その方法を全面的に応用して中国文法を研究し、著わされた最初の書が、趙元任（二五五ページ参照）の『北京口語語法』（一九四八、李栄編訳〔原著は英語〕、一九五二、開明書店）です。アメリカの構造言語学——アメリカのほかにも、プラーグ学派・コペンハーゲン学派・ロンドン学派などがあります——を方向づけたといわれるブルームフィールド（二六一ページ参照）の

㊾直接構成要素分析

直接構成要素（immediate constituent）とは、語群（word group）・文（sentence）・談話（discourse）などの構造体（construction）を直接に構成している要素です。例えばThe book is good.は四つの直接構成要素から成っていますが、その分析にあたって、この文は、まずThe bookとis goodに分析され、さらにThe bookはTheとbookに、is goodはisとgoodに分析するというように、最小の構成要素にたどりつくまで分析をすすめて構造体の統語《シンタックス》関係を明らかにしようとするのが直接構成要素分析の方法です。

学説に拠って著わされたこの文法書は、もともとは外国人むけの口語文法教科書でしたが、新しい理論と方法によって新しい文法の体系を生みだしました。例えば、文の統語《シンタックス》関係の分析は、直接構成要素分析（⇩コラム㊾）の方法にしたがって、位置の関係から主語と目的語を定め、単語と単語との統語の関係にもとづいて品詞を分類し、また複合語の構造を分析して示しています。この書で提示された中国語文法に対するまったく新しい見解は、その後の研究者たちに大きな刺激と影響をあたえました。

一九四九年十月、中華人民共和国が成立し、中国での文法研究はまた新しい時代を迎えることになります。

〈こぼれ話〉「文法」と「語法」

いわゆるgrammarを私たちは「文法」と呼び慣わしていますが、現代の中国では「語法」と呼ぶのが一般的のようです。かつては中国でも「文法」という呼び方がおこなわれていました。それは本文で紹介した『新著国語文法』『中国文法初探』などの書名からも明らかです。ところがそれも一九四二～四三年ごろまでで、その後は『中国現代語法』や『漢語語法論』などのように、「語法」と呼ばれるようになります。

このあたりの事情を、呂叔湘『中国文法要略』は、口語文法を「語法」、文語文法を「文法」

とするのも悪くないが、口語と文語に共通する条理を説明するとなれば、両方に共通する術語がないのは不都合なので、ここでは既成の「文法」という術語で間にあわせ、必要なときはそれぞれを「口語文法」「文語文法」と呼び分ける、と述べています。

これに対して、王力『中国現代語法』は、「語法」「文法」「話法」はおたがいに異なる概念であるとして、㈠「文法」は文章の組み立て方を意味して書きことばに属し、㈡「話法」は話しことばに属するが、㈢「語法」とは話しことばと書きことばの両方にかかわるものであると説き、この書を「語法」と名づけたのは、その内容が話しことばと書きことばの双方を視野においたことによる、と述べています。

中国では「文法」という語が広く用いられた期間は長くありませんでした。それは、あるいは、西欧の言語のような形態の変化をもたない中国語という言語のgrammarとは、結局のところ、孤立した一つ一つの語（word）の用法につきるという、いわば中国人の意識の奥深いところに擦《す》りこまれた言語観によっているのかも知れません。

5　表現法の移り変わり

中国語の文法（語法）研究は、第二次世界大戦ののち大いに進展し、中国だけではなく、国外、例えば日本でもさまざまな業績があげられています。これらの研究が扱う領域は細部におよび、またその数も多いので、それらすべてを紹介する余裕はとてもありません。日本で刊行された著書・論文などは日本中国学会の学会誌『日本中国学会報』の「学界展望」（哲学・文学・語学）などに詳細な業績目録が載っているので参考にしてください。

そこで本書では、現代中国語の表現法からいくつかを採りあげ、その変遷の姿のおおよそを魯迅の『門外文談』の文中にみられる用例によって紹介するにとどめることにします。

繋辞の「是」・指示代名詞の「是」

「A（名詞）はBです」という文の、話題《トピック》となる主部（A）と判断を示す述部（B）を繋《つな》ぐ動詞（「です」）を〈繋辞《けいじ》〉（繋詞、連結動詞とも）といいます。英語のbe動詞、フランス語のêtre動詞など（これらはcopula《コピュラ》と呼ばれます）がそうです。現代中国語（普通話《プートンホワ》）では、第一章で引いた『門外文談』の引用文中にみえる「門外是天堂」（戸外は天国だ）の「是」がそれにあたります。

しかし、古代の中国語では、この繋辞の「是」は用いられていませんでした。話し手が自分の判断に誤りがないことを言い表わすのに、例えば「是故里長者、里之仁也」（それ故に（是故＝因此）、里《さと》の長は仁徳をそなえた人なのだ―『墨子』）のように、文（句）のおわりに判断の語気を表わす「也」を添えるなどしていましたが、なかには「窈窕淑女、君子好逑」（たおやかな乙女こそ、わが君のよき妻だ―『詩経』）や「荀卿、趙人」（荀卿《じゅんけい》は趙の人である―『史記』）「農、天下之本」（農業は国家の基本である―『漢書』）のように、文の主部と述部をつなぐ「是」も文末の助詞「也」も添えられていない文もみられます。

「是」が繋辞として用いられるようになるのは紀元一世紀前後、つまり前漢の末から後漢の初めのころのようです。その移り変わりの姿を写しだしている次のような例があります。

『左伝』宣公十五年にみえる「余、而所嫁婦人之父也」（私は嫁《とつ》ぐ女の父だ）の文が、後漢の『論衡』「死偽篇」では「余是所嫁婦人之父也」と表現されています。繋辞「是」の誕生を示すといえましょう。

なお、この例のように、文末の助詞の「也」に代わって繫辞としての「是」を用いる判断文が成立したのちもなお、古代の惰性でしょうか、文末に「也」がしばらくは添えられていたようです。やがて南北朝の宋のころになると「張玄之、顧敷是顧和中外孫」（張玄之《ちょうげんし》と顧敷《こふ》とは、顧和の外孫と内孫である―『世説新語』）「豫章太子顧邵是雍之子」（豫《よ》の章郡の太子の顧邵《こしょう》は顧雍《よう》の子である―同上）のように「是」が判断を示す文の繫辞として一人立ちし、常用されるようになりました。

以上が判断を示す繫辞「是」の来歴のあらましですが、実は、一見すると繫辞のようですが、古代では、例えば「富与貴、是人之所欲也」（富と貴、それは人の欲するところだ―『論語』）のように、「是」が繫辞としてではなく、**〈指示代名詞〉**（「あれ・これ・それ」など）として用いられている例もあります。つまり、上文で述べられたことや、読者・話し相手がすでに承知しているものごとを改めて述べる表現です。

その流れを汲んでいると思われる例が『門外文談』からの引用文中にみられます。「聴説今年上海的熱、是六十年来所未有的」（この夏の暑さ、それはここ六十年、いままで一度もなかったものだそうだ）がそれです。

ちなみに、繫辞（copula）はすべての言語で均《ひと》しく用いられているとはかぎりません。日本語に思いをめぐらせてみると「彼は学生だ」のように述部が名詞の場合は、その後に「だ」という繫辞をつける必要がありますが、「彼女は美しい」のように述部が形容詞の場合は繋辞がないまま主部と結びつくことができます。また印欧語でも、古典ギリシャ語ではbeやêtreにあたる機能をもつ動詞を省略することができますし、ロシア語では省略する方が普通だそうです。

使役文

「使役」とは、ある人が他の人に何かをさせることを示す（…に…をさせる）表現です。その表現のしかたは言語によって異なります。現代日本語（共通語）では、助動詞の「せる・させる」を動詞の語幹――活用する語の、例えば「書く《か》」の「か」のように、その用いられ方にしたがった語形の変化（「書けば、書こう、書かない」など）がみられない部分です――につけて、例えば「書かせる」「食べさせる」のように、使役の語幹をつくります。印欧語をみると、例えばサンスクリット（古代インドの言語）では、動詞の語幹に接辞――単語に付いて新しい単語をつくる要素です――の -aya- を付けて、例えば jiv（生きる）から jivaya-（生かす）のように使役の語幹をつくりますが、新しい印欧語では、接辞をつけて使役の語幹をつくるのではなく、「つくる・する」などの意味をもつ動詞を使役の動詞として用いています。例えば英語などでは、ご存知のように I make him go.（彼を行かせる）のように、make, cause, let などの動詞で使役を表わします。

言語によっては「つくる・する」以外の動詞を使役を示す語として用いています。その一つが現代中国語〔普通話〕の「叫・教・使・譲」など（一般の文法書では〈介詞〉〔前置詞に相当〕と呼んでいます）がそうです。では、それらが介詞として定着するまではどのようだったのでしょうか。

まず古代では、「使・令・遣」などが使役文をつくる動詞として用いられていました。

・太子丹使荊軻刺秦王（太子の丹は、荊軻《けいか》に秦王を暗殺させる―『史記』）

・吾令人望真気（私は〔漢軍の〕気象をながめさせた―『史記』）

付言すると、「坐之堂下、賜僕妾之食」（これを堂の下に坐《すわ》らせ、下男と下女の食を賜う―『史記』）のように、使役を示す語を用いることなく、動詞だけで使役文を形づくっている例もみられます。

やがて時代が降ると、「教」も使役の動詞として用いられるようになります。

・公教人噉一口也（公は皆の者に一口ずつ飲ませる―『世説新語』）

・教某甲共阿誰商量（私を誰と相談させるのか―『祖堂集』）

そして現代に至ると、先に示した介詞を用いての使役文が成立します。その例のいくつかを『門外文談』の文中に求めてみます。

・教我似的門外漢来説（私のような門外漢にいわせるなら…）

・去叫孩子写（子供に書かせる）

・使他們発達上去的（それら〔語法と語彙〕を発達させる）

・就令人覚得〝明白如話〟了（「話し言葉のようにわかりやすい」と感じさせる）

・譲他在這空場上誇海口的（彼にこの空地で大きな口をきかせようというのだ）

受身文

「受身」とは、ある人（もの）が他の人（もの）からある行為をこうむることを示す（…に…される）表現です。例えば英語などでは、I write a letter. の受身文は A letter is written by me. のように「be動詞＋過去分詞」の型式で示されるのが一般的ですが、活用のない孤立語の中国語では特定の語を用いて表現されます。

中国で受身文が本格的に成立するのは、春秋時代より後のようです。そのころの受身文には三つの型《タイプ》がありました。

㈠「於」を用いる型です。この場合、他動詞が「於」の前に置かれます。この構文は漢代以降も用いられました。

・屢憎於人（しばしば人に憎まれる――『論語』）

・労力治於人（力を労する者は人に治められる――『論語』）

㈡「為」を用いる型です。この構文は漢代まで用いられましたが、やがて「為…所」式の型（後述）にとってかわられます。

・晋楚為制於秦（晋・楚は秦におさえつけられている――『史記』）

・将為三軍獲（まさに三軍によって捕らえられる――『左伝』）

㈢「見」を用いる型です。この構文は漢代以降も用いられましたが、関係語（その行為をおこなった人）を示すことはありません。

・年四十而見悪焉（四十歳になっても〔人に〕嫌われる――『論語』）

・弥子瑕見愛於衛君（弥子瑕《びしか》は衛の殿さまにかわいがられた――『史記』）

一言つけ加えますと、例えば「有功亦誅、無功亦誅」（功があっても責められ、功がなくても責められる――『史記』）のように、受身を示す語を用いることなく、動詞だけで受身文になっている例もみられます。

漢代になると、受身構文は新しい展開をみます。表現の主な型は「為…所」式と「被…」式の二つです。

(a)「為…所」：この型は、右の㈡で挙げた「為」から展開したものです。

・漢軍却為楚所擠（漢軍は退却し、楚によって追いつめられた――『史記』）

・先則制人、後則為人所制（先手を打てば相手をおさえこみ、後手になると相手におさえこまれる――『史記』）

この型式は近代になっても用いつづけられています。『門外文談』からその例を引用します。

・偶有一点為文人所見（たまたま、わずかながら文人の目に触《ふ》れる）

・文字在人民間萌芽、後来却一定為特権者所収攬（文字は人民の間で芽生えたが、その後、特権のある者にひきつがれたに違いない）

なお、この場合の「為」の声調（六八ページ参照）は平声（普通話では第二声で、「…をする」の意）であって、去声（普通話では第四声で、「…のため」の意）ではありません。ですから、受身文で用いられている「為」は、英語のbeやフランス語のêtreと過去分詞とを結び合わせる場合のbe, êtreと何かしら相通じるものがある、との指摘もあります。

(b)「被」:「被」による受身構文は、おおよそ戦国時代の末ごろから用いられはじめたと説かれています。そのはじめのころの「被」は「被劾」（責められる）、「被収」（捕らえられる）のように、関係語（その行為をおこなった人）を示すことはありませんでしたが、漢代の末ごろから四〜五世紀になると、次に挙げる例のように関係語も表わすようになりました。ちなみに、関係語を伴わない「被閉」「被進」「被打」などのような「被」の用例は、唐代以後もみられます。

・禰衡被魏武謫為鼓吏（禰衡《でいこう》は魏の武帝に罰を受けて鼓《つづみ》をうつ小役人におとされた—『世説新語』）

・亮子被蘇峻害（亮の息子が蘇峻《そしゅん》に殺される—『世説新語』）

この表現の型式は近代になっても用いつづけられています。『門外文談』からその用例を引用します。

・不料被閻羅責罰（はからずも閻魔王に処罰される）

・被甲打得要命、乙埋怨他了（甲にこっぴどく殴られて、乙は相手を怨んだ）
・我看十分之九是要被編輯者塞進字紙簍去的（十中八、九は編集者によって紙屑籠に投げこまれたであろう）

ここに興味深い用法上の変化がおこりました。それは、この受身構文の「被」は近世後期になると多く「書きことば」として用いられ、「話しことば」では用いられなくなり、それに代わって、もともとは「使役文」（前項を参照）で用いられる「叫・給・譲」などが、次の例のように受身構文で用いられるようになったことです。はじめの二例は『門外文談』からの引用です。

・不咬、不是給你打死了？（噛まなければ、お前に殴り殺されるじゃないか？）
・筆譲他給弄壊了（筆は彼にだめにされてしまった）

＊二つめの例では、動詞の前に「給」を置いて、受身体であることを一層明らかにしています。

・盃子叫孩子打砕了（器は子供に粉々にされてしまった）

なお、このように使役構文を拡げて受身構文とするのは、満州語の影響によると仄聞したこともありますが、詳しいことはわかりません。

処置文

「処置」とは、「把」あるいは「将」を用いて、本来は動詞のうしろに置かれる目的語を前にだし、それをどのように扱う（処置する）かを示す表現法で、唐代ごろに登場したようです。「把」はもともとは「手にもつ」、「将」は「ひきいる」の意味をもつ他動詞ですが、やがて「…をもって」の意味をもつようになり、これが広く応用されるようになって介詞（前置詞）としての「把」「将」が生まれたと説かれています。

早いころは、どちらかといえば「将」の方が多く用いられましたが、晩唐よりのちは「把」も同じように用いられることになったといわれます。次に挙げるのは唐末五代ごろの言語を反映しているという『祖堂集』（中国初期の禅宗史伝の一つ）にみえる例です。

・誰将生死与汝（誰が生死をおまえに与えたか）
・師便把火筯放下（師はそこで火箸を〔手から〕放した）

また、例えば、

・把車子上的棗子都丟在地上、将這十一担金珠宝貝都装在車子内」（車の上のなつめをすべて地上に放り出し、この十一担《かつぎ》の金銀珠玉宝物を車に積みこんだ――『水滸全伝』）

のように、「把」と「将」が同一の文章で並び用いられている例もみられます。そのころ、両者のあいだにどのような語感上の違いがあったかは定かでありませんが、いずれにせよ、このように目的語を先に示すことによって、目的語に力点を置く表現ができるようになったことは、語法史の上で特筆すべきことがらの一つといえましょう。

以下、『門外文談』にみえる用例のいくつかを紹介しますが、近・現代語では、どちらかといえば、「将」はやや硬くて「書きことば」向き、一方の「把」はやや軟かくて、例えば「我把護照丢了」（私はパスポートをなくした）「他還没把作業做完」（彼はまだ宿題をし終えていない）などのように「話しことば」向き、という語感上の違いがあるようです。ちなみに、『門外文談』には「把」を用いた処置文は見あたりませんでした。

・他們早就将象形改得簡単（彼らは早くから象形〔文字〕を簡単に改めた）
・将文字交給一切人（文字を一切の人々にひきわたす）
・還有一種方法是将字写得時別人不認識（もう一つの方法は、字をほかの人がわからないように書くのである）

使成式

「使成式」という用語は、王力『漢語史稿』（一九五七―五八、科学出版社）にみえるもので、それを借用しました。王力のいう「使成式」とは、『門外文談』から一例を引くなら、「大家変成文学家」（人はみな文学者に変わってしまう）にみえる「変」（「変わる」――これが原因となり）「成」（その結果「…となる」）のように「変」（A）と「成」（B）の二語を結び合わせることによって、あることがらを引きおこす「原因」と、それによってもたらされる「結果」とを同時に示す表現法です。この場合、Aは他動詞、Bは自動詞か形容詞です。

現代中国語（普通話）では「聴懂」（聞く→理解する）「打砕」（打つ→砕ける）「喝酔」（飲む→酔う）のように多く用いられていますが、古代ではほとんどみられません。古代中国語では、例えば「殺死他」を「殺之」、「糾正它」を「正之」のように、一つの他動詞で原因と結果とを表わしています。それに代わり、二語を直接結び合わせることによって原因とその結果を同時に言い表わすことができるようになったのは、語法上、大きな進展といえましょう。

このような表現法は、おおよそ漢代にその基《もと》が生まれ――『史記』に「射傷」「推墮」「推明」など、『漢書』に「減軽」「推高」などがみられます――南北朝を経て唐代になると広く用いられるようになったと説かれています。

『門外文談』からいくつかの例を紹介します。

・雖然彼此有些認識（「認」見分ける・区別する、「識」みとめる）（互いに顔見知りではあるけれども）

・如祭祀（中略）之類、漸有記住的必要（「記」書きとめる、「住」固定する）（たとえば祭祀《さいし》（中略）という類《たぐい》の事件を記しておく〔書きとどめておく〕必要が次第に生じた）

・那麼、化学也大抵学不好的（「学」学ぶ、「好」申し分のない状態になる）（化学も多分ものにならないのではあるまいか）

・但已経刪掉了一些也説不定的（「刪」削除する、「掉」なくす）（しかし、すでにいくつかは削られて〔なくなって〕いるのかもしれない）

・李賀的詩做到別人看不懂（「看懂」の否定形。「看」読む、「懂」理解する）（李賀の作った詩は他人が読んでわからなかった）

・不咬、不是給你打死了？（「打」殴る、「死」死ぬ）（嚙まなければ、お前に殴り殺されるじゃないか？）

ちなみに、私たちが日ごろ用いている漢語、例えば「激怒」「弁明」などは『史記』に、「矯正」は『漢書』、「圧倒」は『唐書』、「展開」は『西遊記』などにすでにみえています。

以下は「コラム」的な付記です。ここまで、中国語の表現法のうち重要と思われるもののいくつかについて、それらがどのような経過をたどって現代にいたったかを紹介してきましたが、ここから先は、魯迅の『門外文談』（以下、『文談』と略称します）の文中にみられる語句の近代的な用法を採りあげて、簡単な解説をくわえることにします。それぞれ、まず『文談』にみえる用例を示し、そこにみえる用語法について述べていきます。なお、『文談』の訳文は、基本的には先にあげた今村与志雄訳（一五ページ参照）に拠っていますが、ところどころ補筆・省略などをしてあります。

「他・她・它」について

・他在本職上、也得将記載酋長和他的治下的大事的冊子（彼〔シャーマン〕は本職においても、酋長と彼〔酋長〕の統治下の重要な事件を記載した冊子〔書物〕を…）

・然而做《詩経》的人（中略）、却比較的聡明、他説…」（『詩経』を作った人〔中略〕は、もっと聡明であった。彼によると…）

・却還想它和大衆有縁…（それ〔文字〕を大衆に縁のあるようにするのは…）

・那時的会員們称它為〃注音字母〃、是深知道它的能力範囲的（当時の委員会のメンバーが、これを「注音字母」と称したのは、それ〔注音字母〕の能力の範囲をよく心得ていたのである）

＊

西欧語の文法の影響をうけて「書きことば」に生まれた変化の一つに、五・四運動（二一一ページ参照）以前には男性・女性およびすべての事物を指し示して用いられていた「他」が、「他・她・它」の三種に分けられたことがあります。これらは、一般に「他」が英語のheに、「她」がsheに、「它」がit（前文または同一文にでてきた人間以外の事物を指します）に相当する語として用いられるようになりました。さらに副産物として、これらに複数を表わす接尾辞の「們」（次項を参照）をそえて、「他們」「她們」「它們」という語形をつくりあげ、英語ではtheyという一語でしか表現できない内容を、分析的に表現する手段をも手に入れたのです。

ただ、これらの使い分けが、それほど明確ではない面もみられます。「它」で表記されるはずの語が「他」で記されている次のような例も『文談』にはみえます（なお、『文談』には女性の登場はなく、「她」の用例は得られません）。

・但他既然被書契掉換又不是書契的祖先、我們也不妨暫且不去管它了（しかし、それ〔「他」結縄《けつじょう》〕は書契《しょけい》に取って換わられたうえに、書契の祖先ではなかった。一応、それ〔「它」結縄〕はほうっておいてよいだろう）

「們」について

・同時也還要讀者們能認識以至能写字（同時に読者たちが字を知り、字が書けなければならない）
・中国究竟還是講北方話——不是北京話——的人們多（中国では、結局、やはり北方方言——北京語ではない——を使用する人〔たち〕が多い）

＊

近代中国語で発展をとげた接尾辞の一つに、複数を表わす「們」（「我們」私たち）があります。古代中国語の人称代名詞には単数・複数の区別はありませんでした。漢代よりのちになると、例えば「我属」「汝曹」「公等」「我輩」など、「我・汝」などとともに「仲間《なかま》」を意味する「属・曹…」が用いられる例がみられるようになりますが、「們」が複数を示す接尾辞であるのに対し、これらは接尾辞としては認められていません。

では、「們」がいつごろから接尾辞として用いられるようになったのか、それは明らかではないのですが、宋代には「他門」「他懣」など、近・現代の「們」の前身と解される例がみられますし、元曲（元代の演劇）には「他毎」「弟兄毎」「首領毎」などが、また『水滸伝』にも「門」がみられることから、その源はおおよそ十世紀から十一世紀のあいだに求められるようです。

「一個・一種」について

(a) 但已経删掉了一些説不定的…只是一個提要（すでに〔もとの文章から〕いくらかは削られているかもしれない…〔それは〕要約でしかないものである）

(b) 但一種報上、却記着一個六十老翁…（だが、ある新聞の報道によると、六十になる老人が…）

(c) 但結果総算幾経斟酌、制成了一種東西、叫作〃注音字母〃（だが、結局、幾度か検討を経てから、「注音字母」という代物《しろもの》を制定したのである）

＊

名詞の数量を表わす語に〈量詞〉（類別詞、数量詞とも）があります。対象となる名詞の種類によって、ともに用いられる量詞は異なります。現代中国語（普通話）の例をあげると、「一個人」（ひとりの人）「一封信」（一通の手紙）「一杯茶」（一杯のお茶）「一本書」（一冊の本）などのようにです。

英語の、例えば a sheet of paper（一枚の紙）、a glass of beer（一杯のビール）の sheet, glass や、日本語の「犬一匹」「皿一枚」「車一台」の「匹・枚・台」なども類別詞の一種とされますが、これらは**〈助数詞〉**と呼ばれるのが一般のようです。

中国語の量詞の起源はとても古く、殷代の卜辞に「馬五十丙」「貝十朋」「鬯（祭礼のときの香酒）二升」などの例がみられます。

古代では、数量を表わすのに三種類の型式がありました。

(1) 最もよく見られる型式で、量詞などはなくて、数詞を名詞の前に置きます。例「一言」（『論語』、現代語なら「一句話」）、「三聖」（『孟子』、現代語なら「三個聖人」）など。

(2) わずかしか見られない型式ですが、量詞などはなく、しかも数詞を名詞の後に置きます。例「牛一・羊一・豕一」（『書経』、現代語なら「一頭牛・一隻羊・一頭猪」）「喪車五百」（『左伝』、現代語なら「喪失了五百輛兵車」）「銭百」（『漢書』、現代語なら「一百個銭」）など。

(3) 少数ですが、数詞は右の(2)と同じように名詞の後に置くものの、量詞が用いられる型式です。例「馬三匹」（『左伝』）「矢五十個」（『荀子』）「米六百料」（『漢書』）など。

先秦時代になり、始皇帝によって度量衡（長さ・容積・重さ）の制度が定められると、「丈・尺・

寸・升・斗・石《こく》」など多くの量詞が生まれました。そして漢代よりのちには、数詞はもとより、量詞も名詞の前に置かれる型式が定着したようです。例「一尺布」「一斗粟」「千足羊」「千樹棗」（以上『史記』）「一升飯」（『南斉書』）「五斗米」（『晋書』）「一張紙」（『北史』）など。

　英語などには、ご存じのように、**〈冠詞〉**と呼ばれる語があります。冠詞には**〈定冠詞〉**theと**〈不定冠詞〉**a, anの別があります。不定冠詞は名詞に冠してその名詞を限定しますが、定冠詞は名詞を限定しないで、すでに述べられたもの、いままさに問題になっているものについて述べるもので、その点、指示代名詞（「それ・あれ」など）とよく似た機能をもっています。歴史的にも、英語の定冠詞theは指示代名詞のthatに由来し、不定冠詞のa, anは数詞の「1」から発したものと説かれています。

　この英語の不定冠詞は、さらに、(1)例えばA dog is a faithful animal.（犬は忠実な動物だ）のように、同類のもの全体をまとめて「…というもの（はすべて）」(any, every)の意や、(2)例えばhave a rest（休憩する）、have a talk with A（Aと話す）のように、抽象名詞とともに用いて、種類や実例などを表わします。

　このうち、「1」という数の意をもつa, anは、もともと中国語に備わっている「一個」「一種」などと対応します。この項のはじめに挙げた『文談』からの引用文(a)(b)がその一例です。ところが、このような「1」という数の概念から離れた用法も、五・四運動よりのち、みられるようになりました。『文談』文例の(c)がそれです。これは中国語の語法上、大きな変化といえましょう。

右の文例(c)で用いられている「一種」について補足します。『文談』には、例えば、

・最好是另有一種箇而不陋的東西（簡単でしかも当を得た別のもののほうがいい）

・待到這一種出于自然、又加入人工的話一普遍…（やがてこの自然から発生して、人工を加えた言語が普及したなら…）

・文学如《子夜歌》之流、会給旧文学一種新力量（たとえば、「子夜歌」の類《たぐい》は旧文学に一種の新しい力を附与したはずである）

などの用例がみられますが、この「一種」は唐代では「同じ」の意で用いられていたようです。また、「笙是楽器之一種」（笙《しょう》は楽器の一種である）のような用いられ方もありますが、一般には、名詞（ことに抽象名詞）の前に置かれる「一種」は種類の意など示すことなく、英語の不定冠詞のような機能をもつに過ぎなくなりました。

もともと中国語では、抽象名詞の前に量詞がそえられることはありませんでした。しかし五・四運動以後、西欧語の影響のもと、「一」字によって不定冠詞を示すようになりました。しかし、「一」という数詞を用いるならば、中国語としては量詞をそえる必要があります。そこで、もともとある「一個」が「一個負担」「一個後悔」のように用いられるようになりました。ところがこれですと、具体名詞との区別がつかなくなってしまいます。そこで、具体名詞と抽象名詞との別（実

際は、もともと量詞をそえて用いられていた名詞と、そえない名詞の別）のあいだに一線を引く策として、前者には「一個・一隻・一件・一条」など、後者には「一種」という一応の使い分けが生じたようです。

「…子」について

- 去叫孩子写、非練習半年六月…（子供に書かせると、相当長い期間、練習しないかぎり…）
- 屋子里還是熱、並且加上蚊子…（部屋のなかは、まだ蒸し暑く、蚊のおまけまでついている）
- 他的治下的大事的冊子（彼〈酋長〉の統治下の重要な事件を記載した冊子〈書物〉）

*

名詞のうしろにつく「子」は、『詩経』に「男子」「女子」などとみえるように、古代から用いられていました。このような、現代では接尾辞とされる「子」を、王力『漢語史稿』は以下の六種に分類しています。㈠は、『詩経』の例の「男子」「女子」の「子」は、「児子」（赤ん坊、子供）と同じで、「男子」は「男児子」「女子」は「女児子」の意である。したがってその意味するところから判断すれば、「男子」「女子」の「子」は接尾辞とは認め難いとされます。㈡は、「天子」「君子」のような尊称に用いられる「子」、㈢は、例えば「虎子」（虎の子）「龍子」（龍の子）「鶴子」（鶴の子）のように、鳥・けもの・虫などの生まれたばかりの子供を指す「子」、㈣は、「鶏子」（にわとりの卵〕「鳳子」〔おおとりの卵〕のように、鳥の卵を指す「子」、㈤は、「舟子」〔船頭〕「漁子」〔漁師〕のように、ある種の作業をおこなう人を指す「子」、㈥は、「黒子」〔ほくろ〕「眸子」〔ひとみ〕「児子」〔子供〕のように、小さなものを示す「子」。

以上が王力の分類です。ただ、この分類はいささか不十分かと思います。例えば、「鴿子」〔はと〕「燕子」〔つばめ〕「夜猫子」〔みみずく〕などのように、かならずしも生まれたばかりの子供を指さない用例もありますし、さらに、右で引いた『文談』にみえる「屋子」「冊子」〔ほかにも「法子」〔方法〕「例子」〔例〕など〕の「子」は、どの分類項目に収められるのでしょうか。これらを収める項目の設定が望まれます。

それはともかくとして、「子」はかなり古い時代から接尾辞化する兆しがみられます。『釈名』〔一八三ページ参照〕の「釈形体」には「瞳子〔中略〕子、小称也」〔瞳子〔ひとみ〕…「子」は小さいものの意〕とみえるのも、その推測を裏づけると思います。これよりのち、おおよそ魏・晋のころになると、接尾辞としての「子」が、例えば「奴子」〔奴僕―『魏書』〕「車子」〔くるま〕「面子」〔顔―以上『旧唐書』〕「亭子」〔あずまや―『晋書』〕「日子」〔日数―『南史』〕のように、もともとは「小さいもの、かわいいもの」を指し表わしていた「子」の枠からはずれて、広く応用されるようになりました。

「老…」について

(a) 但一種報上、却記着一個六十老翁（だが、ある新聞の報道によると、六十になる老人が…）

(b) 是生着四隻眼睛的老頭陀（眼が四つある年老いた頭陀《ずだ》（托鉢《たくはつ》の僧）であった）

(c) 仍旧犯着古之読書人的老毛病（あいかわらず昔の読書人の古い誤謬《ごびゅう》を犯している）

(d) 老爺和郷下人、意見是真有這麼的不同的（お役人と田舎の人とでは、意見が本当にこうも違うのである）

*

現代語で接頭辞として用いられている「老」は、例えば「老婆」（年をとった女）、「老師」（年老いた先生）のように、もともとは「年をとっている・老いる」の意をもつ語でしたが（『文談』引用文の(a)(b)）、やがて年をとっていなくても、例えば兄弟姉妹の順序を示す「老姉」「老兄」などが『晋書』のような唐代の史料に見えるようになりましたし、また親しみをこめて「老客」「老弟」（『儒林外史』）と呼んだり、あるいは「老元」（「元」は中唐の詩人、元稹《げんじん》のこと）のように姓の上に、また「老坡」（「坡」は北宋の詩人、蘇東坡《そとうば》のこと）のように呼び名の上につけて呼んだりするようにもなりました。

また唐・宋のころになると、動物名に「老」をつけた「老鼠」（ねずみ）「老虎」（とら）の例もみられます。このように「老」は、年令に関わらない用法も広まっていきました。右で挙げた「老婆」も、元曲（元代の演劇）などでは、他人に対して「自分の妻」という語として用いられていますし、「老師」も明代の中期ごろになると、老若を問わず「尊敬する先生」の意を示すようになりました。清朝よりのちになると、「老」は『文談』からの引用文(c)のように、抽象名詞の接頭辞としても用いられるようになります。また、もともとは「父親」の意をもつ「爺」に「老」をつけた「老爺」が、身分の高い人に対する敬称「だんなさま」として、あるいは『文談』の引用文(d)のように、現在は語感に違いがあるようですが、役人に対する呼び名として用いられている例もみられます。

「…化」について

・但専化又有専化的危険（しかし特殊化には、特殊化の危険がある）
・這里我們可以研究一下新的〝拉丁化〟法（ここで我々は新しい「ラテン〔Latin〕化」の方法を考察しよう）
・将来、究竟要它専化呢、還是普通化？（将来、実際には、それは特殊化するだろうか、それとも通俗化するか？）

＊

右の引用文にみられる「化」は、五・四運動よりのち、中国語に新しく生まれた接尾辞です。この「化」は、名詞あるいは形容詞のうしろについて、「それまでとは違った、ある性質や状態になる（する）」ことを示しますが、もともとは英語の -ize（「…のようにする」の意をもつ接尾辞）を「…化」に移しかえた日本語の訳語、例えば「現代化」（modernize＜modern）「工業化」（industrialize＜industry）、「実現化」（realize＜real）などが、中国に導入されたものと説かれています。

あとがき

中国古代の人びとにとって、漢字は言語《ことば》そのものであったようです。ことばとは、その発生の順からいえば、概念（意味）がまずあって、次にそれが音声と結びついてはじめて音声言語として姿を現し、その音声言語を書き表わすために創られたのが文字です。しかしながら、一字一字が意味をもつ語（word）という特質をそなえた漢字という文字を獲得した人びとは、語と文字とをすり替え、漢字が音と意味とを表わすことばそのものであると考えてしまったと思われます。

漢字は、ご承知のように〈形《かたち》〉と〈音《おん》〉と〈義《いみ》〉という三つの要素から構成されている文字です。〈義〉とは文字によって表わされる概念（意味）、〈音〉とは文字の発音、つまりことばそのものですし、〈形〉とはそのことばを表記する符号です。しかし中国古代の人びとは、その符号にすぎない漢字こそが実体（基本となるもの）であって、〈音〉と〈義〉は漢字の属性（備わっているもの）と思ったらしいのです。

そのためでしょう。彼らの自分たちのことば（中国語）への関心は、まず漢字に集中し、漢字を構成する三要素ごとに考察をかさね、中国ならではの漢字の学問を築きあげたのです。それが〈字書〉であり、〈韻書〉〈韻図〉〈義書〉でした。音声言語を対象とする研究が芽生える近代にいたるまでの長い中国語の歴史は、もっぱら漢字で書かれたこれらの文献資料に反映されています。文字によっておおい隠された〈音〉や〈義〉の姿を探るには、多くの障害を乗りこえなければならない苦労があります。しかしその苦労も、おおい隠しているベールを一枚一枚はがしながら音や義を求め、新しい局面を発見することで十分に報われることはご理解いただけるでしょう。

本書の執筆にあたっては、その一々は記しませんでしたが先学の業績に多く助けられています。また本書の内容・記述には、私の旧著と重なる点のあることもご了承いただきたいと思います。

大修館書店の小笠原周さんから執筆のお誘いを受けてから、だいぶ年月を重ねてしまいました。ひとえに筆者の怠けのためですが、小笠原さんは辛抱づよく待ちつづけたうえ、編集の段階にはいると、さっそく書名をはじめ、内容についても肌理《きめ》こまかく示唆し、読みやすい書物としての体裁を整えてくださいました。心から感謝しています。また校正にあたって、乱雑な拙稿の誤記・誤脱などを検証し、訂正の労をもいとわなかった角田篤信さん、書影など資料の蒐集に助力をおしまなかった今田裕志さんにもお礼を述べます。

中国語の歴史を探ること——そこには、確かな証拠を積みかさねながら犯人を追いつめていくような楽しさがあります。皆さんにも、その楽しさを味わっていただければ良いなと思っています。

二〇一一年五月

大島正二

[著者紹介]

大島正二（おおしま　しょうじ）

1933年、東京に生まれる。1963年、東京大学大学院修士課程修了。

専攻は言語学・中国語学。北海道大学名誉教授・二松學舍大学客員教授。

2011年没。

著書『唐代字音の研究』〈研究篇〉〈資料篇〉（汲古書院）

　『〈辞書〉の発明』（三省堂）

　『中国言語学史（増訂版）』（汲古書院）

　『漢字と中国人』（岩波書店）

　『漢字伝来』（岩波書店）

　『唐代の人は漢詩をどう詠んだか―中国音韻学への誘い』（岩波書店）

　ほか。

〈あじあブックス〉

中国語《ちゅうごくご》の歴史《れきし》――ことばの変遷《へんせん》・探究《たんきゅう》の歩《あゆ》み

NDC820／xii, 298p／19cm

初版第1刷――2011年7月20日

第3刷――2020年9月1日

著者――大島正二《おおしましょうじ》

発行者――鈴木一行

発行所――株式会社 大修館書店

〒113-8541 東京都文京区湯島 2-1-1

電話03-3868-2651（販売部）　03-3868-2290（編集部）

振替00190-7-40504

［出版情報］ https://www.taishukan.co.jp

装丁者――井之上聖子

印刷所――壮光舎印刷

製本所――ブロケード

ISBN978-4-469-23314-8　Printed in Japan